JN116737

［第4版］

ニュー ステップアップ簿記

大野智弘［編著］

船越洋之・大塚浩記・小阪敬志
渡邉　智・土江智佳子　［著］

創 成 社

はしがき
―第4版によせて―

　本書は，簿記の初学者用のテキスト・問題集です。日本商工会議所主催の簿記検定試験3級の合格を目指して執筆されています。本書は，2019年に初版本が発刊され，その後は検定試験の出題内容の変更にあわせて改訂を重ねてまいりました。そして，この第4版では，構成を一部再編するとともに，新傾向の問題にあわせて内容を充実させています。

　以下，本書の特長を4つ掲げます。

　第1に，初学者はまず簿記の全体像を理解し，基本的な簿記原理と記帳技術を身に付ける必要があります。本書ではChapter 1−8が簿記一巡の手続きを学ぶ構成になっています。ここで簿記の流れと複式簿記の基本原理を学び取ってください。

　第2に，簿記検定では記帳に用いる用語（勘定科目）が指定されます。Chapter 2には最初に修得すべき勘定科目をまとめていますので，分類とともに覚えるようにしてください。Chapter 8以降では，新たに追加される勘定科目があります。Chapterの最初にテーマに沿った主な勘定科目を提示しますので，勘定科目の確認と整理に活用してください。

　第3に，各Chapterの基本構成は，学習のポイント，基本問題，練習問題となっています。学習のポイントは自学自習を企図して詳細な説明と例題からなり，基本問題は学習のポイントの理解度を確認するための問題演習になっています。また，Chapter 9以降の練習問題は，検定試験対策の問題演習になっていますので，難易度の高い問題が含まれています。正解できなかった問題は，解説も参照するなどして理解を深めてください。

　第4に，簿記のスキルは，問題を繰り返し解くことによって高めることができます。本書はそうした反復学習を想定して，解答用紙のファイルを出版社（株式会社創成社）のホームページにアップしています。解答用紙が追加的に必要となった場合には，ファイルをダウンロードして活用してください。

　最後に，本書をご購入いただいた方々にお礼申し上げますとともに，著者一同，簿記の学習に励む読者の方々を心より応援しています。また，本書の出版にお骨折りいただいた株式会社創成社の塚田尚寛社長と出版部の西田徹氏に，この場をお借りして心より感謝申し上げます。

2024年2月

著者を代表して

大野智弘

はしがき

　本書は，これから簿記を学び始める人たちが，基礎力を養成し，日本商工会議所・各地商工会議所主催の簿記検定試験3級の合格に導くことを目的としたテキストです。本書は全部で28の章（Chapter）からなり，次のように構成されています。

（1）簿記一巡（Chapter 1 − 7）：全体を把握し，基本的な原理と記帳技術を学びます。
（2）個別論点（Chapter 8 − 17）：テーマに沿って発展的な内容と記帳技術を学びます。
（3）決算手続（Chapter18−26）：一連の決算手続と決算整理の詳細を学びます。
（4）帳簿組織（Chapter27−28）：3伝票制と各種補助簿への記帳技術を学びます。

　簿記を初めて学ぶ人は，簿記一巡の各章（Chapter 1 − 7）にて，基本的な原理と記帳技術を確実に身に着ける必要があります。特に初学者にとって一番のポイントになると思われるのが，Chapter 2 「勘定分類」，Chapter 3 「取引と仕訳」およびChaper 4 「転記」です。これらの章は簿記特有の考え方と記帳技術を身に着ける上での「鍵」となります。十分な内容の理解とスキルの習得を目指してください。

　なお，簿記の学習経験者は，個別論点から学習を開始していただいて構いません。ただし本書では，勘定分類を特定の記号を使って示していますので，Chapter 2 には事前に目を通すようにしてください。

　各章の基本構成は，学習のポイント，基本問題，練習問題になっています。この順に学んでいただければ段階的かつ体系的に学習できるようになっています。さらに，本書をより効果的にご活用いただくために，次のことを心掛けてください。

（1）学習のポイントは最低2回読む
　自学自習ができるよう，本書の学習のポイントは詳細に書かれています。学習のポイントが数ページにおよぶ章もあります。そこで，学習のポイントは最低2回読むことにして，1回目は「何が書かれているのか」を大きく把握すること，2回目に「内容を理解すること」に重点をおいて読んでみてください。

　気になった箇所やわかりにくい箇所があっても，1回目はラインを引く程度にとどめて，最後まで一気に読み進めます。それを終えたら，ペンと紙と電卓を用意して，じっくりと内容を理解しながら読み進めます。学習のポイントには例題が示されていますので，2回目はペンと紙と電卓を使って解答してみてください。

（2）基本問題で理解度を確認し，間違えたらもう一度学習のポイントへ

　基本問題は学習のポイントで示された内容の理解度を確認するための演習問題です。解答用紙を本書から取り外し，そこに記入する形で解答してください。また，間違えた箇所は消さずに赤ペンで訂正し，もう一度学習のポイントに戻って，なぜ間違えたのかを確認してください。この手順は練習問題でも同様になりますが，基本問題に関してはこれを地道に繰り返すことで基礎力が養われます。

（3）練習問題を繰り返すことで検定合格へのスキルアップを図る

　Chapter 8 以降の練習問題は検定試験レベルの演習問題です。最初は間違えが多く，解答の糸口すらみつからないこともあるかと思います。そこはしっかりと解説を読んで理解を深め，問題を何度も解きなおすことによってスキルアップを図ってください。特に2回目以降は，ポイントと解答のスピードを意識しながら演習を繰り返してください。2回目以降の演習で解答用紙が必要な場合には，出版社（株式会社創成社）のホームページに解答用紙のファイルがありますので，ダウンロードしてご活用ください。

　本書は，簿記教育に携わる教員が集まり，日頃の教育経験を生かして執筆しています。著者一同，本書が一人でも多くの人のお役に立てることを祈念し，さらに高い目標に向けて進まれることを期待しています。

　最後に，本書の出版にあたっては，企画から完成に至るまでさまざまにご尽力いただいた株式会社創成社の塚田尚寛社長と西田徹氏に，心より感謝申し上げます。

2019年3月

著者を代表して
大野智弘

目　次

はしがき―第4版によせて―
はしがき

Chapter 1　簿記一巡の手続き ………… 1
Chapter 2　勘定科目と分類 ………… 4
Chapter 3　取引と仕訳 ……………… 9
Chapter 4　転　記 ………………… 13
Chapter 5　試算表の原理 ………… 17
Chapter 6　精算表の仕組み ……… 20
Chapter 7　損益計算書と
　　　　　　貸借対照表の様式 …… 23
Chapter 8　元帳の締切り ………… 26
Chapter 9　現金預金 ……………… 32
Chapter 10　現金過不足と小口現金 … 38
Chapter 11　商品売買1 ………… 44
Chapter 12　商品売買2 ………… 52
Chapter 13　約束手形と電子記録
　　　　　　債権（債務）………… 59
Chapter 14　その他の債権と債務 …… 68
Chapter 15　貸倒れと貸倒引当金 …… 74

Chapter 16　有形固定資産 …………… 79
Chapter 17　株式会社の資本金と
　　　　　　繰越利益剰余金 ……… 87
Chapter 18　税金の処理及び
　　　　　　訂正仕訳 ……………… 92
Chapter 19　試算表と掛明細表 ……… 100
Chapter 20　費用・収益の前払・前受・
　　　　　　未払・未収 ………… 107
Chapter 21　売上原価と売上総利益の
　　　　　　計算 ………………… 114
Chapter 22　決算整理事項と
　　　　　　決算整理仕訳 ………… 119
Chapter 23　決算整理事項と
　　　　　　八桁精算表 ………… 126
Chapter 24　八桁精算表の作成 ……… 129
Chapter 25　財務諸表の作成 ………… 132
Chapter 26　伝票会計 ……………… 140
Chapter 27　補　助　簿 ……………… 148

解　答　編　159
解答用紙（別冊）

Chapter 1 簿記一巡の手続き

学習のポイント
Study Point

1．簿記一巡の手続き

　簿記（複式簿記）は，企業の経営活動（取引）を記録・計算・整理するための技術です。本書では，商業を営む小規模株式会社を取り上げ，取引を帳簿に記録し，財務諸表と呼ばれる報告書を作成する手続きについて学びます。以下の図は，簿記の全体的な流れ（簿記一巡の手続き）を整理したものです。

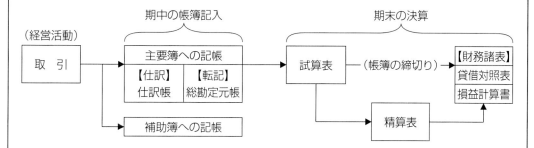

 　　一定のルールのもとで組織的に記録・計算・整理する簿記を複式簿記といいます。家計簿のように自由に記録・計算・整理する簿記を単式簿記といいます。ここでは複式簿記を学習します。

2．会計期間

　簿記は経営活動を一定の期間に区切って行います。この区切られた期間を会計期間といいます。一会計期間は原則として1年です。会計期間の始まりを期首，終わりを期末，期首と期末の間を期中といいます。期末は決算を行う日でもあるので決算日ともいいます。

1

3. 帳簿の種類

　簿記の帳簿には, すべての取引を記帳する主要簿と, 必要に応じて特定の事柄を細かく記帳する補助簿があります。補助簿はさらに補助記入帳と補助元帳に分かれます。なお, 仕訳帳に記帳することを仕訳 (しわけ), 総勘定元帳に記帳することを転記 (てんき) といいます。

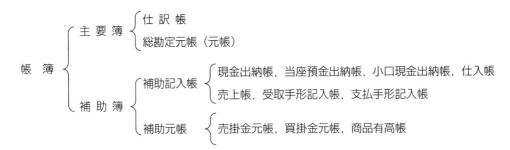

4. 決算と財務諸表

　期末に行う一連の手続きを決算といいます。決算では, 試算表 (Trial Balance: T/B) の作成に始まり, 精算表 (Work Sheet: W/S) の作成, 帳簿の締切りを行い, 最後に財務諸表 (Financial Statements: F/S) を作成します。主な財務諸表には, 貸借対照表と損益計算書があります。

(1) 貸借対照表 (Balance Sheet: B/S)

　貸借対照表には, 金銭や物品といった財貨と貸付金などの債権 (将来, 金銭などを受取る権利), 借入金などの債務 (将来, 金銭などを支払う義務) および資本金などの現在高を表示します。また, 財貨および債権を資産, 債務を負債, 資本金などを資本 (または純資産) という3つのグループ (勘定) に分けて表示します。

(2) 損益計算書 (Profit and Loss Statement: P/L)

　損益計算書には, 商品の仕入れや家賃の支払いなどで発生した費用と商品の売上げや手数料の受取りなどで発生した収益の発生高を表示します。また, 費用と収益の差額として利益または損失を計算します。

基本問題 （　）に該当する用語を入れ，（1）と（2）の図を完成しなさい。

（1）

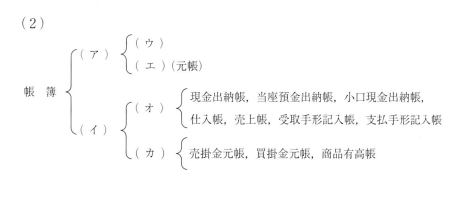

（2）

$$
帳\quad 簿
\begin{cases}
（ア）
\begin{cases}
（ウ）\\
（エ）（元帳）
\end{cases}\\
（イ）
\begin{cases}
（オ）
\begin{cases}
現金出納帳，当座預金出納帳，小口現金出納帳，\\
仕入帳，売上帳，受取手形記入帳，支払手形記入帳
\end{cases}\\
（カ）
\begin{cases}
売掛金元帳，買掛金元帳，商品有高帳
\end{cases}
\end{cases}
\end{cases}
$$

練習問題　次の（　）に該当する用語を答えなさい。同じ記号には同じ用語が入る。

（1）簿記は経営活動（取引）を（ア）・（イ）・（ウ）するための技術である。

（2）簿記は経営活動を一定の期間に区切って行う。この期間を（エ）といい，始まりを（オ），終わりを（カ），その間を（キ）という。

（3）簿記の帳簿にはすべてを記帳する（ク）と一部の事柄の詳細を記帳する（ケ）がある。（ク）には（コ）と（サ）があり，（コ）から（サ）の順に記帳する。また，（ケ）は（シ）と（ス）に分けられる。（コ）に記帳することを（セ），（サ）に記帳することを（ソ）という。

（4）期末に行う一連の手続きを（タ）という。（タ）では順に（チ）の作成，（ツ）の作成，帳簿の締切りを行い，最後に（テ）を作成する。

（5）貸借対照表には，金銭や物品といった（ト），貸付金などの（ナ），借入金などの（ニ）および資本金などの現在高を表示する。

（6）貸借対照表では，財貨および債権を（ヌ），債務を（ネ），資本金などを（ノ）という3つのグループ（勘定）に分けて表示する。

（7）損益計算書には，商品の仕入れや家賃の支払いなどで発生した（ハ）と商品の売上げや手数料の受取りなどで発生した（ヒ）の発生高を表示する。また，両者の差額として（フ）または損失を計算する。

Chapter 2　勘定科目と分類

学習のポイント
Study Point

1．勘定科目

　簿記の記帳では勘定科目を用います。勘定科目は，記録対象となる取引の内容を，簡潔な名称で表したものです。ほとんどの勘定科目は，資産・負債・資本・費用・収益のいずれかのグループ（勘定）に分類されます。資産・負債・資本の勘定を貸借対照表勘定といい，費用・収益の勘定を損益計算書勘定といいます。

　本章では最初に覚えて欲しい基本的な勘定科目をまとめています。（1）どのような取引内容がいかなる勘定科目で示され，（2）その勘定科目がどこのグループに分類されるか，を覚えてください。Chapter 8以降では，覚える勘定科目を徐々に増やします。

2．資産・負債・資本の勘定（貸借対照表勘定）

　資産・負債・資本のグループに分類される基本的な勘定科目は以下の通りです。

貸 借 対 照 表 勘 定		
資　産：A（Asset）		財貨（金銭と物品）と債権（将来，金銭などを受取る権利）
1	現　金	通貨および通貨代用証券（ただちに通貨に換金できる証券）
2	普通預金	自由に出し入れできる一般的な預金
3	売掛金	商品（※1）を販売し代金を後日受取る（※2）権利
4	未収入金	商品以外の代金を後日受取る権利
5	貸付金	金銭を貸付け，後日回収する権利
6	建　物	営業活動で保有する建物
7	備　品	営業活動で保有する机，椅子，棚，パソコン等（備付けて使用するもの）
8	車両運搬具	営業活動で保有する自動車やバイク等（車両でも可）
9	土　地	営業活動で保有する土地
負　債：L（Liability）		債務（将来，金銭などを支払う義務）
10	買掛金	商品（※1）を購入し代金を後日支払う（※2）義務
11	未払金	商品以外の代金を後日支払う義務

12	借入金	金銭を借入れ，後日返済する義務
資 本：K（Kapital ※3）		株主からの出資額と利益の蓄積額
13	資本金	株式を発行し株主から出資された金額
14	繰越利益剰余金	獲得した利益の蓄積額

※1 店舗で販売する物品を商品といいます。店舗内にあっても販売を目的としないものは商品ではありません。
※2 商品の代金を後日受払いすることを「掛（かけ）」といいます。
※3 慣習的に資本はドイツ語のKapitalをあてます。

3．費用・収益の勘定（損益計算書勘定）

費用・収益のグループに分類される基本的な勘定科目は以下の通りです。

損 益 計 算 書 勘 定		
費 用：E（Expense）		支出や損失を生じさせる原因
15	仕 入	商品を購入したとき
16	給 料	給料を支払ったとき
17	広告宣伝費	広告料・宣伝料を支払ったとき
18	支払手数料	仲介手数料等の手数料を支払ったとき
19	支払利息	借入金の利息を支払ったとき
20	旅費交通費	バス代・電車賃等を支払ったとき（交通費でも可）
21	通信費	はがき・切手等の郵便代金，電話・インターネット等の代金を支払ったとき
22	消耗品費	文房具や帳簿類を購入したとき
23	水道光熱費	水道料金，電気料金，ガス料金等を支払ったとき
24	支払家賃	家賃（店舗・事務所・倉庫等の賃借料）を支払ったとき
25	支払地代	地代（土地の賃借料）を支払ったとき
26	保険料	保険料を支払ったとき（支払保険料でも可）
27	諸会費	業務に関係する所属団体（同業組合や商工会議所など）の会費を支払ったとき
28	保管費	商品などを保管するための倉庫の使用料を支払ったとき
収 益：R（Revenue）		収入や利益を生じさせる原因
29	売 上	商品を販売したとき
30	受取家賃	家賃（店舗・事務所・倉庫等の賃貸料）を受取ったとき
31	受取地代	地代（土地の賃貸料）を受取ったとき
32	受取手数料	仲介手数料等の手数料を受取ったとき
33	受取利息	貸付金の利息を受取ったとき

以下の（ ）に該当する用語（日本語）と勘定科目を答えなさい。

貸 借 対 照 表 勘 定	
A：（ ）	財貨（金銭と物品）と債権（将来，金銭などを受取る権利）
1	通貨および通貨代用証券（ただちに通貨に換金できる証券）
2	自由に出し入れできる一般的な預金
3	商品（※1）を販売し代金を後日受取る（※2）権利
4	商品以外の代金を後日受取る権利
5	金銭を貸付け，後日回収する権利
6	営業活動で保有する建物
7	営業活動で保有する机，椅子，棚，パソコン等（備付けて使用するもの）
8	営業活動で保有する自動車やバイク等（車両でも可）
9	営業活動で保有する土地
L：（ ）	債務（将来，金銭などを支払う義務）
10	商品（※1）を購入し代金を後日支払う（※2）義務
11	商品以外の代金を後日支払う義務
12	金銭を借入れ，後日返済する義務
K：（ ）	株主からの出資額と利益の蓄積額
13	株式を発行し株主から出資された金額
14	獲得した利益の蓄積額

※1 店舗で販売する物品を（ ）という。
※2 商品の代金を後日受払いすることを（ ）という。

損 益 計 算 書 勘 定	
E：（ ）	支出や損失を生じさせる原因
15	商品を購入したとき
16	給料を支払ったとき
17	広告料・宣伝料を支払ったとき
18	仲介手数料等の手数料を支払ったとき
19	借入金の利息を支払ったとき
20	バス代・電車賃等を支払ったとき（交通費でも可）
21	はがき・切手等の郵便代金，電話・インターネット等の代金を支払ったとき
22	文房具や帳簿類を購入したとき
23	水道料金，電気料金，ガス料金等を支払ったとき
24	家賃（店舗・事務所・倉庫等の賃借料）を支払ったとき

25		地代（土地の賃借料）を支払ったとき
26		保険料を支払ったとき（支払保険料でも可）
27		業務に関係する所属団体（業界団体や商工会議所など）の会費を支払ったとき
28		商品などを保管するための倉庫の使用料を支払ったとき
R：（　　　　　）		収入や利益を生じさせる原因
29		商品を販売したとき
30		家賃（店舗・事務所・倉庫等の賃貸料）を受取ったとき
31		地代（土地の賃貸料）を受取ったとき
32		仲介手数料等の手数料を受取ったとき
33		貸付金の利息を受取ったとき

練習問題 1．次の表の勘定科目と勘定の分類を答えなさい。分類は略式の記号（A，L，K，EまたはR）で答えること。

	記録対象となる取引内容		勘定科目 （　分類　）
1	株式を発行し株主から出資された金額		（　　）
2	給料を支払ったとき		（　　）
3	営業活動で保有する机，椅子，棚，パソコン等（備付けて使用するもの）		（　　）
4	はがき・切手等の郵便代金，電話・インターネット等の代金を支払ったとき		（　　）
5	営業活動で保有する建物		（　　）
6	商品を	販売したとき	（　　）
7		購入したとき	（　　）
8	商品を掛で	購入したときの代金（後日支払う義務）	（　　）
9		販売したときの代金（後日回収する権利）	（　　）
10	広告料・宣伝料を支払ったとき		（　　）
11	商品以外の代金を	後日支払う義務	（　　）
12		後日回収する権利	（　　）
13	水道料金，電気料金，ガス料金等を支払ったとき		（　　）
14	営業活動で保有する自動車やバイク等		（　　）
15	仲介等の手数料を	支払ったとき	（　　）
16		受取ったとき	（　　）
17	自由に出し入れできる一般的な預金		（　　）

18	土地の	賃貸料を受取ったとき	( )
19		賃借料を支払ったとき	( )
20	バス代・電車賃等を支払ったとき		( )
21	通貨および通貨代用証券（ただちに通貨に換金できる証券)		( )
22	店舗・事務所・倉庫等の	賃借料を支払ったとき	( )
23		賃貸料を受取ったとき	( )
24	金銭を	他人に貸したときの債権	( )
25		他人から借りたときの債務	( )
26	金銭を貸借し	利息を受取ったとき	( )
27		利息を支払ったとき	( )
28	商品などを保管するための倉庫の使用料を支払ったとき		( )
29	営業活動で保有する土地		( )
30	保険料を支払ったとき		( )
31	業務に関係する所属団体（同業組合など）の会費を支払ったとき		( )
32	獲得した利益の蓄積額		( )
33	文房具や帳簿類を購入したとき		( )

2．次の取引に含まれる勘定科目と勘定の分類を答えなさい。分類は略式の記号を使い（ ）を付けて答えること。各取引には2つ以上の勘定科目が含まれている。

（1）当月分の給料を現金で支払った。

（2）水道料金と電気代が普通預金から引落とされた。

（3）仲介手数料として現金を受取った。

（4）銀行から現金を借入れた。

（5）切手代と葉書代をあわせて現金で支払った。

（6）商品を購入し，代金は掛とした。

（7）営業で使用する軽自動車を購入し，代金は後日支払うことにした。

（8）商品を販売し，代金の半分を現金で受取り，残りは掛とした。

（9）商品棚を売却し，代金の半分を現金で受取り，残りは後日受取ることにした。

（10）株式を発行し株主から出資を受け，全額が普通預金に振込まれた。

Chapter 3　取引と仕訳

1．簿記上の取引

　簿記上の取引は，財産（資産・負債）に増減を生じさせる出来事（事象）のことをいいます。簿記上の取引は，一般的な取引とは多少異なります。

簿　記　上　の　取　引（帳簿に記帳）

例：単なる契約など

一般的な取引だが，簿記上の取引でないもの	大部分は一致する	一般的な取引でないが，簿記上の取引となるもの

一　般　的　な　取　引

例：商品等の盗難や火災による財産の焼失など

例）簿記上の取引には○，そうでないものには×を付けなさい。
　（１）商品￥3,000が盗難にあった。（○）
　（２）得意先に商品￥200,000を販売する契約をした。（×）

（１）盗難でも商品という財産が減少しているので簿記上の取引です。
　　　（２）契約段階では商品という財産に増減は生じないので簿記上の取引ではありません。

2．仕　訳

　取引を仕訳帳に記帳することを仕訳といいます。仕訳帳には，日付を入れ，一定のルールに従って，勘定科目と金額を左右に分けて記帳します。簿記では左側を借方（かりかた），右側を貸方（かしかた）といいます。金額には「￥」は書かずに，下から３ケタごとに「，（コンマ）」を入れます。

例）（取引）４月８日　さいたま銀行から現金￥1,000,000を借入れた。
　　（仕訳）　４／８　（借方）　現　金　1,000,000　（貸方）　借入金　1,000,000
　　　　　　　（日付）　　（勘定科目）（金額）　　　　　（勘定科目）（金額）

ノートに仕訳するときは，縦ライン一本で借方と貸方を区別します。

4 / 8　　現　金　1,000,000　│　　借入金　1,000,000

3．仕訳の手順

　仕訳の手順を示せば，次の通りです。

（1）勘定科目を決めます。

　　仕訳には勘定科目が2つ以上必要ですが，まず1つだけ勘定科目を決めてください。

（2）勘定科目の分類（資産・負債・資本・費用・収益の別）と増減を考えます。

（3）次の仕訳のルールに従って，勘定科目を借方または貸方に記帳します。

仕訳のルールと取引の結合関係

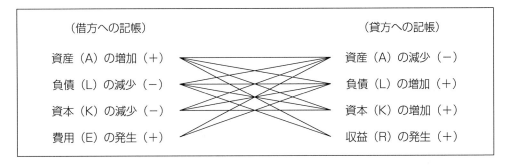

　　「＋（増加と発生）」の側を覚えれば，その反対側が「－（減少）」です。

（4）勘定科目に付けられる金額を記帳します。

　　複式簿記では，借方と貸方の金額が常に一致する関係にあります。これを貸借平均の原理といいます。

例）先の例題の取引を仕訳の手順に従って仕訳すると，次のようになります。

　　（取引）4月8日　さいたま銀行から現金¥1,000,000を借入れた。

（1）取引内の「現金」を勘定科目に決定。

（2）「現金」は「A（資産）」に分類され，受取ったので「＋（増加）」。

（3）仕訳のルールで「A＋」は借方に記入するので「現金」を借方に記帳。

（4）現金の金額¥1,000,000を記帳（「¥」は記入せず「,」を忘れずに記入）。

　　　　4 / 8　（借）現　金　　1,000,000

（5）取引内の「借入れた」より「借入金」を勘定科目に決定。

（6）「借入金」は「L（負債）」に分類され，借金（債務）が「＋（増加）」。

（7）仕訳のルールで「L＋」は貸方に記入するので「借入金」を貸方に記帳。

（8）借入金の金額¥1,000,000を記帳（「¥」は記入せずに「,」を忘れずに記入）。

　　　※（4）までの仕訳に（5）から（8）の仕訳を追加すると完成です。

　　　4／8　（借）現　金　　1,000,000　　　（貸）借入金　　　1,000,000

（9）完成したら借方と貸方の金額が一致していることを確認します。

４．３つ以上の勘定科目からなる仕訳

　仕訳はいつも借方と貸方が1対1であるとは限りません。３つ以上の勘定科目からなる仕訳は，勘定科目と金額を下に続けて記帳します。

例）　　（借）　現　金　　30,000　　　（貸）　売　上　　90,000
　　　　　　　売掛金　　60,000

 　勘定科目の上下の順は問いません。借方と貸方の金額は常に一致します。

５．仕訳帳の様式

　仕訳帳の様式は次の通りです。「元丁」の欄には転記先の総勘定元帳の頁を書込みます。

<table>
<tr><td colspan="6" style="text-align:center">仕　訳　帳</td><td>1</td></tr>
<tr><td>20××
年</td><td colspan="2" style="text-align:center">摘　　要</td><td>元
丁</td><td>借　方</td><td>貸　方</td></tr>
<tr><td>4　8</td><td colspan="2">（　現　金　）</td><td>1</td><td>1,000,000</td><td></td></tr>
<tr><td></td><td></td><td>（　借入金　）</td><td>4</td><td></td><td>1,000,000</td></tr>
<tr><td></td><td colspan="2">　さいたま銀行より借入れ</td><td></td><td></td><td></td></tr>
</table>

基本問題　１．簿記上の取引には○，そうでないものには×を付けなさい。

　（1）火災により建物¥9,000,000が焼失した。

　（2）銀行から現金¥700,000を借りる契約をした。

　（3）商品¥50,000を販売する契約を結び，代金の半分を現金で受取った。

　（4）事務用机¥23,000を購入し，代金は月末に支払うことにした。

　２．以下の取引を仕訳しなさい。

　　7／1　株式を発行し，現金¥8,000,000の出資を受けた。

2 銀行から現金￥1,000,000を借入れた。

5 加盟する同業組合の当月の会費￥700を現金で支払った。

7 商品を購入し，代金￥400,000を現金で支払った。

10 商品を購入し，代金￥300,000を掛とした。

11 店舗で使用する商品棚￥79,000を購入し，代金は後日支払うことにした。

15 商品￥400,000を購入し，代金の半分を現金で支払い，残額は掛とした。

16 商品￥600,000を販売し，代金￥100,000を現金で受取り，残額は掛とした。

21 従業員に給料￥190,000を普通預金口座から振込んだ。

25 借入金の返済日となり，利息￥3,700とともに借入金￥500,000を現金で返済した。

28 取引の仲介をして，仲介手数料￥83,000を現金で受取った。

30 買掛金のうち￥150,000を現金で支払った。

31 売掛金のうち￥63,000を現金で回収した。

練習問題 　以下の取引を仕訳しなさい。なお，仕訳不要の場合は「仕訳なし」と記入すること。

（1）現金￥3,000,000を銀行の普通預金口座に預入れた。

（2）営業用の自動車を購入し，代金￥1,600,000は現金で支払った。

（3）倉庫を購入し，代金￥480,000は月末に支払うことにした。

（4）店舗の広告を制作し，代金￥90,000を現金で支払った。

（5）貸付金の利息￥2,400を現金で受取った。

（6）先日，商品￥500,000を掛で販売したが，本日￥200,000を現金で回収した。

（7）電車賃とバス代あわせて￥7,800を現金で支払った。

（8）土地の賃貸料として￥43,000を現金で受取った。

（9）水道代と電気代あわせて￥69,000が普通預金口座から引落とされた。

（10）銀行から現金￥1,300,000を借入れる契約をした。

（11）今月分の家賃として現金￥85,000を受取った。

（12）火災保険に加入し，￥190,000を現金で支払った。

（13）先日，商品￥320,000を掛で購入したが，本日￥150,000を現金で支払った。

Chapter 4 転　記

学習のポイント
Study Point

1．転　記

　仕訳帳から総勘定元帳（元帳）に記帳することを転記といいます。総勘定元帳は，勘定科目ごとに記録・集計を行う主要簿で，勘定科目ごとに金額を集計する記入欄が設けられています。この勘定科目ごとの記入欄を勘定口座といい，その形からTフォームやT勘定とも呼ばれます。

例）

2．転記の手順

　転記は日付順に次の手順で行います。
（1）仕訳の借方の勘定科目の日付と金額を，その勘定口座の借方に記帳します。
（2）転記された日付と金額の間に，仕訳の反対側（貸方）の勘定科目を記帳します。
（3）借方の転記が済んだら同様の手順で貸方の転記を行います。
　※ 日付と勘定科目が真上と同じときは「〃」で省略できます。

例）転記の手順に従って，次の仕訳を転記しましょう。
（仕訳）　4／8　現　　金　50,000　｜　借 入 金　50,000

－手順－
（1）仕訳の借方の勘定科目が現金なので，現金の勘定口座の借方に日付と金額を記帳

（2）転記された借方の日付と金額の間に，仕訳の貸方の勘定科目を記帳

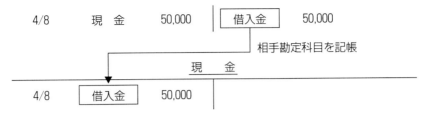

（3）仕訳の貸方の勘定科目が借入金なので，借入金の勘定口座の貸方に日付と金額を記帳

（4）転記された貸方の日付と金額の間に，仕訳の借方の勘定科目を記帳

3．諸　口

　転記された日付と金額の間には，仕訳の反対側の勘定科目を記帳します。その際，仕訳の相手の勘定科目が2つ以上あるときは，まとめて「諸口（しょくち）」と記帳します。

4．総勘定元帳（勘定式）の様式

総勘定元帳の勘定口座の様式は次の通りです。「仕丁」の欄には転記のもととなる仕訳帳の頁を書込みます。

総 勘 定 元 帳

現　　金
1

20××年		摘　　要	仕丁	借　方	20××年		摘　　要	仕丁	貸　方
4	1	資 本 金	1	500,000	4	3	仕 入	1	30,000
	8	売 上	1	80,000					

基本問題　　次の仕訳を転記しなさい。

4/ 8	現　　　　金	400,000	資 本 金	400,000
16	仕　　　　入	150,000	現　　　金	100,000
			買 掛 金	50,000
27	現　　　　金	100,000	売　　　上	230,000
	売 掛 金	130,000		

練習問題　　1．次の仕訳を転記しなさい。

8/ 1	現　　　　金	900,000	資 本 金	1,400,000
	建　　　　物	500,000		
5	備　　　品	200,000	現　　　金	200,000
8	仕　　　入	360,000	買 掛 金	360,000
11	現　　　　金	160,000	売　　　上	560,000
	売 掛 金	400,000		
20	支 払 地 代	18,000	現　　　金	18,000
25	買 掛 金	100,000	現　　　金	100,000
26	給　　　料	152,000	現　　　金	152,000
30	現　　　　金	200,000	売 掛 金	200,000

2．以下の現金勘定以外の元帳勘定には転記に誤りがある。下記の語群等から適当なものを選び，誤りを訂正する文章を完成しなさい。

語群等：日付，相手の勘定科目，金額，借方，貸方，現金，借入金，
給料，受取手数料，受取地代，12/1，12/2，12/10，12/20，
12/30，600,000，200,000，300,000，50,000，20,000

現　　金				借　入　金	
12/ 1 受取手数料 600,000	12/10 給　　料 200,000		12/30 現　　金 50,000		
20 受取地代 300,000					
30 借 入 金 50,000			受取手数料		
				12/ 2 現　　金 600,000	
給　　料					
12/10 現　　金 20,000			受取地代		
				12/20 未 収 金 300,000	

（1）受取手数料勘定の（ア）に誤りがあるので，それを（イ）に訂正する。

（2）給料勘定の（ウ）に誤りがあるので，それを（エ）に訂正する。

（3）受取地代勘定の（オ）に誤りがあるので，それを（カ）に訂正する。

（4）借入金勘定の（キ）に誤りがあるので，それを（ク）に訂正する。

Chapter **5**　試算表の原理

Study Point

1．試算表（Trial Balance; T/B）の意義

　ここからChapter 8までは，決算手続きについて学習します。決算に際してはまず，期中の総勘定元帳の記帳に誤りがないことを確認します。その確認のために作成する表を試算表といいます。試算表では，貸借平均の原理を使って，記帳の正しさを確認します。

2．試算表の種類と様式

　試算表には，合計試算表，残高試算表，合計残高試算表の3種類があります。
　試算表の勘定科目欄には，総勘定元帳の各勘定口座の名称を記入します。勘定口座の名称は，上から資産，負債，資本，収益，費用の順に並べます。

（1）合計試算表
　各勘定口座の借方合計と貸方合計を集計し，最終的な貸借合計額の一致を確かめます。
例）

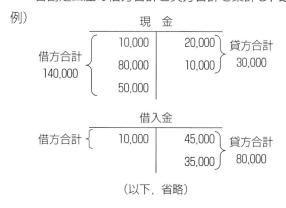

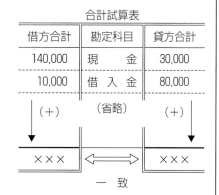

（2）残高試算表
　各勘定口座の残高を集計し，最終的な貸借合計額の一致を確かめます。
　残高は各勘定口座の借方合計と貸方合計の差額として計算します。また，資産と費用の残高は借方に，負債，資本および収益の残高は貸方に生じます。

例）

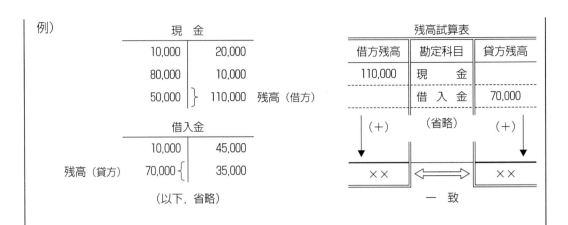

現　金

10,000	20,000
80,000	10,000
50,000 }	110,000 残高（借方）

借入金

| | 10,000 | 45,000 |
| 残高（貸方） 70,000 { | 35,000 |

（以下，省略）

残高試算表

借方残高	勘定科目	貸方残高
110,000	現　金	
	借　入　金	70,000
(＋)	（省略）	(＋)
××	⟷ 一　致	××

（3）合計残高試算表

　　合計試算表と残高試算表を1つにまとめたものです。合計欄と残高欄それぞれで最終的な貸借合計額の一致を確かめます。

例）

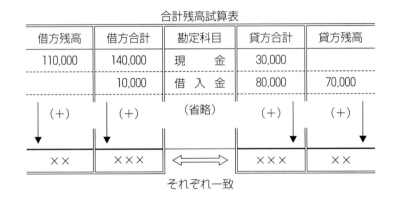

合計残高試算表

借方残高	借方合計	勘定科目	貸方合計	貸方残高
110,000	140,000	現　金	30,000	
	10,000	借　入　金	80,000	70,000
(＋)	(＋)	（省略）	(＋)	(＋)
××	×××	⟷	×××	××

それぞれ一致

基本問題　　次の各元帳勘定から合計残高試算表を作成しなさい。勘定科目の配列にも注意すること。

資　本　金

| | 12/ 1 現　　金 700,000 |

現　金

12/ 1 資本金 700,000	12/10 仕　　入 100,000
5 借入金 50,000	30 支払家賃 30,000
15 売　　上 480,000	31 買掛金 20,000
25 受取手数料 15,000	

仕　入

| 12/10 諸　　口 350,000 | |

支払家賃

| 12/30 現　　金 30,000 | |

売　上

| | 12/15 現　　金 480,000 |

買 掛 金					受取手数料			
12/31 現　　金	20,000	12/10 仕　　入	250,000				12/25 現　　金	15,000

借 入 金			
		12/ 5 現　　金	50,000

練習問題

1．次の各元帳勘定の合計額をもとに，合計残高試算表を完成しなさい。勘定科目の配列に注意し，資本金の額は各自で計算すること。また，借方合計か貸方合計かは○でわからないため各自で判断すること。

受取手数料（○方）¥55,000，買掛金（○方）¥350,000
（○方）¥176,000，現金（○方）¥330,000（○方）¥1,520,000，
給料（○方）¥230,000，借入金（○方）¥202,000（○方）¥420,000，
繰越利益剰余金（○方）¥90,600，売上（○方）¥820,000，
仕入（○方）¥470,000，車両運搬具（○方）¥187,000，
売掛金（○方）¥410,000（○方）¥130,000，支払利息（○方）¥600

2．次の各元帳勘定の残高をもとに，残高試算表を完成しなさい。勘定科目の配列に注意し，繰越利益剰余金の額は各自で計算すること。

支払手数料¥546,000，旅費交通費¥32,000，建物¥578,000，
保険料¥12,000，受取手数料¥809,000，現金¥816,000，給料¥152,000，
受取家賃¥17,000，未払金¥73,000，未収入金¥64,000，
資本金¥1,640,000，水道光熱費¥62,800，備品¥199,000，
受取利息¥800，貸付金¥150,000

3．次の4月中の取引をもとに4月末現在の合計試算表を作成しなさい。

4/ 1　株式を発行し，普通預金に¥600,000の払込を受けた。

　 5　商品¥30,000を購入し，代金は普通預金から振込んだ。

　10　商品¥90,000を販売し，代金のうち¥50,000は普通預金に振込まれ，残りは掛とした。

　15　商品¥70,000を購入し，代金のうち¥20,000を普通預金から支払い，残りは掛とした。

　20　10日に販売した商品の掛代金の全額が普通預金に振込まれた。

　25　給料¥80,000を普通預金から振込んだ。

Chapter 6 　精算表の仕組み

学習のポイント

Study Point

1．精算表 (Work Sheet; W/S)

　残高試算表から損益計算書と貸借対照表を作成する過程を1つにまとめた表を精算表といいます。精算表には六桁精算表や八桁精算表（Chapter24と25参照）があります。ここでは六桁精算表を使って精算表の仕組みを学習します。

2．六桁精算表の作成手順

　六桁精算表の作成手順は，次の通りです。

（1）勘定科目を記入します。勘定科目は，上から資産，負債，資本，収益，費用の順に並べます。

（2）残高試算表に各勘定科目の残高を記入します。資産と費用の残高は借方に，負債，資本，収益の残高は貸方に記入します。すべての残高を記入し終えたら，貸借の合計が一致していることを確かめます。

（3）残高を損益計算書と貸借対照表の欄に書き写します。費用と収益の残高は損益計算書に，資産，負債，資本の残高は貸借対照表に書き写します。書き写す際，残高の位置を変えないように注意しましょう。

（4）各欄の貸借合計額は一致する関係にあります。この関係を利用して，損益計算書では，利益（借方に生じた差額）または損失（貸方に生じた差額）を計算します。利益の場合は勘定科目欄に当期純利益と記入し，損失の場合は当期純損失と記入します。

（5）損益計算書で計算した利益額は，繰越利益剰余金（K）を増加させるものとして，貸借対照表の貸方に書き写します。逆に，損失額は繰越利益剰余金（K）を減少させるものとして，貸借対照表の借方に書き写します。最後に，貸借対照表の貸借合計が一致することを確かめます。

例)

六 桁 精 算 表

勘定科目	残高試算表		損益計算書		貸借対照表	
	借 方	貸 方	借 方	貸 方	借 方	貸 方
現 金	40,000				40,000	
借 入 金		10,000				10,000
資 本 金		18,000				18,000
繰 越 利 益 剰 余 金		2,000				2,000
受 取 手 数 料		50,000		50,000		
給 料	15,000		15,000			
支 払 家 賃	25,000		25,000			
当 期 純 利 益			10,000			10,000
	80,000	80,000	50,000	50,000	40,000	40,000

↑─ 致 ─↑　　↑─ 致 ─↑　　↑─ 致 ─↑

 損益計算書で差額が借方に計算されると当期純利益です。当期純利益は貸借対照表の貸方に金額を書き写します。

※ 当期純損失の場合

勘定科目	残高試算表		損益計算書		貸借対照表	
	借 方	貸 方	借 方	貸 方	借 方	貸 方
	(省 略)					
当 期 純 損 失				××	××	
	×××	×××	×××	×××	×××	×××

 損益計算書で差額が貸方に計算されると当期純損失です。当期純損失は貸借対照表の借方に金額を書き写します。

基本問題　1．解答用紙の精算表を完成しなさい。なお，資本金の額は各自で計算すること。

　　　　　2．次の勘定残高をもとに，精算表を完成しなさい。なお，勘定科目の配列に注意し，資本金の額は各自で計算すること。

現金¥847,000，繰越利益剰余金¥18,000，買掛金¥193,200，
仕入¥431,000，売上¥625,000，売掛金¥265,000，給料¥198,000，
受取手数料¥76,400，借入金¥230,000，支払利息¥1,600

練習問題　1．次の勘定残高をもとに，精算表を完成しなさい。なお，勘定科目の配列
に注意し，資本金の額は各自で計算すること。

売上¥1,144,000，買掛金¥436,000，給料¥98,000，現金¥880,000，
仕入¥762,000，貸付金¥374,000，受取利息¥1,600，支払家賃¥24,000，
繰越利益剰余金¥20,200，未払金¥79,000，通信費¥19,800，売掛金
¥563,000

2．次の勘定残高をもとに，精算表を完成しなさい。なお，勘定科目の配列
に注意し，資本金の額は各自で計算すること。

給料¥102,000，土地¥897,500，売上¥725,000，広告宣伝費¥286,000，
普通預金¥69,400，借入金¥327,000，繰越利益剰余金¥312,000，
現金¥1,095,000，受取地代¥26,900，旅費交通費¥56,000，
買掛金¥54,000，仕入¥439,000

Chapter 7 　損益計算書と貸借対照表の様式

学習のポイント
Study Point

1．財務諸表（Financial Statements; F/S）

　主な財務諸表には，損益計算書と貸借対照表があります。損益計算書は一定期間の経営成績を表示し，貸借対照表は一定時点の財政状態を表示します。ここでは勘定式（借方と貸方に分ける様式）の損益計算書と貸借対照表の様式を学習します。

2．損益計算書（Profit and Loss Statement; P/L）

　損益計算書では，借方に費用，貸方に収益の残高を表示し，両者の差額として当期純利益または当期純損失を計算・表示します。損益計算書では，売上勘定の残高は売上高，売上高に対応する仕入勘定の残高は売上原価という表示科目を使って表示します。

損益計算書

関東商店	20××年1月1日から20××年12月31日まで			（単位：円）
費　　　用	金　額	収　　　益	金　額
売　上　原　価	432,000	売　　上　　高	579,200
給　　　　　料	192,000	受　取　手　数　料	51,600
支　払　利　息	800		
当　期　純　利　益	6,000		
	630,800		630,800

損益計算書等式：費用 ＋ 当期純利益 ＝ 収益
貸借の合計の位置をあわせるため，余白には斜線を引きます。

3．貸借対照表（Balance Sheet; B/S）

　貸借対照表では，借方に資産，貸方に負債と資本の残高を表示します。また，損益計算書で計算した当期純利益または当期純損失は，繰越利益剰余金（K）に含めて表示します。当期純利益は繰越利益剰余金に加算し，当期純損失は繰越利益剰余金から減算します。

貸借対照表

関東商店		20××年12月31日			(単位：円)
資　産	金　額	負債及び資本			金　額
現　　　　金	890,000	買　　掛　　金			100,000
売　　掛　　金	72,000	借　　入　　金			180,000
建　　　　物	334,000	資　　本　　金			1,000,000
		繰　越　利　益　剰　余　金			16,000
	1,296,000				1,296,000

繰越利益剰余金￥16,000には，当期純利益が含まれています。

貸借対照表等式：資産 ＝ 負債 ＋ 資本

4．当期純利益（または当期純損失）の計算方法

当期純利益（または当期純損失）の計算方法には，損益法と財産法があります。

損益法：収益 － 費用 ＝ 当期純利益（マイナスの場合は当期純損失）

財産法：期末資本 － 期首資本 ＝ 当期純利益（マイナスの場合は当期純損失）

資本の額は資産－負債または資本金＋繰越利益剰余金で計算できます。

[基本問題] 以下の勘定残高をもとに，損益計算書と貸借対照表を作成しなさい。

支払利息￥2,500，車両運搬具￥345,000，買掛金￥450,000，受取家賃￥114,000，繰越利益剰余金￥110,000，給料￥314,000，現金￥1,032,000，建物￥791,000，通信費￥26,000，借入金￥520,000，受取手数料￥20,500，売掛金￥280,000，資本金￥1,737,000，仕入￥720,000（売上原価），普通預金￥455,000，支払地代￥130,000，備品￥74,000，売上￥1,120,000，未払金￥98,000

[練習問題] 1．以下の勘定残高をもとに，損益計算書と貸借対照表を作成しなさい。

資本金￥800,000，支払手数料￥17,000，買掛金￥225,000，現金￥700,000，給料￥145,000，売上￥597,000，旅費交通費￥9,500，未払金￥113,000，

貸付金¥60,000, 保険料¥12,000, 受取地代¥47,000,
仕入¥450,000（売上原価）, 売掛金¥81,000, 繰越利益剰余金¥60,000,
受取利息¥300, 土地¥301,000, 未収入金¥46,000, 水道光熱費¥20,800

2. 次の表の空欄に該当する金額を計算しなさい。△はマイナスの記号であり, 当期純損失を示す。

	期　　首			期　　末			費　用	収　益	純利益又は純損失
	資　産	負　債	資　本	資　産	負　債	資　本			
A	（ア）	25,000	30,000	65,000	（イ）	33,000	（ウ）	31,000	（エ）
B	60,000	（オ）	28,000	58,000	（カ）	（キ）	87,000	（ク）	△3,000

3. Ⅰ期とⅡ期は連続した会計期間である。次の表の空欄に該当する金額を計算しなさい。当期純損失には金額の前に△を記入すること。

	期　　首			期　　末			収　益	費　用	純利益又は純損失
	資　産	負　債	資　本	資　産	負　債	資　本			
Ⅰ	41,000	18,000	（ア）	（イ）	35,000	（ウ）	156,000	（エ）	29,000
Ⅱ	（オ）	（カ）	（キ）	75,000	28,000	（ク）	（ケ）	174,000	（コ）

Chapter **8** 元帳の締切り

主な勘定科目

損益，繰越利益剰余金（K）

学習のポイント
Study Point

1．締切りの意義

　簿記は継続的な経営活動を会計期間に区切って行うため，当期の記帳と次期の記帳を明確に区別する必要があります。

　簿記では当期の記帳を完了させる手続きを締切りといい，決算において締切りを行うことにより，当期の記帳と次期の記帳を区別します。締切りの方法には，英米式決算法と大陸式決算法があります。ここでは英米式決算法による元帳の締切りについて説明します。

例）3月31日を期末（決算日）とする当社が，新年度の4月8日に以下の仕訳をして，元帳に転記しました。

　　4/8　（借）仕　　　入　　50,000　　　（貸）現　　　金　　50,000

（1）決算において元帳を締切らずに転記した場合は，会計期間が明確に区別されません。

	仕　　入				現　　金			
3/10 買 掛 金	30,000			3/3 資本金	300,000	3/15 給　料	20,000	
20　〃	40,000					4/8 仕　入	50,000	
4/8 現　金	50,000							

（２）決算において元帳を締切って転記した場合は，締切線で会計期間が区別されます。

		仕　　　入						現　　　金			
3/10	買 掛 金	30,000	3/31 損　　益	70,000		3/3	資 本 金	300,000	3/15	給　　料	30,000
20	〃	40,000							31	次期繰越	270,000
		70,000		70,000				300,000			300,000
4/8	現　　金	50,000				4/1	前期繰越	370,000	4/8	仕　　入	50,000

 　　元帳の締切りでは，残高を記帳して貸借の合計額を一致させ，締切線を引いて締切ります。

２．締切りの手続き

（１）収益と費用の元帳の締切り

　　最初に収益と費用の元帳を締切ります。決算日の日付で残高を記帳し，貸借の合計額を一致させて締切線を引きます。収益と費用の残高には「損益」と記帳します。

例）

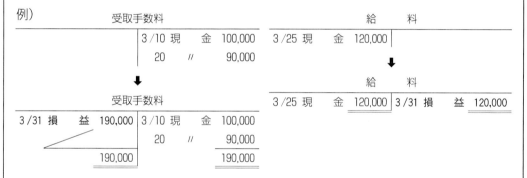

		受取手数料		
		3/10 現　　金	100,000	
		20 〃	90,000	

給　　料			
3/25 現　　金 120,000		

↓

		受取手数料		
3/31 損　　益	190,000	3/10 現　　金	100,000	
		20 〃	90,000	
	190,000		190,000	

給　　料	
3/25 現　　金 120,000	3/31 損　　益 120,000

 　　給料のように残高が合計額でもある場合は，締切線のみで締切ることができます。

（２）損益勘定の設定と収益・費用の勘定残高の振替え

①　「損益」という勘定口座を設定し，（１）で計算した収益の勘定残高を貸方に，費用の勘定残高を借方に振替えます。

例）

(E)		損　　　益		(R)	
3/31 給　　料	120,000	3/31 受取手数料	190,000

 　　精算表を思い出してください。利益または損失を計算するために，収益と費用の勘定残高を損益計算書に振替えました。ここでは損益計算書に相当する損益勘定を設定して，費用の残高は借方，収益の残高は貸方に振替えます。

② 収益と費用の勘定残高を損益勘定に振替える際には，決算振替仕訳を仕訳帳に記帳します。

例）収益の決算振替仕訳　3/31（借）受取手数料　190,000　（貸）損　　　益　190,000
　　費用の決算振替仕訳　3/31（借）損　　　益　120,000　（貸）給　　　料　120,000

 　　決算振替仕訳は収益ごと費用ごとにまとめて行います。また決算振替仕訳では，収益は借方，費用は貸方に仕訳され，相手の勘定科目は損益になります。

（3）損益勘定の締切り

　　損益の勘定口座を締切ります。決算日の日付で残高を記帳し，貸借の合計額を一致させて締切線を引きます。損益の勘定残高には「繰越利益剰余金」と記帳します。

例）

損　　　益

3/31 給　　　料	120,000	3/31 受取手数料	190,000
〃　繰越利益剰余金	70,000		
	190,000		190,000

 　　損益の勘定残高は収益と費用の差額であり，利益または損失を意味しますが，繰越利益剰余金と記帳します。

（4）損益の勘定残高（利益または損失）の繰越利益剰余金勘定への振替え

① 損益勘定の借方に記帳された残高は利益を意味するため，これを繰越利益剰余金勘定の貸方に振替えます。反対に，貸方に記帳された残高は損失を意味するため，繰越利益剰余金勘定の借方に振替えます。

例）

繰越利益剰余金

| | 3/31 損　　　益 | 70,000 |

② 損益の勘定残高を繰越利益剰余金勘定に振替える際には，決算振替仕訳を仕訳帳に記帳します。

例）利益の決算振替仕訳　3/31（借）損　　　益　70,000　（貸）繰越利益剰余金　70,000
　　損失の決算振替仕訳　3/31（借）繰越利益剰余金　×××　（貸）損　　　益　×××

締切手続きの（1）から（4）までの各勘定口座の関係を簡潔に示すと次のようになります。

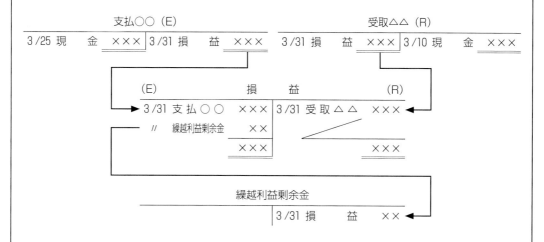

（5）資産，負債，資本の元帳の締切り

最後に資産，負債，資本の元帳を締切ります。決算日の日付で残高を記帳し，貸借の合計額を一致させて締切線を引きます。資産，負債，資本の残高は，次の会計期間に繰越されるため「次期繰越」と記帳します。

例）

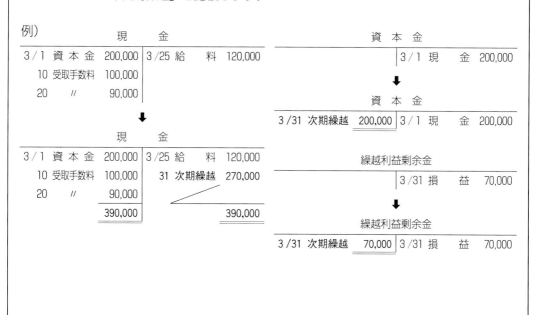

（6）翌期首における前期繰越の記帳（開始記入）

　　資産，負債，資本の次期繰越は，翌期首になったら各勘定口座の増加側に「前期繰越」
として記帳します。これを開始記入といいます。

例）

	現　　金		
3/1 資 本 金	200,000	3/25 給　　料	120,000
10 受取手数料	100,000	31 次期繰越	270,000
20　　〃	90,000		
	390,000		390,000
4/1 前期繰越	270,000		

	資　本　金		
3/31 次期繰越	200,000	3/1 現　　金	200,000
		4/1 前期繰越	200,000

	繰越利益剰余金		
3/31 次期繰越	70,000	3/31 損　　益	70,000
		4/1 前期繰越	70,000

基本問題　以下の手順に従って解答用紙の元帳を締切りなさい。決算日は３月31日
とする。なお，勘定の分類を明確にするため勘定の名称の（　　）に分類記
号（A，L，K，R，E）を記入してから解答を始めること。なお，損益勘定に
分類はない。
（1）収益と費用の元帳を締切りなさい。
（2）損益勘定に収益と費用の勘定残高を振替えて締切りなさい。また，収
益と費用の決算振替仕訳を行いなさい。
（3）繰越利益剰余金勘定に損益の勘定残高を振替え，損益の決算振替仕訳
を行いなさい。
（4）資産，負債，資本の元帳を締切りなさい。また，翌期首の日付で開始
記入を行いなさい。

練習問題　1．以下の（　ア　）から（　コ　）に該当する用語と金額を解答欄に記入しな
さい。また，損益の勘定残高の決算振替仕訳を行いなさい。

	損　　益		
3/31 仕　　入	340,000	3/31 売　　上	490,000
〃 給　　料	180,000	〃 受取家賃	60,000
〃 （ ア ）	（ イ ）		
	（ ウ ）		（　　）

	繰越利益剰余金		
3/31 （ エ ）	（ オ ）	4/1 前期繰越	70,000
		3/31 （ カ ）	（ キ ）
（　　）			（ ク ）
		4/1 （ ケ ）	（ コ ）

2．以下の手順に従って解答用紙の元帳を締切りなさい。決算日は3月31日とする。なお，勘定の分類を明確にするため勘定の名称の（　）に分類記号（A，L，K，R，E）を記入してから解答を始めること。なお，損益勘定に分類はない。

（1）収益と費用の元帳を締切りなさい。

（2）損益勘定に収益と費用の勘定残高を振替えて締切りなさい。また，収益と費用の決算振替仕訳を行いなさい。

（3）繰越利益剰余金勘定に損益の勘定残高を振替え，損益の決算振替仕訳を行いなさい。

（4）資産，負債，資本の元帳を締切りなさい。また，翌期首の日付で開始記入を行いなさい。

Chapter 9 現金預金

学習のポイント
Study Point

1．預貯金の種類と記帳

　預貯金の口座には，普通預金，定期預金，当座預金などの口座種別があります。これらの口座種別はそのまま資産の勘定科目になります。

例1）現金￥100を定期預金口座に預入れた。

　　（借）　定 期 預 金 100　　（貸）　現　　　　　金 100

　　　　　預貯金の口座種別がそのまま資産の勘定科目になります。

例2）南北銀行の普通預金￥100を東西銀行の普通預金口座に預け替えた。

　　（借）　普通預金東西銀行　100　　（貸）　普通預金南北銀行　100

　　　　　口座種別と銀行名を組み合わせた勘定科目で預貯金が区別されます。

2．小切手の記帳

（1）小切手とは

　　現金に代わる支払手段の1つに小切手があります。小切手に必要事項を記入し，相手に渡すことを「小切手を振出す」といいます。小切手の振出しには当座預金口座を開設する必要があります。

```
  No. AA123            小  切  手                    東京
支払地 東京都千代田区                               000−00
株式 ○○銀行××支店
会社
金額      ¥1,000,000  ※

上記の金額をこの小切手と引き替えに
持参人へお支払いください
      拒絶証書不要
振出日  20××年1月8日            株式会社  創成商事
振出地  東京都八王子市    振出人  代表取締役社長   □△○  印
```

（2）自己振出の小切手の記帳

　　小切手を振出した場合，その代金は振出人の当座預金口座から支払われます。したがって，自分が振出した小切手は当座預金勘定（A）で処理します。

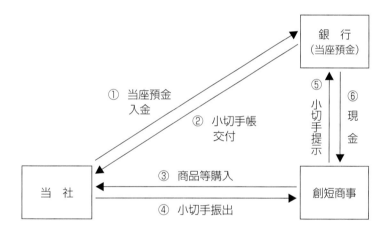

例）創短商事より商品￥100を購入し，代金は小切手を振出して支払った。

　　（借）仕　　　入　100　　（貸）当座預金　100

 point!　　この例題は図の③と④の当社からみた取引です。当社が小切手を振出したら，その時点で当座預金の減少とします。

（3）他人振出の小切手の記帳

　　他人が振出した小切手は，銀行に提示することで，ただちに換金することができます。したがって，他人振出の小切手は現金勘定（A）で処理します。

例1）商品¥100を販売し，代金は得意先振出の小切手で受取った。

（借）　現　　金　100　　（貸）　売　　　上　100

この例題は図の③と④の創短商事からみた取引です。

他人が振出した小切手を受取ったら，その時点で現金の増加とします。なお，この小切手が以前に当社が振出した自己振出の小切手の場合は，現金ではなく当座預金の増加になります。

例2）商品¥100を販売し，代金は得意先振出の小切手で受取り，ただちに当座預金に預入れた。

（借）　当座預金　100　　（貸）　売　　　上　100

他人振出の小切手は現金勘定で処理しますが，ただちに当座預金に預入れた場合は，現金勘定を使わずに当座預金勘定で処理します。

3．当座借越契約

　当座預金の残高を超えて小切手を振出すと不渡り（支払不能）になるため避けなければなりません。ただし，銀行と当座借越契約を結ぶと，一定限度内で残高を超えた小切手の振出ができるようになります。

例）商品¥100を購入し，代金は小切手を振出して支払った。なお，当座預金口座の残高は¥80であるが，銀行との間に¥50を限度とする当座借越契約を結んでいる。

（借）　仕　　　入　100　　（貸）　当座預金　100

当座預金の残高¥80を超えて¥100の小切手が振出されましたが，¥50までの当座借越契約があり不渡りにはなりません。しかし，¥20は当座預金のマイナス（貸方残高）になっていることに注意しましょう。

4．当座借越への振替

　当座預金のマイナス（貸方残高）は，当座借越契約にもとづく銀行からの借入れを意味します。この借入れを当座借越といいます。

（1）決算時における振替

　　決算時に当座預金勘定の貸方に残高がある場合は，それを負債勘定である当座借越勘定（L）または借入金勘定（L）に振替えます。振替とは，ある勘定の借方または貸方の金額を，別の勘定の借方または貸方に移すことをいいます。

例）決算時における当座預金勘定の残高は¥20（貸方）である。当座借越勘定に振替える。
    （借）　当座預金　20　　（貸）　当座借越　20

 　　　当座預金勘定の貸方残高を一度借方に仕訳して残高をゼロにし，当座借越勘定の貸方に移します。当座借越は借入金勘定に振替ることもあります。

（2）翌期首における再振替

　　当座借越勘定の残高は翌期首に当座預金勘定の貸方に再振替します。再振替とは，一度振替えたものを真逆に仕訳して，振替前の状態に戻すことをいいます。

例）翌期首において，当座借越勘定の残高¥20を当座預金勘定の貸方に再振替した。
    （借）　当座借越　20　　（貸）　当座預金　20

 　　　翌期首の再振替仕訳は，決算時の振替仕訳と貸借を真逆にした仕訳になります。

5．簿記上の現金

　簿記上の現金勘定（A）には，通貨のほか，他人振出の小切手，送金小切手，郵便為替証書など，ただちに換金できる証券（通貨代用証券という）が含まれます。

例）仲介手数料として武蔵野商事より送金小切手¥100を受取った。
    （借）　現　　金　100　　（貸）　受取手数料　100

 　　　送金小切手は通貨代用証券なので現金として処理します。

6．現金預金の補助簿（詳細と演習はChapter27）

　現金収支の明細と残高を記帳する補助簿を現金出納帳といいます。また，当座預金の預入・引出の明細と残高を記帳する補助簿を当座預金出納帳といいます。

基本問題　　　次の取引を仕訳しなさい。
　　　　1．現金¥100,000を定期預金口座に預入れた。
　　　　2．東銀行の普通預金¥80,000を西銀行の当座預金口座に移替えた（銀行口座の勘定には銀行名をつけること）。
　　　　3．商品¥20,000を購入し，代金は小切手を振出して支払った。

4．商品¥40,000を販売し，代金は先方振出の小切手で受取った。

5．商品を販売し，代金¥70,000を先方振出の小切手で受取り，ただちに当座預金とした。

6．商品¥90,000を購入し，代金は小切手を振出して支払った。なお，当座預金口座の残高は¥60,000であり，銀行との間に¥50,000を限度とする当座借越契約を結んでいる。

7．当座預金勘定の残高は¥30,000（貸方）であり，決算につき当座借越勘定に振替える。

8．当座借越勘定の残高¥30,000を翌期首において当座預金勘定の貸方に再振替した。

9．当月の家賃として送金小切手¥70,000を受取った。

<u>練習問題</u>　1．次の一連の取引を仕訳しなさい。また，12月中の仕訳は当座預金と当座借越の勘定口座に転記すること。なお，当社は当座預金勘定を銀行の口座ごとに設定していない。

12/ 1　埼京銀行と当座預金契約を結び，現金¥700,000を預入れるとともに，借越限度額を¥200,000とする当座借越契約を結んだ。

12/10　大阪商事から商品¥300,000を購入し，代金は小切手を振出して支払った。

12/20　秋田商会から商品棚¥500,000を購入し，代金は小切手を振出して支払った。

12/25　千葉商事に商品¥40,000を販売し，代金は当座預金口座に振込まれた。

12/31　決算となり，当座預金勘定の貸方残高を当座借越勘定に振替えた。

 1/ 1　翌期首となり，当座借越勘定の残高を当座預金勘定に再振替した。

 2．次の仕訳をしなさい。
（1）埼玉商店に対する売掛金¥80,000を同店振出の小切手で回収した。
（2）商品¥700,000を販売し，代金は先日当店が振出した同額の小切手で受取った。
（3）大阪商事より地代として¥62,000を郵便為替証書で受取った。
（4）千葉商店に対する買掛金¥300,000につき小切手を振出して支払った。
（5）横浜商事より商品¥50,000を購入し，代金は山口商店振出の同額の小切手で支払った。
（6）令和銀行と大正銀行に当座預金口座を開設し，それぞれに現金

¥100,000を預入れた。なお，管理のために各銀行の口座ごとに勘定を設定する。

（7）決算にあたり，平成銀行の当座預金口座が当座借越¥40,000の状態となっているので，適当な勘定に振替える。なお，当社は各銀行の口座ごとに勘定を設定しているが，当座借越勘定は用いていない。

（8）従業員から次の領収書を提示されたので，当社の当座預金口座から従業員の普通預金口座に振込みをした。（日商サンプル問題修正）

<table>
<tr><td colspan="2"></td><td>No. 6648</td></tr>
<tr><td colspan="2" align="center">領収書</td><td>×2年7月21日</td></tr>
<tr><td>△△産業　様</td><td></td><td></td></tr>
<tr><td colspan="3" align="center">¥98,000</td></tr>
<tr><td>但し，旅客運賃として
上記金額を正に領収いたしました。</td><td colspan="2">○○鉄道株式会社（公印省略）
××駅発行　取扱者（捺印省略）</td></tr>
</table>

（9）取引銀行の当座勘定照合表（入出金明細表）を参照したところ，以下の記載があった。各取引日において必要な仕訳（仕訳不要の場合は「仕訳なし」と記入）を答えなさい。なお，新宿商店と渋谷商店は当社の取引先であり，商品売買はすべて掛で行っている。また，小切手（No.16）は4月20日以前に当社が振出したものである。（日商サンプル問題修正）

×6年5月2日

当座勘定照合表

△△産業　様

○○銀行本店

取引日	摘　要	支払金額	預り金額	取引残高
4月20日	振込み　新宿商店	70,000		
4月20日	振込手数料	200		省
4月23日	振込み　渋谷商店		130,000	
4月25日	融資ご返済	480,000		
4月25日	融資お利息	6,000		略
4月27日	小切手引落（No.16）	59,000		

Chapter 10

現金過不足と小口現金

主な勘定科目

現金（A），雑益（R），雑損（E），現金過不足，
小口現金（A），雑費（E）

学習のポイント
Study Point

1．現金過不足

　何らかの原因で，現金の帳簿残高と実際有高が一致しないことがあります。この不一致
を現金過不足といい，原因が判明するまでの間，一時的に現金過不足勘定（分類なし）を
用いて処理します。現金過不足は，現金過不足を発見した時，原因が判明した時，決算に
なっても原因不明の金額がある時の3つの時点で処理を行います。

（1）現金過不足を発見した時の記帳
　　現金過不足には，帳簿残高よりも実際有高の方が少ない場合（不足のケース）と，帳簿
　　残高よりも実際有高の方が多い場合（過剰のケース）があります。いずれの場合でも，現
　　金過不足を発見した時は，現金の帳簿残高を実際有高にあわせて修正（増減）し，その
　　相手勘定を現金過不足勘定で記帳します。
例1）総勘定元帳の現金勘定の残高は￥95,000であるが，手元の現金有高は￥92,000であ
　　　った。不一致の原因は不明である。

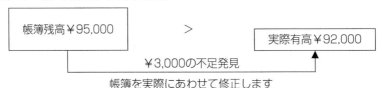

```
帳簿残高￥95,000          ＞          実際有高￥92,000
                   ￥3,000の不足発見
               帳簿を実際にあわせて修正します
        （帳簿の現金を￥3,000減らすために現金を貸方に記帳）
```

　　（借）　現金過不足　　3,000　　　　（貸）　現　　金　　3,000

point! 　　帳簿を実際にあわせるために現金を増やすか減らすかを最初に決めます。これ
は不足のケースなので，現金を貸方に記帳して帳簿の現金を減らし，その相手勘
定（借方）を現金過不足とします。

（2）原因が判明した時の記帳

　　原因が判明した時には，正しい勘定科目を記帳したうえで，その相手勘定を現金過不足とします。同時に複数の原因が判明することもありますが，現金過不足は1つに整理して記帳します。

例2）例1の現金過不足の原因が通信費¥2,000と支払利息¥300の記帳漏れであることが判明した。

　　（借）　通　信　費　　2,000　　　（貸）　現金過不足　　2,300
　　　　　　支 払 利 息　　 300

 　記帳漏れであった通信費と支払利息を最初に記帳してから，その相手勘定（貸方）を現金過不足と記帳します。原因は2つありますが，現金過不足は1つに整理します。

（3）決算になっても原因不明の金額がある時の記帳

　　決算になっても原因不明の金額がある時には，それを雑損（E）または雑益（R）のいずれかに振替えます。この振替を行うことにより現金過不足の残高はゼロになります。不足のケースでは雑損に，過剰のケースでは雑益に振替えます。

例3）例1で発見した現金過不足¥3,000に関して，例2以外の原因が判明しないままに本日決算を迎えた。

　　（借）　雑　　　　損　　 700　　　（貸）　現金過不足　　　 700

 　例1から続くこの例題は不足のケースのため，原因不明の¥700を雑損（E）に振替えます。その相手勘定（貸方）は現金過不足です。

例4）過剰のケースにおける一連の現金過不足の仕訳は次のようになります。

① 総勘定元帳の現金勘定の残高は¥84,000であるが，手元の現金有高は¥89,000であった。不一致の原因は不明である。

　　（借）　現　　　　金　　5,000　　　（貸）　現金過不足　　5,000

 　これは過剰のケースなので，帳簿を実際にあわせるために現金を借方に記帳して増加させ，その相手勘定（貸方）を現金過不足とします。

② ①の現金過不足の原因は，受取家賃¥4,600の記帳漏れであることが判明した。

　　（借）　現金過不足　　4,600　　　（貸）　受 取 家 賃　　4,600

 　記帳漏れであった受取家賃（R）を記帳してから，その相手勘定を現金過不足と記帳します。

③　①で発見した現金過不足￥5,000に関して，②以外の原因が判明しないままに本日決算を迎えた。

　　　（借）　現金過不足　　400　　　（貸）　雑　　　益　　400

　　　過剰のケースのため，原因不明の￥400は雑益（R）に振替えます。その相手勘定（借方）は現金過不足です。

（4）決算において現金過不足を発見し，その原因が不明の時の記帳

　　決算において現金過不足を発見し，その原因が不明の時は，現金の帳簿残高を実際有高にあわせて修正（増減）し，ただちに雑損（E）または雑益（R）として処理します。

例5）決算において現金の不足額￥700を発見したが，原因不明である。

　　　（借）　雑　　　損　　700　　　（貸）　現　　　金　　700

　　　現金の不足額を発見したので帳簿上の現金を減らしますが，決算で原因不明のため，ただちに雑損とします。反対に，過剰額を発見した場合は帳簿上の現金を増やしますが，ただちに雑益として処理します。

２．小口現金

　少額の経費の支払いに充てるために用意した現金を小口現金といいます。小口現金は，通常，会計係とは別の用度係（小払係，小口現金係）が管理し，必要に応じて支出します。用度係は一定期間の資金として一定額を事前に会計係から受取り，一定期間終了後に支払の明細を会計係に報告します。こうした小口現金の管理方法をインプレストシステム（定額資金前渡法）といいます。

（1）前渡時の記帳

　　会計係は用度係に対して，一定の期間を決め，一定の金額を小口現金として前渡しします。

例1）会計係は，1週間分の資金として￥50,000の小切手を振出し，用度係に渡した（インプレストシステム）。

　　　（借）　小 口 現 金　50,000　　　（貸）　当 座 預 金　50,000

　　　小切手で渡された少額の資金は用度係が管理する小口現金に振替えられます。

（2）報告時の記帳

　　用度係は，一定期間終了後に支払の明細を会計係に報告します。

例2）１週間を終え，用度係は会計係に次の支払報告をした。通信費¥20,000，消耗品費
　　　¥15,000，雑費¥3,000

　　（借）　通　信　費　　20,000　　　　（貸）　<u>小 口 現 金</u>　　38,000
　　　　　　消 耗 品 費　　15,000
　　　　　　<u>雑　　　　費</u>　　 3,000

　　　会計係は用度係からの支払報告を受け小口現金の減少を記帳します。接待用の
茶菓子など，金額的に小さく，独立した勘定科目を設けるほどではない費用は雑
費（E）になります。

（3）補給時の記帳

　　用度係からの支払報告を受け，会計係は支払報告と同額の資金を補給します。なお，
補給のタイミングとしては，報告と補給が異なる場合（翌営業日補給）と報告と同時に補
給する場合（即日補給）があります。

例3）新たな週の始まりにあたり，会計係は先週末に報告された例2の支払報告と同額の
　　　小切手を振出し，小口現金を補給した。

　　（借）　<u>小 口 現 金</u>　　38,000　　　　（貸）　当 座 預 金　　38,000

　　翌営業日補給の例です。小口現金の補給額は支払報告の金額と同額です。

例4）会計係は例2の支払報告を受けると同時に同額の小切手を振出し，小口現金を補給
　　　した。

　　（借）　通　信　費　　20,000　　　　（貸）　<u>当 座 預 金</u>　　38,000
　　　　　　消 耗 品 費　　15,000
　　　　　　雑　　　　費　　 3,000

　　　即日補給の例です。支払報告と資金の補給が同時になるため，貸方は小口現金
ではなく当座預金になります。

3．小口現金に関する補助簿（詳細と演習はChapter27）

　　用度係は，小口現金の補給，支払の詳細および残高を補助簿に記帳して管理・報告しま
す。この小口現金に関する補助簿を小口現金出納帳といいます。

1．以下の一連の取引を仕訳しなさい。
（1）現金の帳簿残高は￥125,000であるが，実際有高は￥113,000であることが分かった。
（2）現金の不一致額につき，その原因が受取手数料￥1,000と通信費￥9,000の記帳漏れであることが判明した。
（3）決算となったが，残額の原因は不明であるため適切に処理した。

2．以下の一連の取引を仕訳しなさい。
（1）現金の帳簿残高は￥157,000であるが，実際有高は￥170,000であることが分かった。
（2）不一致の原因につき，受取家賃￥7,000と受取地代￥5,000の記帳漏れであることが判明した。
（3）決算となったが，残額の原因は不明であるため適切に処理した。

3．以下の取引を仕訳しなさい。
（1）決算における現金の帳簿残高は￥326,000，実際有高は￥317,000であるが，不一致の原因は不明である。
（2）決算において現金の実際有高が帳簿残高より￥6,000多いことを発見したが，その原因は不明である。

4．以下の一連の取引を仕訳しなさい。
（1）会計係は用度係に対し，1週間分の資金として￥30,000の小切手を振出して渡した（インプレストシステム）。
（2）1週間を終え，用度係は会計係に次の支払報告をした。旅費交通費￥15,000，消耗品費￥8,000，雑費￥4,000
（3）新しい週の始まりに，会計係は用度係に対して小切手を振出して小口現金を補給した。
（4）上記（2）において報告と同時に会計係が小切手を振出して小口現金を補給した場合の仕訳を示しなさい。

以下の取引を仕訳しなさい。
1．現金の帳簿残高が￥250,000であったので，実際有高を確認したところ硬貨￥43,000と紙幣￥225,000を保有していた。なお，帳簿残高と実際有高との不一致原因については後日改めて調査する。
2．現金の帳簿残高が￥720,000であったので，金庫内を調べたところ以下

のものが確認できた。硬貨￥170,000, 紙幣￥360,000, 郵便切手￥13,000, 送金小切手￥9,000, 郵便為替証書￥25,000, 収入印紙￥21,000, 他人振出小切手￥80,000, 預金通帳（普通預金残高￥40,000, 当座預金残高￥60,000）。なお，本日は決算につき，帳簿残高と実際有高との不一致額は雑損または雑益に振替えるものとする。

3. 現金過不足の原因を調査していたところ，水道光熱費￥2,500, 受取家賃￥7,000, 受取利息￥500の記帳漏れであることが判明した。なお，先日の調査で現金過剰額￥6,000を発見し，現金過不足勘定で処理している。また，雑損または雑益への振替は決算時に行うものとする。

4. 現金の帳簿残高が￥369,000, 実際有高が￥360,000であったため，かねて現金過不足勘定で処理していたが，本日その原因が支払地代￥4,800と旅費交通費￥3,200の未記帳によることが判明した。なお，本日は決算日のため原因不明の残額は適切に処理することとした。

5. 現金の帳簿残高が￥719,000, 実際有高が￥758,000であったため，かねて現金過不足勘定で処理していたが，本日その原因が消耗品費￥10,000と受取手数料￥45,000の記帳漏れであることが判明した。なお，本日は決算日のため原因不明の残額は適切に処理することとした。

6. 会計係は小口現金係より次の支払報告を受けた。タクシー代￥9,000, コピー用紙代￥3,500, 郵便葉書・切手代￥7,000, 接待用茶菓子代￥2,000

7. 会計係は小払係より次の支払報告を受けるとともに，即日，小切手を振出して資金を補給した。通信費￥8,000, 旅費交通費￥5,000, 消耗品費￥3,000, 雑費￥1,000

8. 会計係は用度係より次の支払報告を受け，ただちに小切手を振出して資金を補給した。筆記用具代￥6,900, 電車賃・バス代￥8,700, 携帯電話代￥12,000, 新聞購読料￥4,400

Chapter 11 商品売買1

学習のポイント
Study Point

1．三分法による商品売買の記帳

　商品売買の記帳方法にはいくつか存在しますが，通常は三分法を用います。三分法は商品購入時に仕入原価で仕入勘定（E）に記帳し，商品販売時に売価で売上勘定（R）に記帳する方法です。期末に売残った商品は，繰越商品勘定（A）で繰越す決算処理（Chapter22で学習）が必要です。なお，簿記では，商品の単価を「@」であらわします。

例1）商品10個を@¥50で仕入れ，代金は掛とした。

　　（借）　仕　入　500　　　（貸）　買掛金　500

仕入取引は仕入勘定（E）で処理します。仕入原価は10個×@¥50です。

例2）商品10個を@¥80で売渡し，代金は掛とした。

　　（借）　売掛金　800　　　（貸）　売　上　800

売上取引は売上勘定（R）で処理します。売価は10個×@¥80です。

2．品違い等による返品の記帳

（1）仕入戻しの記帳

　注文した商品が到着した際，開封し中身を確認することを検収といいます。検収作業の結果，品違いや破損等が判明した場合，返品する必要があります。これを仕入戻しといいます。仕入戻しは仕入高の減少を意味し，支払代金を精算する必要があるので，仕

入勘定と買掛金勘定をそれぞれ減少させます。

　　仕入勘定の借方合計額を総仕入高といい，総仕入高から仕入戻し高を差引いた残額を純仕入高といいます。

例）昨日，掛で仕入れた商品のうち，¥300分について品違いのため返品した。

　　（借）　仕入　300　　（貸）　仕　入　300

　　仕入戻しでは，特に断りがない限り，仕入と買掛金をそれぞれ減少させます。

（2）売上戻りの記帳

　　商品を販売した後，品違いや破損等が判明した場合，相手から返品されます。これを売上戻りといいます。売上戻りは売上高の減少を意味し，受取代金を精算する必要があるので，売上勘定と売掛金勘定を減少させます。

　　売上勘定の貸方合計額を総売上高といい，総売上高から売上戻り高を差引いた残額を純売上高といいます。

例）先日，掛で売上げた商品のうち，¥800分について品違いのため返品された。

　　（借）　売　上　800　　（貸）　売掛金　800

　　売上戻りでは，特に断りがない限り，売上と売掛金をそれぞれ減少させます。

3．諸掛の記帳

（1）仕入諸掛の記帳

　　商品を仕入れる際に，引取運賃，保険料，検収費用等の付随的な費用が生じる場合があります。この費用を仕入諸掛といい，誰が負担するかによって次の2つの場合があります。

①　買手（仕入）側である当店が負担する場合

　　仕入諸掛は商品の仕入原価を構成すると考え，仕入勘定に加算します。

例）商品¥1,000を仕入れ，代金は掛とした。その際，引取運賃¥30は現金で支払った。

　　（借）　仕　入　1,030　　（貸）　買掛金　1,000
　　　　　　　　　　　　　　　　　　　現　金　　30

　　仕入原価は商品購入代価¥1,000と仕入諸掛である引取運賃¥30の合計額となります。支払運賃勘定を使わないように注意しましょう。

② 売手側の負担だが買手側の当店が立替える場合

本来負担しない費用を立替えたのですから，立替金勘定（立替分を後日受取る権利：A）を使って処理するか，後日支払う商品代金（買掛金）を減額します。

例1）商品￥1,000を掛で仕入れ，先方負担の運賃￥50は当店が現金で立替え払いした。なお，立替金を使用すること。

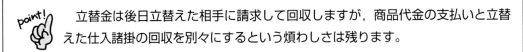

（借）　仕　入　1,000　　（貸）　買掛金　1,000
　　　　立替金　　　50　　　　　　現　金　　　50

立替金は後日立替えた相手に請求して回収しますが，商品代金の支払いと立替えた仕入諸掛の回収を別々にするという煩わしさは残ります。

例2）上記の例1について立替金を使用せずに仕訳することにした。

（借）　仕　入　1,000　　（貸）　買掛金　950
　　　　　　　　　　　　　　　　　現　金　　50

立替えた分だけ後日支払う代金（買掛金）から減額すればいいので，買掛金は￥1,000－￥50＝￥950となります。例1の煩わしさは解消されます。

（2）売上諸掛の記帳

商品を売上げる際に，発送運賃（配送料）や荷造費用等の付随的な費用が生じる場合があります。この費用を売上諸掛といい，発生時に発送費勘定（E）で処理します。売上諸掛は，売手である当店が自己負担する場合と，売上代金に含めて実質的に買手側の負担にして売手の当店が支払う場合があります。なお，配送料などの売上諸掛を配送業者に後日支払う場合は，商品代金ではないため未払金勘定で処理します。

① 売手である当店が自己負担する場合

売上諸掛は発送費勘定で処理します。また，売上諸掛を当店が自己負担する場合は，先方から売上諸掛分は受取らないので，売上勘定の金額は商品の販売代金のみになります。

例1）商品￥2,000を神奈川産業に販売し，代金は掛とした。同時に商品を配送業者に引渡し，当店負担の配送料￥300を配送業者に現金で支払った。

（借）　売掛金　2,000　　（貸）　売　上　2,000
　　　　発送費　　300　　　　　　現　金　　300

売上諸掛の配送料は売手の当店が自己負担するので，売上勘定の金額は神奈川産業から受取る商品代金￥2,000のみになります。配送業者に支払う配送料￥300は発送費勘定で処理します。

② 売上代金に含めて実質的に買手側の負担にして売手の当店が支払う場合

売上諸掛を売上代金に含めて実質的に買手側の負担にする場合は，買手側に請求する

商品代金と売上諸掛の合計金額を売上勘定の金額にします。また，売上諸掛は当店が支払うので発送費勘定で処理します。

例２）商品￥9,000を北海道産業に販売し，配送料￥700を加えた合計額を掛とした。同時に商品を配送業者に引渡し，配送料は後日支払うことにした。

（借）　売掛金　9,700　　（貸）　売　上　9,700
　　　　発送費　　700　　　　　　未払金　　700

　　　配送料を商品代金に加えて掛とすることから，売上諸掛は売上代金に含めて実質的に北海道産業に負担させることになり，売上勘定の金額は北海道産業に請求する商品代金と売上諸掛の合計￥9,700になります。配送料￥700は当店が支払うので発送費で処理しますが，配送業者には後日支払うので貸方は未払金（買掛金ではない）とします。

４．商品に関係する補助簿（詳細と演習はChapter27）

　仕入取引と売上取引について，もっと詳細に取引内容（取引先，支払条件，商品の明細等）を記帳したい場合には，仕入帳と売上帳という補助簿を作成します。また，商品の在庫の動きを直接把握したい場合，商品の種類別に商品有高帳という補助簿を作成します。同じ商品であっても仕入単価は変動するため，商品有高帳では払出単価も計算します。

基本問題　１．商品売買に関する次の取引について，三分法により仕訳しなさい。
（１）石川商店から商品￥800,000を仕入れ，代金は掛とした。
（２）上記仕入商品のうち，￥90,000分について品違いのため返品した。
（３）熊本商店に商品￥770,000を売渡し，代金は掛とした。
（４）上記売上商品のうち，￥46,000分について品違いのため返品された。

　２．商品売買に関する次の取引について，三分法により仕訳しなさい。
（１）秋田商店から商品￥120,000を仕入れ，代金は掛とした。なお，引取運賃￥3,000は現金で支払った。
（２）香川商店から商品￥25,000を掛で購入し，先方負担の発送運賃￥300は現金で立替えた。立替金を用いて仕訳する。
（３）山形商店から商品￥280,000を掛で仕入れ，先方負担の運賃￥4,000は当店が現金で立替え払いした。なお，立替金を使わないこと。
（４）愛媛商店に商品￥350,000を販売し，代金は掛とした。同時に商品を

配送業者に引渡し，当店負担の配送料￥5,000は現金で支払った。

（5）沖縄商店に商品￥640,000を販売し，配送料￥2,000を加えた合計額を
掛とした。同時に商品を配送業者に引渡し，配送料は後日支払うこと
にした。

練習問題　1．商品売買に関する次の取引について，三分法により仕訳し，日付と金額
のみ転記しなさい。また，総仕入高，仕入戻し高，純仕入高，総売上高，
売上戻り高，純売上高の各金額を計算しなさい。

7/ 1　栃木商店から商品￥600,000を掛で仕入れた。

7/ 2　検収の結果，上記商品のうち￥100,000については，品違いが判明
したので返品した。

7/16　島根商店に原価￥300,000の商品を￥420,000で売渡し，代金のうち
￥100,000は同店振出の小切手で受取り，残りは掛とした。

7/17　島根商店に売渡した上記商品のうち，原価￥30,000（売価￥42,000）
分について不良品が見つかったため返品を受け付け，掛代金から差
引くことにした。

7/23　茨城商店から商品￥400,000を仕入れ，代金のうち半額は現金で支
払い，残りは掛とした。

7/25　鳥取商店に原価￥200,000の商品を￥270,000で売渡し，代金は当店
の普通預金口座に振込まれた。

2．商品売買に関する次の取引について，三分法により仕訳しなさい。

（1）鹿児島商店からS商品620個（@￥190）とW商品350個（@￥200）を
仕入れ，代金は月末払いとした。（日商第140回修正）

（2）得意先徳島商店に商品￥562,000を売上げ，代金のうち￥162,000は得
意先振出の小切手で受取り，残額は月末に受取ることにした。（日商
第132回修正）

（3）山梨商店にB商品1,000個を@￥670で販売し，代金として同店振出の
小切手で受取り，ただちに当座預金に預入れた。（日商第141回修正）

（4）群馬商店に対して掛で販売した商品120個（原価：@￥3,700，売価：
@￥5,200）のうち，14個が破損していたため返品されてきた。（日商第
123回修正）

（5）岩手商店から掛で仕入れていた商品450個（単価￥3,800）のうち，7
個について品違いがあったため，本日返品した。

（6）福島商店から商品￥230,000を掛で仕入れ，引取費用￥4,000（福島商

店負担）は現金で立替えた。なお，立替金は使用しないこと。

（7）新潟商店から商品¥380,000を仕入れ，代金のうち¥38,000は小切手を振出して支払い，残額は掛とした。また，商品の引取運賃（新潟商店負担）¥2,000は現金で立替えた。なお，立替金を使用すること。

（8）商品¥970,000を京都商店より仕入れ，代金のうち¥300,000は手許に保管している得意先奈良商店振出の小切手を譲渡し，残額を掛とした。なお，商品の引取運賃（当店負担）¥17,000は小切手を振出して支払った。（日商第136回修正）

（9）販売目的の中古自動車を¥1,620,000で購入し，代金は後日支払うこととした。また，その引取運送費として¥60,000を現金で支払った。なお，当店は自動車販売業を営んでいる。（日商第141回修正）

（10）兵庫商店に商品¥900,000を販売し，配送料¥12,000を加えた金額を請求した。請求金額のうち¥450,000は同店振出の小切手で受取り，残りは掛とした。同時に商品を配送業者に引渡し，配送料は後日支払うことにした。（日商第142回修正）

（11）三重商店に商品120個を@¥4,750で販売し，代金は同店振出の小切手で受取った。同時に商品を配送業者に引渡し，当店負担の配送料¥36,000は小切手を振出して支払った。（日商第125回修正）

3．次の各証ひょうにもとづいて，株式会社八王子商事で必要な仕訳を示しなさい。また，商品売買取引は三分法により，得意先負担の送料は売掛金に含め，消費税の処理を行う必要はない。（日商サンプル問題修正）

（1）横浜食品株式会社より商品を仕入れ，品物とともに次の納品書を受取り，代金は後日支払うこととした。

納　品　書

㈱八王子商事御中

横浜食品株式会社

品　　　物	数　量	単　価	金　　額
具だくさんエビピラフ（12食入りケース）	30	4,600	¥138,000
やわらか若鶏から揚げ（12食入りケース）	40	4,980	¥199,200
肉巻きポテト（12食入りケース）	50	3,240	¥162,000
	合　計		¥499,200

（2）得意先新潟商店に商品を売上げ，品物とともに次の納品書兼請求書の原本を発送し，代金の全額を掛代金として処理した。

納品書兼請求書（控）

新潟商店御中

八王子商事株式会社

品　物	数　量	単　価	金　額
具だくさんエビピラフ	15	230	¥3,450
やわらか若鶏から揚げ	20	190	¥3,800
肉巻きポテト	20	110	¥2,200
		合　計	¥9,450

X9年7月30日までに合計額を下記口座へお振込み下さい。

日本商業銀行　大沢支店　　当座　1234543　カ）ハチオウジショウジ

（3）大宮商店に対する1か月分の売上（月末締め，翌月20日払い）を集計して次の請求書の原本を発送した。なお，大宮商店に対する売上は商品発送時ではなく1か月分をまとめて仕訳を行うことにより計上しているため，適切に処理を行う。

請　求　書（控）

大宮商店御中

八王子商事株式会社

品　物	数　量	単　価	金　額
具だくさんエビピラフ	250	230	¥57,500
やわらか若鶏から揚げ	370	190	¥70,300
肉巻きポテト	410	110	¥45,100
		合　計	¥172,900

X9年8月20日までに合計額を下記口座へお振込み下さい。

日本商業銀行　大沢支店　　当座　1234543　カ）ハチオウジショウジ

4. 秋葉原電器株式会社と株式会社筑波商事は主たる営業活動として家電の販売を行っており，それぞれ商品発送時に売上，商品受取時に仕入を計上している。そこで，以下の証ひょうにもとづき，設問に答えなさい。なお，秋葉原電器は商品を発送した際に発送運賃¥11,600を現金で支払っている。

納品書兼請求書（控）

㈱筑波商事御中

秋葉原電器株式会社

品　物	数　量	単　価	金　額
50インチ薄型液晶テレビ	8	94,800	¥758,400
	合　計		¥758,400

振込期限：6月30日
振　込　先：日本商業銀行秋葉原支店
　　　　　　普通　7766551　アキハバラデンキ(カ

当座勘定照合表（抜粋）

㈱筑波商事御中

茨城銀行つくば支店

取引日	摘　要	支払金額
6.29	お振込アキハバラデンキ(カ	758,400
6.29	お振込手数料	540

設問　下記の取引時の仕訳をそれぞれ答えなさい。解答にあたって，勘定科目は次の中から選ぶこと。

現金　普通預金　当座預金　売掛金　買掛金　売上　受取手数料
仕入　支払手数料　発送費

① 秋葉原電器が商品を発送した時
② 筑波商事が商品を受取った時
③ 秋葉原電器が代金の振込みを受けた時
④ 筑波商事が代金を振込んだ時

（日商サンプル問題修正）

Chapter 12 商品売買2

学習のポイント
Study Point

1．内金（手付金）を伴う商品売買

商品の注文時に，売手と買手との間であらかじめ商品代金の一部を内金または手付金という形で受払いすることがあります。

（1）商品発注時の記帳

商品注文（発注）時に内金・手付金を支払う場合，前払金勘定（A）を増やします。前払金は注文した商品を受取る権利を表す債権です。後日，商品が入荷したときに前払金を減らします。

例1）商品¥600を注文し，内金として¥30の小切手を振出して支払った。

（借）　前 払 金　30　　（貸）　当座預金　30

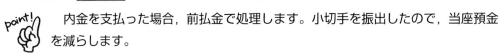
point!　内金を支払った場合，前払金で処理します。小切手を振出したので，当座預金を減らします。

例2）上記商品が到着し，内金を差引いた残額は掛とした。

（借）　仕　　　入　600　　（貸）　前 払 金　30
　　　　　　　　　　　　　　　　　　　買 掛 金　570

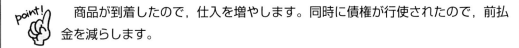
point!　商品が到着したので，仕入を増やします。同時に債権が行使されたので，前払金を減らします。

（2）商品受注時の記帳

商品注文（受注）時に内金・手付金を受取る場合，前受金勘定（L）を増やします。前受金は商品を相手に引渡す義務を表す債務です。後日商品を発送したときに前受金を減らします。

例１）商品￥900の注文を受け，手付金として先方振出の小切手￥90を受取った。

（借）現　　　金　90　　（貸）前　受　金　90

　　手付金を受取った場合，前受金で処理します。他人振出の小切手を受取ったので現金を増やします。

例２）上記商品を発送し，手付金を差引いた残額は掛とした。

（借）前　受　金　90　　（貸）売　　　上　900
　　　売　掛　金　810

　　商品を発送したので，売上を増やします。同時に債務が消滅したので，前受金を減らします。

２．他者発行の商品券による商品の販売

　商品の売上代金として，全国百貨店共通商品券，クレジットカード会社発行の商品券や自治体が発行する買物券など他者発行の商品券を受取ることがあります。その場合は受取商品券勘定（A）を増やします。他者発行の商品券を受取ってもまだ代金を受取ったことにならないため，受取商品券勘定はその商品券の発行元から券面額を受取る権利を表す債権です。後日，他者発行の商品券を換金したときは，受取商品券を減らします。

例１）商品￥500を販売し，代金は地元自治体発行の買物券￥500を受取った。

（借）受取商品券　500　　（貸）売　　　上　500

　　これではまだ商品代金を受取ったことにならないので，発行元の地元自治体への代金請求権を表す受取商品券を増やします。

例２）上記商品券￥500について，発行元の地元自治体に請求し，同額の現金を受取った。

（借）現　　　金　500　　（貸）受取商品券　500

　　発行元の地元自治体より代金を受取ったので，受取商品券を減らします。

３．クレジットカードによる商品の販売

　多くの会社でクレジットカードによる取引が行われています。クレジットカードによる取引を図解すると次のようになります。図解に出てくる仕訳は例１）と２）を参照してください。

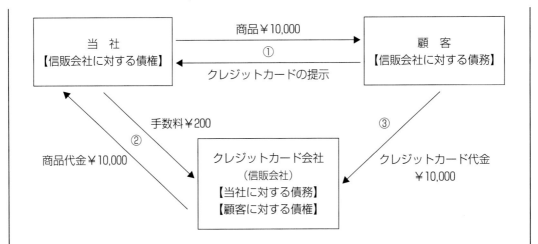

　当社が顧客に商品を販売し，クレジットカードが提示される（①）と，代金は後日，クレジットカード会社（信販会社）から回収します。したがって，通常の売掛金とは区別し，クレジット売掛金勘定（A）を用いることになります。

　当社は商品代金をクレジットカード会社から回収する際（②），手数料を負担するので，実際の回収額はその分少なくなります。この手数料は原則として商品販売時に支払手数料勘定（E）で処理します。なお，顧客はクレジットカード会社に後日代金を支払います（③）。

例1）商品￥10,000をクレジット払いの条件で販売した。なお，信販会社への手数料
　　　￥200は販売時に計上する。

　　（借）　クレジット売掛金　9,800　　　（貸）　売　　　　　上　10,000
　　　　　　支 払 手 数 料　　200

　　　　クレジット払いなので，クレジット売掛金を増やします。その際，手数料
　　　　￥200が差引かれます。

例2）上記クレジット売掛金について，信販会社から当社の当座預金口座に入金された。
　　（借）　当 座 預 金　9,800　　（貸）　クレジット売掛金　9,800

　　　　入金が確認できたら，クレジット売掛金を減らします。あくまでも入金される
　　　　金額は，商品代金から手数料負担額を差引いた￥9,800です。

4．掛取引と人名勘定

　人名勘定とは，売掛金や買掛金の代わりに取引先の氏名や会社名をそのまま勘定科目とするものです。特に補助元帳を設けなくても，その勘定科目を見ればその取引先の売掛

金・買掛金の動きが把握できます。

例1）得意先熊本商店に商品¥750を掛で販売した（人名勘定を用いること）。

（借）　熊本商店　750　　（貸）　売　　　　上　750

　　売掛金勘定の代わりに熊本商店勘定（A）を用いることで，熊本商店に対する売掛金の動きが把握できます。

例2）上記熊本商店の売掛金¥750について，本日現金で回収した。

（借）　現　　　金　750　　（貸）　熊本商店　750

　　熊本商店に対する売掛金の回収なので，熊本商店勘定を減らします。

例3）仕入先大分商店より商品¥300を掛で仕入れた（人名勘定を用いること）。

（借）　仕　　　入　300　　（貸）　大分商店　300

　　買掛金勘定の代わりに大分商店勘定（L）を用いることで，大分商店に対する買掛金の動きが把握できます。

例4）上記大分商店の買掛金¥300について，本日小切手を振出して支払った。

（借）　大分商店　300　　（貸）　当座預金　300

　　大分商店に対する買掛金の支払いなので，大分商店勘定を減らします。

5．掛取引に関する補助簿（詳細と演習はChapter27）

　人名勘定は便利ですが，取引先の数が多くなるとかえって煩雑になります。そこで，総勘定元帳では売掛金と買掛金を用いておいて，売掛金の得意先別明細を把握したい場合は売掛金元帳（得意先元帳），買掛金の仕入先別明細を把握したい場合は買掛金元帳（仕入先元帳）という補助元帳を作成します。

基本問題　1．次の取引を仕訳しなさい。ただし，商品売買の記帳方法は三分法による
　　　　　こと。

（1）埼玉商店に商品¥600,000を注文し，その際に内金として¥120,000の
　　　小切手を振出して支払った。

（2）上記商品が到着し，内金を差引いた残額は掛とした。

（3）千葉商店より商品¥250,000の注文を受け，その際に手付金として同
　　　店振出の小切手¥50,000を受取った。

（4）上記商品を千葉商店に引渡し，手付金を差引いた残額は掛とした。

（5）奈良商店に商品¥390,000を販売し，代金は地元自治体発行の買物券
　　　を受取った。

（6）上記商品券¥390,000について，発行元の地元自治体に請求し，同額
　　　の現金を受取った。

（7）三重商店に商品¥140,000をクレジット払いの条件で販売した。なお，
　　　信販会社への手数料¥2,800は販売時に計上する。

（8）上記クレジット売掛金について，信販会社から当社の当座預金口座に
　　　入金された。

2．次の取引を仕訳しなさい。ただし，掛代金については人名勘定を使用し，
　　商品売買の記帳方法は三分法によること。

（1）得意先岡山商店に商品¥420,000を掛で販売した。

（2）上記岡山商店の売掛金について，本日現金で回収した。

（3）仕入先山口商店より商品¥1,850,000を掛で仕入れた。

（4）上記山口商店の買掛金について，本日小切手を振出して支払った。

練習問題　1．次の取引を仕訳しなさい。ただし，商品売買の記帳方法は三分法による
　　　　　こと。

（1）仕入先愛媛商店にB商品120個（単価¥13,500）を発注し，代金の10％
　　　分を内金として現金で支払った。

（2）仕入先長崎商店に商品¥490,000を注文し，手付金として代金の20％
　　　を小切手を振出して支払った。（日商第132回修正）

（3）滋賀商店に対して，買掛金の支払額¥350,000と次回の商品仕入のた
　　　めの手付金¥27,000として，小切手¥377,000を振出した。（日商第126
　　　回修正）

（4）六本木商店から商品¥430,000を仕入れ，代金のうち¥43,000は同商
　　　店にあらかじめ支払っていた手付金を充当し，残額は小切手を振出し

て支払った。（日商第130回修正）

（5）以前に取引先の静岡商店に注文していた商品￥510,000が手許に届いた。なお，同商品の注文に際しては，代金の2割に相当する金額を内金として小切手を振出して支払っており，代金の残額は次月末に支払うことになっている。（日商第128回修正）

（6）鳥取商店より商品￥260,000を仕入れ，代金のうち￥60,000は発注時に支払った手付金と相殺し，残額は掛とした。また，商品の引取運賃（当店負担）￥19,000は現金で支払った。（日商第142回修正）

（7）商品￥700,000の注文を熊本商店より受け，内金として現金￥70,000を受取った。（日商第124回修正）

（8）B商品（1個当たり￥12,000）の販売に先立ち，得意先千葉商会より300個の予約注文を受け，商品代金全額が予約金として当店の当座預金口座に振込まれた。

（9）宮城商店から掛代金の一部￥580,000と注文を受けた商品の手付金￥140,000が送金小切手で送られてきた。（日商第126回修正）

（10）得意先秋田商店に商品￥680,000を売上げ，代金のうち￥80,000は注文時に同店から受取った手付金と相殺し，残額は配送料の￥15,000を加えて月末の受取りとした。同時に配送業者に商品を引き渡し，配送料￥15,000は後日支払うことにした。（日商第147回修正）

2．次の取引を仕訳しなさい。ただし，商品売買の記帳方法は三分法によること。

（1）商品￥67,500（原価￥50,000）を販売し，代金として自治体発行の買物券￥70,000を受取ったため，差額を現金で支払った。（日商第140回修正）

（2）上記（1）の商品券をすべて精算し，同額の現金で受取った。（日商サンプル問題修正）

（3）香川商店に商品￥800,000を売渡し，代金のうち￥500,000は他店発行の全国百貨店共通商品券で受取り，￥300,000は信販会社発行商品券で受取った。（日商第145回修正）

（4）商品￥490,000をクレジット払いの条件で販売するとともに，信販会社へのクレジット手数料（販売代金の5％）を計上した。（日商サンプル問題修正）

（5）上記（4）のクレジット取引について，信販会社から本日，手数料を差引いた手取額が当店の当座預金口座に入金された。

（6）2日前に商品¥610,000をクレジット払いの条件で販売し，信販会社へのクレジット手数料（販売代金の3％）も計上していたが，本日この商品が顧客から返品となり，この取引の取消処理を行った。

（7）仕入先山口商店に対する先月分の掛代金¥380,000の支払いとして，小切手を振出して支払った。なお，掛代金については人名勘定で処理している。（日商第143回修正）

（8）山形商店に対する前月の売上にかかる掛代金¥948,000が当店の普通預金口座に振込まれた。なお，掛代金については人名勘定で処理している。（日商第144回修正）

（9）神奈川商店に対する前月の仕入にかかる掛代金¥1,270,000を，本日普通預金口座から振込んだ。また，振込手数料として¥880が同口座から引落とされた。（日商第144回修正）

（10）得意先徳島商店から先月締めの掛代金¥395,000の回収として，振込手数料¥440（当店負担）を差引かれた残額が当店の当座預金口座に振込まれた。（日商第143回修正）

（11）本日，島根商店に対する買掛金¥700,000および売掛金¥500,000の決済日につき，島根商店の承諾を得て両者を相殺処理するとともに，買掛金の超過分¥200,000は小切手を振出して支払った。（日商第148回修正）

3．大阪商店はパソコンソフトの販売を行っている。本日10月18日の店頭における一日分の売上げに関する仕訳を行うにあたり，集計結果は次の売上集計表の通りであった。また，合計額のうち¥72,800はクレジットカード，残りは現金による決済であった。信販会社へのクレジット手数料は販売代金の5％であり，これもあわせて計上する。（日商サンプル問題修正）

売上集計集			
			X9年10月18日
品　物	数　量	単　価	金　額
セキュリティソフト	21	3,490	¥73,290
はがき作成ソフト	17	2,160	¥36,720
青色申告ソフト	5	7,580	¥37,900
合　計			¥147,910

主な勘定科目

受取手形（A），支払手形（L），電子記録債権（A），
電子記録債務（L）

学習のポイント
Study Point

1．約束手形

（1）約束手形の意義

　　約束手形とは，手形の振出人（手形を発行する人）が手形の名宛人（手形の宛先）に対して，一定の期日（支払期日，満期日）に一定の金額（手形代金）を支払うことを約束した証券のことです。

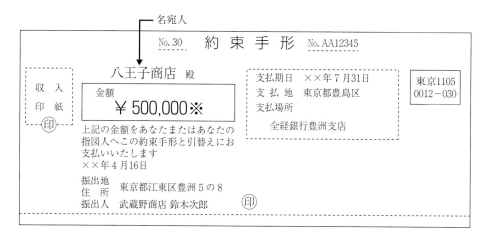

（2）商業手形取引

　　手形取引には，商品売買で手形を使用する商業手形取引と，資金の貸し借りの際に手形を使用する金融手形取引（Chapter14で学習）があります。約束手形を用いた商業手形取引では，振出人が「将来手形代金を支払う」という手形債務者，名宛人は「将来手形代金を受取る」という手形債権者になります。また，支払期日に手形代金の受払いが行われることを決済といい，振出人の当座預金口座から代金が引落され，原則として名宛

人の当座預金口座に入金されます。

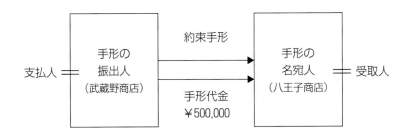

① 振出人（武蔵野商店）の記帳

　約束手形の振出人は，手形債務を負う支払人になります。その場合，支払手形勘定（L）を増やします。そして支払期日が来た時には，手形代金を当座預金口座から支払うので，当座預金勘定を減らすとともに支払手形を減らします。

例１）　4/16；武蔵野商店は仕入先八王子商店より商品￥500,000を仕入れ，代金は同店宛ての約束手形を振出した。

　　（借）　仕　　入　500,000　　（貸）　支払手形　500,000

　　同店とは，この場合八王子商店のことです。約束手形を振出したので，支払手形を増やします。

例２）　7/31；上記約束手形の支払期日が来たので，武蔵野商店は手形代金￥500,000を当座預金口座にて決済した。

　　（借）　支払手形　500,000　　（貸）　当座預金　500,000

　　手形代金の支払人である振出人は支払期日に当座預金口座から手形代金を支払います。

② 名宛人（八王子商店）の記帳

　約束手形の名宛人は，手形債権を得る受取人になります。その場合，受取手形勘定（A）を増やします。そして支払期日が来た時には，手形代金が当座預金口座に入金されるので，当座預金勘定を増やすとともに受取手形を減らします。

例１）　4/16；八王子商店は得意先武蔵野商店に商品￥500,000を販売し，代金は同店振出・当店宛ての約束手形を受取った。

　　（借）　受取手形　500,000　　（貸）　売　　上　500,000

　　同店振出・当店宛てとは，この場合，武蔵野商店が振出人で八王子商店が名宛人であるという意味になります。当店と同店の違いに注意してください。約束手形を受取ったので，受取手形を増やします。

例2） 7/31；上記約束手形の支払期日が来たので，八王子商店は取引銀行から当座預金
　　　　口座にて取立て済みの報告を受けた。
　　（借）　当座預金　500,000　　　（貸）　受取手形　500,000

 point!
　　　　　　取立てとは，銀行が名宛人の当座預金口座に手形代金の入金を行うことです。
　　　手形代金の受取人である八王子商店は，支払期日に入金を確認します。

２．手形取引に関する補助簿（詳細と演習はChapter27）

　約束手形の振出や受取では，債権・債務が生じるので，補助簿を用いて管理する必要が
あります。手形債権の発生から消滅までを記帳する場合には，受取手形記入帳を作成しま
す。手形債務の発生から消滅までを記帳する場合には，支払手形記入帳を作成します。

３．電子記録債権（債務）

（１）電子記録債権（債務）の意義
　売掛金・受取手形や買掛金・支払手形は，電子債権記録機関（でんさいネットなど）が
管理する記録原簿に電子的に登録することにより，電子記録債権（A）や電子記録債務
（L）に変換することができます。これにより紛失リスクや余計なコストの削減ができ，
必要な金額だけを分割・譲渡することも可能になります。

（２）電子記録債権の発生方式その１（債権者請求方式）
　売掛金等がある債権者側が，その債権の発生記録請求を取引銀行を通じて行う方式で
す。この場合，債務者側の承諾が必要となります。手順を示すと次のようになります。

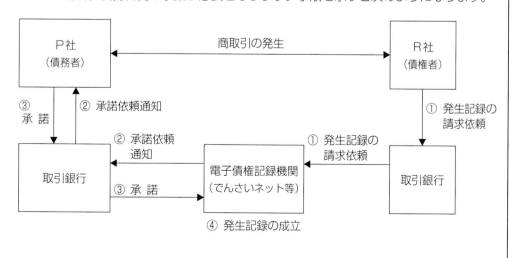

a）債権者R社が売掛金について，取引銀行を通じて電子記録債権の発生記録請求を電子債権記録機関に行います。（①）

b）電子債権記録機関は，債務者P社に取引銀行を通じて承諾依頼通知を行います。（②）

c）通知後5銀行営業日以内にP社から取引銀行を通じて承諾の通知があると，電子債権記録機関は記録原簿に発生記録を行います（発生記録の成立）。（③④）

d）電子債権記録機関による発生記録をもって電子記録債権と債務が発生することになります。P社が承諾依頼を否認したり，5銀行営業日を経過した場合には，取引不成立となります。簿記上は電子記録債権勘定（A）と電子記録債務勘定（L）を用います。

例1）茨城商店は得意先栃木商店に対する売掛金¥1,000について，取引銀行を通じて電子債権記録機関に電子記録債権の発生記録請求を行っていたが，本日栃木商店から承諾の返事をもらったので，電子記録債権の発生記録を行った。

（借）　電子記録債権　1,000　　（貸）　売　掛　金　1,000

 　債権者側（茨城商店）が電子記録債権の発生記録請求をした場合，必ず債務者である相手（栃木商店）の承諾を得る必要があります。

例2）上記の電子記録債権について，本日支払期日が到来したので，茨城商店の当座預金口座に債権金額が振込まれたとの連絡が取引銀行からあった。

（借）　当　座　預　金　1,000　　（貸）　電子記録債権　1,000

 　期日が到来したので，通常の手形決済と同様，当座預金口座に代金が振込まれたか確認します。

例3）栃木商店は仕入先茨城商店に対する買掛金¥1,000について，電子債権記録機関より取引銀行を通じて電子記録債務の承諾依頼を受けたので，承諾の返事を出した。

（借）　買　掛　金　1,000　　（貸）　電子記録債務　1,000

 　債権者側（茨城商店）から電子記録債権の発生記録請求が行われたので，債務者側（栃木商店）はその承諾をする必要があります。承諾をしたので，買掛金が電子記録債務に替わります。

例4）上記電子記録債務につき，本日支払期日が到来したので，栃木商店の当座預金口座から引落とされた通知が取引銀行よりあった。

（借）　電子記録債務　1,000　　（貸）　当　座　預　金　1,000

 　期日が到来したので，通常の手形決済と同様，当座預金口座から支払います。

（3）電子記録債権の発生方式その２（債務者請求方式）

　買掛金等がある債務者側がその債務の発生記録請求を，取引銀行を通じて行う方式です。この方式では，債権者側の承諾は不要で，債務者が取引銀行を通じて電子記録債務の発生記録請求を電子債権記録機関に行えば，自動的に電子債権記録機関は記録原簿にその発生記録を行い，電子記録債権と債務が発生することになります。

例１）岐阜商店は仕入先長野商店に対する買掛金¥800について，本日取引銀行を通じて電子債権記録機関に債務の発生記録を請求した。

　（借）　買　掛　金 800　　（貸）　<u>電子記録債務</u>　800

　　債務者側（岐阜商店）が電子記録債務の発生記録請求をした場合，債権者側（長野商店）の承諾は不要です。したがって，債務の発生記録請求をした時点で自動的に買掛金が電子記録債務に替わります。

例２）上記の電子記録債務につき，本日支払期日が到来したので，岐阜商店の当座預金口座から引落とされた通知が取引銀行よりあった。

　（借）　<u>電子記録債務</u>　800　　（貸）　当　座　預　金 800

　　期日が到来したので，通常の手形決済と同様，当座預金口座から支払います。

例３）長野商店は得意先岐阜商店に対する売掛金¥800に関して，電子債権記録機関から取引銀行を通じて債権の発生記録の通知を受けた。

　（借）　<u>電子記録債権</u>　800　　（貸）　売　掛　金 800

　　債務者側（岐阜商店）が電子記録債務の発生記録請求をした時点で，債権者側（長野商店）には自動的に通知が行くため，承諾は不要で売掛金が電子記録債権に替わります。

例４）上記の電子記録債権について，本日支払期日が到来したので，長野商店の当座預金口座に債権金額が振込まれたとの連絡が取引銀行からあった。

　（借）　当　座　預　金 800　　（貸）　<u>電子記録債権</u>　800

　　期日が到来したので，通常の手形決済と同様，当座預金口座に代金が振込まれたか確認します。

1．次の取引を仕訳しなさい。ただし，商品売買の記帳方法は三分法による
　　こと。
（1）仕入先札幌商店より商品￥700,000を仕入れ，代金は同店宛の約束手
　　　形を振出した。
（2）上記約束手形の支払期日が来たので，手形代金￥700,000を当座預金
　　　口座にて決済した。
（3）得意先函館商店に商品￥1,230,000を販売し，代金は同店振出・当店
　　　宛の約束手形を受取った。
（4）上記約束手形の支払期日となり，取引銀行から当座預金口座にて取立
　　　て済みの報告を受けた。

2．次の電子記録債権債務に関する取引を仕訳しなさい。
（1）東京商店は得意先神奈川商店に対する売掛金￥900,000について，取
　　　引銀行を通じて電子債権記録機関に電子記録債権の発生記録請求を行
　　　っていたが，本日神奈川商店から承諾の返事をもらったので，電子記
　　　録債権の発生記録を行った。
（2）上記の電子記録債権について，本日支払期日が到来したので，東京商
　　　店の当座預金口座に債権金額が振込まれたとの連絡が取引銀行からあ
　　　った。
（3）神奈川商店は仕入先東京商店に対する買掛金￥900,000について，電
　　　子債権記録機関より取引銀行を通じて電子記録債務の承諾依頼を受け
　　　たので，承諾の返事を出した。
（4）上記電子記録債務につき，本日支払期日が到来したので，神奈川商店
　　　の当座預金口座から引落とされた通知が取引銀行よりあった。
（5）静岡商店は仕入先愛知商店に対する買掛金￥400,000の支払いについ
　　　て，本日取引銀行を通じて電子債権記録機関に債務の発生記録を請求
　　　した。
（6）上記の電子記録債務につき，本日支払期日が到来したので，静岡商店
　　　の当座預金口座から引落とされた通知が取引銀行よりあった。
（7）愛知商店は得意先静岡商店に対する売掛金￥400,000に関して，電子
　　　債権記録機関から取引銀行を通じて債権の発生記録の通知を受けた。
（8）上記の電子記録債権について，本日支払期日が到来したので，愛知商
　　　店の当座預金口座に債権金額が振込まれたとの連絡が取引銀行からあ
　　　った。

練習問題 1．次の取引を仕訳しなさい。ただし，商品売買の記帳方法は三分法による
こと。

（1）仕入先沖縄商店に対する掛代金¥150,000の支払いとして，本日，約
束手形を振出した。（日商第135回修正）

（2）長野商店から商品¥730,000を仕入れ，その代金のうち¥230,000は約
束手形を振出して支払い，残額は掛とした。（日商第132回修正）

（3）大分商店より商品¥800,000を仕入れ，代金のうち半額は小切手を振
出して支払い，残額は約束手形を振出して支払った。（日商第143回修
正）

（4）仕入先高知商店から商品¥1,280,000を仕入れ，代金のうち¥1,000,000
については約束手形を振出し，残額については月末払いとした。なお，
引取運賃¥4,000については現金で支払った。（日商第122回修正）

（5）広島商店に対する買掛金の支払いとして¥360,000の約束手形を振出
し，同店に対して郵送した。なお，郵送代金¥800は現金で支払っ
た。（日商第144回修正）

（6）当店振出の約束手形¥270,000の決済代金を当座預金口座から支払っ
た。（日商第135回修正）

（7）岩手商店より商品¥590,000を仕入れ，代金のうち¥90,000は注文時
に支払った手付金と相殺するとともに，¥100,000は小切手を振出し
て支払い，残額は約束手形を振出して支払った。なお，仕入に伴う運
送保険料（当店負担）¥7,000は現金で支払った。（日商第132回修正）

（8）福岡商店にA商品（帳簿価額¥260,000）を¥390,000で売渡し，その代
金のうち¥190,000は現金で受取り，残額は同店振出の約束手形で受
取った。

（9）札幌商店にD商品520個を@¥1,300で売上げ，代金のうち半額は当座
預金口座に振込みがあり，残額は札幌商店振出の約束手形を受取った。
（日商第140回修正）

（10）得意先相模原商店から受取っていた約束手形¥370,000が支払期日に
決済され，当座預金口座への入金が確認された。（日商第148回修正）

（11）仙台商店に商品¥780,000（原価¥520,000）を販売し，代金のうち
¥500,000は同店振出の約束手形で受取り，残額は掛とした。同時に
商品を配送業者に引渡し，当店負担の配送料¥9,500は後日支払う。
（日商第143回修正）

（12）名古屋商店に商品¥640,000を売渡し，代金のうち¥70,000は注文時
に受取った内金と相殺し，¥200,000は同店振出の約束手形を受取り，

残額は掛とした。(日商第134回修正)

（13）北九州商店に商品￥660,000を販売し，代金のうち￥300,000は同店振出・当店宛ての約束手形を受取り，残額については月末に受取る約束である。同時に商品を運送業者に引渡し，当店負担の発送運賃￥14,000を運送会社に小切手を振出して支払った。(日商第138回修正)

（14）浜松商店に商品￥540,000を売上げ，配送料￥18,000を加えた金額を請求した。請求額のうち￥200,000は同店振出の約束手形で回収し，注文時に受取った手付金￥40,000を差引いた残額￥318,000は掛とした。同時に商品を配送業者に引渡し，配送料は後日支払う。(日商第148回修正)

2．次の取引を仕訳しなさい。ただし，商品売買の記帳方法は三分法によること。

（1）仕入先川崎商店に対する買掛金￥380,000の支払いについて，電子債権記録機関より取引銀行を通じて電子記録債務の承諾依頼を受けたので，承諾の返事を行った。

（2）熊本商店に対する売掛金￥1,460,000の回収に関して，電子債権記録機関から取引銀行を通して債権の発生記録の通知を受けた。

（3）岡山商店に対する電子記録債権￥520,000について，支払期日が到来したため，当座預金口座に全額入金があったとの連絡を取引銀行より受けた。

（4）新潟商店に対する電子記録債務￥410,000について，本日支払期日となったため，当座預金口座より全額を支払った。

（5）得意先埼玉商店に商品￥976,000を販売し，ただちに同店の承諾を得て，電子記録債権の発生記録を行った。

（6）仕入先千葉商店より商品￥318,000を仕入れ，ただちに電子記録債務の発生記録を行い，その旨を千葉商店に通知した。

3．山梨商店に商品￥1,200,000を売渡し，その代金として以下の約束手形と小切手を受取った。三分法を前提に仕訳をしなさい。(日商サンプル問題修正)

約 束 手 形

| 収　入 印　紙 200円 (印) | 株式会社八王子商事　殿 | 支払期日　×9年7月30日 |

株式会社八王子商事　殿

￥ 900,000 ※

上記金額をあなたまたはあなたの
指図人へこの約束手形と引替えに
お支払いします。

振出地　山梨県甲府市○△
振出人　山梨商店株式会社

代表取締役　武田　一郎　(印)

支払期日　×9年7月30日
支 払 地　山梨県甲府市
支払場所
　　日本商業銀行　甲府支店

小 切 手

Bank

支払地　日本商業銀行甲府支店

￥ 300,000 ※

上記の金額をこの小切手と引替えに
持参人へお支払いください。

振出日　×9年6月20日
振出地　山梨県甲府市　　　　　振出人　山梨商店株式会社
　　　　　　　　　　　　　　　　代表取締役　武田　一郎　(印)

Chapter 14 その他の債権と債務

主な勘定科目

従業員貸付金（A），役員貸付金（A），役員借入金（L），手形貸付金（A），手形借入金（L），仮払金（A），仮受金（L），従業員立替金（A），従業員預り金（L），住民税預り金（L），所得税預り金（L），社会保険料預り金（L），法定福利費（E），差入保証金（A）

学習のポイント

Study Point

1．貸付金と借入金，金融手形取引

（1）金銭の貸借と利息

　企業は，さまざまな理由で金銭を貸したり借りたりします。その際，借用証書により企業外に金銭を貸付けた場合には貸付金勘定（A），借入れた場合には借入金勘定（L）で処理します。一方，企業内の従業員や役員との貸付けや借入れを記帳する場合には，従業員貸付金勘定（A），役員貸付金勘定（A）や役員借入金勘定（L）で区別します。

　また，貸付けや借入れに伴って利息が発生します。これらは受取利息勘定（R）または支払利息勘定（E）で処理します。利息の計算式は次の通りです。

$$月割計算：元金 \times 年利率 \times \frac{貸付（借入）月数}{12か月} \qquad 日割計算：元金 \times 年利率 \times \frac{貸付（借入）日数}{365日}$$

例1）当店の従業員に現金¥5,000を返済期限半年として貸付けた。

　　（借）　従業員貸付金　　5,000　　　　　（貸）　現　　　金　　5,000

 従業員や役員への貸付けは企業外への貸付けと区別します。

例2）A商店はB商店から貸付金の元金¥10,000と利息を現金で受取った（両店の仕訳）。なお，貸付期間は半年，利息は年利率5％であり，月割計算する。

A商店	（借）	現　　金	10,250	（貸）	貸　付　金	10,000
					受　取　利　息	250
B商店	（借）	借　入　金	10,000	（貸）	現　　金	10,250
		支　払　利　息	250			

利息は，¥10,000 × 5 ％ × $\frac{6か月}{12か月}$ ＝ ¥250 です。利息の受取や支払のタイミングは，問題文に従います。この場合は返済時です。

（2）約束手形を利用した貸付けと借入れ

借用証書を利用した金銭貸借の他に，貸付時に約束手形を受取ったり，借入時に約束手形を振出したりすることがあります。この場合，商品売買時に記帳する受取手形勘定または支払手形勘定と区別して，手形貸付金勘定または手形借入金勘定で処理します。

例）A商店は貸付けに際し，B商店振出の約束手形¥5,000を受取った。なお，B商店には利息¥500を差引いた残額を現金で渡した（両店の仕訳）。

A商店	（借）	手形貸付金	5,000	（貸）	受 取 利 息	500
					現　　　金	4,500
B商店	（借）	支 払 利 息	500	（貸）	手形借入金	5,000
		現　　　金	4,500			

 金銭の貸借のために使用された約束手形は，手形貸付金（A）または手形借入金（L）で処理します。ここでの利息は貸付時に受払いしています。

2．仮払金と仮受金

出金や入金の内容が不明であったり，取引の金額が未確定であったりすることがあります。この場合，一時的に仮払金勘定（A）や仮受金勘定（L）で処理しておき，不明な内容や未確定な金額が判明した時に，適切な勘定に振替えます。

例1）従業員の出張に際し，旅費の概算額¥10,000を現金で渡した。

（借）	仮 払 金	10,000	（貸）	現　　　金	10,000

 「概算額」は見込みの金額であり，金額が未確定であることを意味します。

例2）例1）の従業員が帰社し，旅費の残額¥1,500を現金で受取った。

（借）	旅費交通費	8,500	（貸）	仮 払 金	10,000
	現　　　金	1,500			

金額が確定した時に適切な勘定科目に振替えます（この場合には旅費交通費）。

例3）当座預金に¥4,000の振込みがあったが，その理由が不明である。

（借）当 座 預 金 4,000 （貸）仮 受 金 4,000

 金額は明確でも，内容が不明な入金であるため，仮受金で処理しておきます。

例4）例3）の振込みは，得意先からの売掛金の回収であることが判明した。

（借）仮 受 金 4,000 （貸）売 掛 金 4,000

 不明な内容が判明した時に適切な勘定科目に振替えます（この場合には売掛金）。

3．立替金と預り金（納付時の法定福利費）

　企業が本来の支払人に代わって金銭を一時的に立替えた場合には，立替金勘定（A）で処理します。ただし，従業員への立替金は原則として従業員立替金勘定を使用します。

　また，社内預金や財形貯蓄などの従業員の積立金を一時的に企業が預った場合には，従業員預り金（L）を使用します。従業員が納付する所得税や住民税を一時的に企業が預かった場合には，原則として所得税預り金勘定（L），住民税預り金勘定（L）を，健康保険料や年金保険料といった社会保険料の従業員負担分を一時的に企業が預かった場合には社会保険料預り金勘定（L）を使用します（単に「預り金」とすることもあります）。なお，従業員の社会保険料は，従業員のみが負担するのではなく，会社（事業主）も負担します。この会社（事業主）負担分は法定福利費勘定（E）で処理します。

例1）従業員が負担すべき交通費¥2,000を一時的に立替え，現金で支払った。

（借）従 業 員 立 替 金 2,000 （貸）現 金 2,000

 ここでの交通費は企業に発生した費用ではないため，従業員立替金とします。

例2）従業員に給料¥20,000を支給し，源泉所得税¥1,000，住民税¥800及び厚生年金保険料¥2,000を差引いた手取金を現金で渡した。

（借）給 料 20,000 （貸）所 得 税 預 り 金 1,000
　　　　　　　　　　　　　　　　住 民 税 預 り 金 800
　　　　　　　　　　　　　　　　社会保険料預り金 2,000
　　　　　　　　　　　　　　　　現 金 16,200

従業員の代わりに企業が一時的に預かり，納付する項目には，その内容に応じて「所得税預り金」，「住民税預り金」や「社会保険料預り金」を使用します。

例3）例2）で従業員から預かっていた厚生年金保険料¥2,000とその会社負担分¥2,000
　　を合わせて現金で納付した。

　　（借）　社会保険料預り金　　2,000　　（貸）　現　　　　　金　　4,000
　　　　　　法 定 福 利 費　　2,000

 厚生年金保険料は従業員と企業（事業主）の両方が負担します。企業（事業主）の負担分は法定福利費で処理します。

4．差入保証金

　不動産賃借の際に支払う敷金や，営業取引を開始する際に支払う営業保証金のように，何かの取引契約に関連してあらかじめ一定の金額を取引相手に渡すことがあります。このうち，利息が発生せず，契約終了後に返還されるものは，差入保証金勘定（A）で処理します。

例1）店舗の賃貸借契約を行い，敷金¥10,000と1か月分の家賃¥5,000を現金で支払った。

　　（借）　差 入 保 証 金　　10,000　　（貸）　現　　　　　金　　15,000
　　　　　　支 払 家 賃　　5,000

 敷金の支払は，差入保証金（A）の増加となります。

例2）賃貸借契約終了に伴い，敷金¥10,000が全額返金され，普通預金に振込まれた。

　　（借）　普 通 預 金　　10,000　　（貸）　差 入 保 証 金　　10,000

 差入保証金は資産なので，契約に従って問題が生じなければ返還されます。

基本問題　　次の取引の仕訳を示しなさい。

　　1．会社役員に対して現金¥500,000を貸付け，通常の貸付金とは別に管理することにした。

　　2．得意先に現金¥250,000を貸付け，同額の約束手形を受取った。

　　3．現金を借入れた際に取引銀行宛に振出していた約束手形¥1,000,000の

支払期日が到来し，普通預金より引落とされた。

4．一時的な事業資金として，会社役員から現金¥800,000を借入れた。

5．従業員の出張に際し，旅費の概算額¥60,000を現金で渡した。

6．出張旅費¥57,000との報告を受け，概算額¥60,000との差額は現金で受取った。

7．給料¥400,000を支給する際に，源泉所得税¥22,000と住民税¥30,000及び厚生年金保険料¥18,000を差引き，残額は現金で支給した。

8．従業員から預かっていた健康保険料¥38,000とその会社負担分¥38,000を合わせて現金で納付した。

9．営業車両用の駐車場の賃貸借契約を行い，敷金¥12,000を現金で支払った。

練習問題　1．次の取引の仕訳を示しなさい。

（1）借入金¥400,000を利息と共に返済し，当座預金から支払った。なお，借入期間は8か月であり，利息は年3％として月割計算で算出すること。

（2）取引先から資金を借入れることになり，約束手形¥200,000を振出して渡し，手取金として利息¥5,000を差引かれた現金¥195,000を受取った。

（3）保有している約束手形¥300,000が満期日となり，当座預金に振込まれた。なお，振込額のうち¥200,000は商品販売時に，¥100,000は金銭貸付時に受取った手形である。

（4）2日前に内容不明な当座預金への入金として処理していた¥30,000は，本日，全額が得意先からの手付金の受領であることが判明した。

（5）出張旅費が¥52,000と確定したため，仮払金¥50,000との差額を現金で精算した。

（6）従業員が出張から帰社し，あらかじめ渡しておいた旅費概算額¥80,000を精算したところ，旅費交通費¥48,000と商品購入契約の手付金¥25,000に使用したことが報告され，残額は現金で受取った。

（7）給料¥820,000の支給に際し，源泉所得税¥60,000，健康保険料¥50,000，従業員の社内預金¥40,000および立替えて支払っていた従業員個人の生命保険料¥15,000を差引き，手取金は現金で支払った。

（8）厚生年金保険料¥144,000を普通預金からの振込により支払った。振込額は従業員の給料から差引いていた従業員負担分と事業主負担分の合計額であり，折半で負担している。

（9）従業員から預かっていた源泉所得税¥110,000と住民税¥180,000を普通預金から振込んで納付した。

（10）新たな仕入先と掛取引による購入契約の締結に際し，営業保証金¥500,000を普通預金より振込んだ。なお，振込手数料¥400も同時に引落とされた。

（11）営業事務所の賃貸借契約に際し，敷金¥160,000，不動産会社への仲介手数料¥40,000，1か月分の家賃¥80,000を現金で支払った。

2．次の各証ひょうをもとに仕訳しなさい。
（1）（a）の領収証を埼玉銀行与野支店より受取った。
（2）（b）の報告書を出張から帰った社員から受取り，精算した。なお，社員には¥30,000の現金を前渡ししている。
（3）（c）の請求書により当座預金口座から振込んだ。

(a) 領 収 証

20×3年 7月2日

株式会社 創成 様

★ ¥ 600 －

但し、6月分の利息 として
上記現金で領収いたしました

さいたま市中央町1-1
埼玉銀行 与野支店 印

(b) 旅費交通費等報告書

創成 花子

移動先	手　段	領収書	金　額
仙台駅	新幹線	有	¥ 24,000
宮城商店	タクシー	有	¥ 1,000
		合　計	¥ 25,000

※ 別途領収書を添付

(c) 請求書（振込依頼書）

株式会社 創成 御中

株式会社 さいたま不動産

ご契約ありがとうございます。以下の金額を下記の口座へお振込ください。

内　容	金　額
敷　金	¥ 50,000
仲介手数料	¥ 25,000
合　計	¥ 75,000

文京銀行春日支店 当座11110 カ)サイタマフドウサン

Chapter 15 貸倒れと貸倒引当金

主な勘定科目
貸倒損失（E），償却債権取立益（R），貸倒引当金繰入（E），
貸倒引当金（Aのマイナス）

学習のポイント
Study Point

1．貸倒れと貸倒損失

　売掛金などの債権は，債務者が倒産することで，回収不能になる場合があります。これを貸倒れといいます。貸倒れた債権の金額は，貸倒損失（E）として処理します。

例1）得意先の品川株式会社が倒産し，同社に対して当期に生じた売掛金¥10,000が回収できなくなったため，貸倒れの処理を行う。
　　（借）　貸倒損失　　10,000　　　　（貸）　　売　掛　金　　10,000

 当期に生じた売掛金の貸倒れは，貸倒損失勘定（E）を用いて処理します。

2．償却債権取立益

　前期以前に貸倒処理した売掛金を，当期に回収できる場合があります。売掛金自体は貸倒れた時点ですでになくなってしまっているため，回収できた金額は償却債権取立益（R）として処理します。

【売掛金の貸倒れとその後の回収】

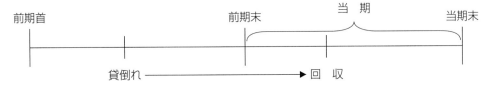

（前期）売掛金が減少し，貸倒損失が発生　→　（当期）償却債権取立益が発生

例２）前期に貸倒処理した売掛金¥30,000が，当座預金口座に振込まれた。

   （借）　当　座　預　金　30,000　（貸）　　償却債権取立益　　30,000

 　前期の貸倒処理で売掛金¥30,000はすでになくなってしまっているため，当期
に回収できた金額は償却債権取立益勘定（R）で処理します。

３．貸倒れの予測と貸倒引当金の設定

　決算では，予想される将来の損失を当期の費用として繰上げて計上する処理が行われま
す。たとえば売掛金の貸倒れの場合，「前の期末の売掛金残高のうち3％程度の金額が，次
の期中に貸倒れている」という過去の実績情報があれば，「当期末の売掛金残高について
も，翌期にはその３％程度が貸倒れるだろう」といった具合に，合理的に貸倒額を見積も
ることができるため，当期の決算においてその金額を費用として処理します。

　ただ，決算日の時点では実際に売掛金が回収不能となっているわけではありませんから，
貸倒損失勘定や売掛金勘定を使った仕訳はできません。そこで，貸倒引当金繰入勘定（E）
と貸倒引当金勘定（Aのマイナス。貸借対照表に記載する際に，資産から控除する形で表示され，
評価勘定と呼ばれます）を用いて仕訳します。

例３）決算日を迎え，売掛金の期末残高¥500,000に対して，３％の貸倒引当金を設定す
　　　る。

   （借）　貸倒引当金繰入　　15,000　（貸）　　貸　倒　引　当　金　　15,000

 　貸倒れの見積額は，売掛金の期末残高¥500,000×３％＝¥15,000と計算できま
す。あくまでも翌期の貸倒れを予想した処理ですので，貸倒損失勘定や売掛金勘
定を使わないように注意しましょう。

４．貸倒引当金の取崩し

　貸倒引当金を設定した後，次の会計期間において実際に貸倒れが生じた場合には，貸倒
損失勘定ではなく，貸倒引当金勘定を取崩す処理を行います。ただ，貸倒引当金はあくま
でも見積額を計上したものですから，実際の貸倒時には勘定残高が不足する場合もありま
す。この場合，不足額を貸倒損失勘定で処理することになります。なお，当期に生じた売
掛金が貸倒れた場合，貸倒引当金の設定をする前に貸倒れてしまっていることから，貸倒
損失になります。

（１）貸倒引当金残高　≧　貸倒額のケース
　　貸倒額全額を貸倒引当金勘定で処理します。

例4）得意先の島根株式会社が倒産し，同社に対する売掛金¥80,000（前期販売分）が貸倒れた。なお，貸倒引当金の勘定残高は¥100,000である。

　（借）　　貸倒引当金　　80,000　　　（貸）　　売　掛　金　　80,000

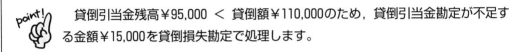 　　　貸倒引当金残高¥100,000 ＞ 貸倒額¥80,000のため，貸倒額全額を貸倒引当金勘定で処理します。この処理によって貸倒引当金勘定の残高が¥20,000になっていることも意識しましょう。

（2）貸倒引当金残高　＜　貸倒額のケース
　まず貸倒引当金勘定を全額取崩し，不足する金額を貸倒損失勘定で処理します。

例5）得意先の秋田株式会社が倒産し，同社に対する前期の販売によって生じた売掛金¥110,000が貸倒れた。なお，貸倒引当金の勘定残高は¥95,000である。

　（借）　　貸倒引当金　　95,000　　　（貸）　　売　掛　金　　110,000
　　　　　　貸 倒 損 失　　15,000

　　　貸倒引当金残高¥95,000 ＜ 貸倒額¥110,000のため，貸倒引当金勘定が不足する金額¥15,000を貸倒損失勘定で処理します。

5．貸倒引当金の再設定（差額補充法）

　貸倒引当金の設定に際して，すでに貸倒引当金勘定の残高がいくらかある場合（たとえば，上記の例4のような場合）には，貸倒引当金として計上すべき金額から貸倒引当金勘定の残高を控除して，不足する金額だけを繰入れる処理（差額補充法）を行います。

例6）決算となり，売掛金の期末残高¥4,000,000に対して，2%の貸倒引当金を差額補充法により設定する。なお，貸倒引当金勘定の残高が¥20,000あった。

　（借）　　貸倒引当金繰入　　60,000　　（貸）　　貸 倒 引 当 金　　60,000

　　　貸倒れの見積額は，売掛金の期末残高¥4,000,000×2%＝¥80,000ですが，貸倒引当金勘定の残高が¥20,000あるため，差額の¥60,000を繰入れます。

次の取引を仕訳しなさい。

1．×1年度中に，水道橋株式会社に対する売掛金￥280,000（×1年度の販売により生じたもの）が，同社の倒産によって貸倒れた。

2．×2年度になって，上記の貸倒処理した売掛金のうち￥40,000を，現金で回収した。

3．決算日を迎え，売掛金および受取手形の期末残高合計に対して，3％の貸倒引当金を設定する。各債権の期末残高は，売掛金が￥650,000，受取手形が￥1,150,000であった。なお，貸倒引当金の決算整理前残高はゼロであった。

4．得意先である大正株式会社が倒産したため，同社に対する売掛金￥600,000（前期販売分）が回収不能となった。これに伴い貸倒れの処理を行うが，貸倒引当金の残高は￥460,000であった。

5．決算に際して，貸倒引当金￥90,000を計上する。なお，貸倒引当金勘定の決算整理前残高は￥17,000であったため，差額補充法によって繰入れる。

1．次の各取引を仕訳しなさい。

（1）得意先川越商事の倒産により，同社に対する売掛金￥2,800,000（このうち，当期販売分は￥2,100,000であり，残額は前期販売分である）が，貸倒れた。なお，貸倒引当金勘定には￥1,000,000の残高がある。

（2）山梨商事に対する売掛金￥700,000（前期販売分）について，当期中に同社振出の小切手￥350,000を受領したが，残額については回収不能となった。なお，貸倒引当金の残高は￥300,000である。

（3）前期に貸倒処理した山梨商事に対する売掛金の支払いとして，当期中に渋谷銀行の当座預金口座に￥180,000の入金があった。当社は複数銀行に当座預金口座を開設していることから，管理のために口座ごとに勘定を設定している。

（4）得意先の山形商事が倒産したため，売掛金￥580,000（当期販売分）が回収不能となったが，倒産直前に同社と販売契約を締結した際に，手付金￥100,000を受取っていたため，これと相殺した残額を貸倒れとして処理する。なお，貸倒引当金の残高は￥210,000である。

（5）決算日を迎え，売掛金の期末残高￥2,360,000および受取手形の期末残高￥3,140,000の合計額に対して，3％の貸倒引当金を設定する（差額補充法による）。なお，貸倒引当金勘定の決算整理前残高は，￥50,000である。

2．以下の〔資料〕にもとづいて，下記の問に答えなさい。

〔資料〕

（1）当期の決算に際して，売掛金の期末残高に対して2％の貸倒引当金を，差額補充法によって設定する。貸倒引当金勘定の決算整理前残高は¥70,000であった。

（2）売掛金の決算整理前残高は¥965,000であったが，当期中に行われた下記の取引が反映されていなかった。

① ¥174,000が得意先から当座預金口座に振込まれていたが，未処理であった。

② ¥61,000（前期販売分）が貸倒れていたが，未処理であった。

（問1）〔資料〕（2）の①および②について，必要な修正仕訳を示しなさい。

（問2）貸倒引当金の設定に関する仕訳を示しなさい。

3．小岩株式会社（以下，当社）の当期（×1年4月1日～×2年3月31日）における売掛金の貸倒れに関する下記の情報にもとづいて，貸倒引当金勘定の空欄（ア）から（エ）には適切な金額を，また空欄（A）には適切な語句を，それぞれ記入しなさい。

×1年　4/1　貸倒引当金勘定の期首残高は，¥123,000であった。

5/24　当期の販売から生じた売掛金¥95,000が回収不能となった。

8/18　前期の販売から生じた売掛金¥135,000が回収不能となった。

×2年　3/31　決算日を迎えたため，売掛金の期末残高¥1,800,000に対して3％の貸倒引当金を設定する。なお，差額補充法による。

貸　倒　引　当　金

日　付	摘　要	借　方	日　付	摘　要	貸　方
×1年8/18	（　A　）	（　ア　）	×1年4/1	前期繰越	123,000
×2年3/31	次期繰越	（　イ　）	×2年3/31	貸倒引当金繰入	（　ウ　）
		（　　）			（　エ　）

Chapter 16 有形固定資産

学習のポイント
Study Point

1．有形固定資産の意義

　長期にわたって使用するために保有する資産を固定資産といい，中でも具体的な形態を有しているものを有形固定資産といいます。有形固定資産には，以下のようなものがありますが，簿記では，それらを表現する勘定科目を使いこなすことが重要です。

勘定科目	具 体 例
建　　物	店舗，倉庫，事務所，工場など
備　　品	事務用机や椅子，商品陳列用の棚，パソコンなど
車両運搬具	運搬用のトラック，営業用の乗用車，オートバイなど
土　　地	上に建物を建てたり，駐車場にしたりして使用する敷地など

2．購入時の記帳

（1）取得原価の決定

　有形固定資産を取得し，取得原価を計算する際には，当該有形固定資産を購入してから使用できる状態にするために必要な費用（＝付随費用）を含める必要があります。付随費用は，有形固定資産の種類によって費目が分かれますが，いずれも取得原価に含める，という取扱いをおさえておきましょう。

種　類	付随費用
建　　物	登記料や不動産仲介手数料など
備　　品	引取運賃や据付費など
車両運搬具	登録手数料など
土　　地	整地費用や不動産仲介手数料など

（2）購入時の仕訳

　　購入時には，有形固定資産の取得原価を，各有形固定資産の勘定で処理します。また，有形固定資産の購入代金を後日支払う場合は，買掛金を使わずに未払金勘定（L）で処理します。

例1）倉庫用の建物を購入し，代金¥1,200,000は後日支払うこととした。また購入に伴う不動産仲介手数料¥80,000は現金で支払った。

　　（借）　　建　　物　1,280,000　（貸）　　未　払　金　1,200,000
　　　　　　　　　　　　　　　　　　　　　　　現　　金　　　 80,000

　　　付随費用である不動産仲介手数料は，建物の取得原価に含めて建物勘定（A）で処理します。また，後払いにした購入代金は未払金勘定（L）で処理します。

例2）商品配送用のトラックを購入し，代金¥8,000,000のうち¥3,000,000は小切手を振出して支払い，残額は後日支払うこととした。また自動車登録手数料など¥250,000は現金で支払った。

　　（借）　車両運搬具　8,250,000　（貸）　当座預金　3,000,000
　　　　　　　　　　　　　　　　　　　　　　未　払　金　5,000,000
　　　　　　　　　　　　　　　　　　　　　　現　　金　　 250,000

　　トラックは車両運搬具勘定（A）で処理します。

3．決算時の記帳

（1）減価償却の意義

　　建物，備品，車両運搬具など，土地を除く有形固定資産は，使用や時の経過に伴って，次第にその価値が減少していくという特徴を持っています。これを減価といい，決算にあたり，当期中に生じた減価の金額を当期の費用として計上し，同額だけ当該有形固定資産の金額を減少させるという処理を行います。この決算処理を減価償却といいます。

（2）定額法による減価償却費の計算

　　定額法とは，有形固定資産の耐用年数（使用できる期間のこと）にわたって，毎期同じ
　額の減価償却費を計上する方法です。定額法による減価償却費の計算式は次の通りです。
　残存価額は，有形固定資産の耐用年数が到来した時点での，当該有形固定資産の処分価
　値のことをいいますが，これをゼロとして計算すると取得原価÷耐用年数となります。

$$\text{減価償却費} = \frac{\text{取得原価} - \text{残存価額}}{\text{耐用年数}} \xrightarrow{\text{残存価額ゼロ}} \frac{\text{取得原価}}{\text{耐用年数}}$$

　　なお，会計期間の途中で有形固定資産を取得して使用を開始した場合には，使用開始
　日から決算日までの期間に応じた減価償却費を月割で計算します。たとえば，当期首か
　ら3か月経過した時点で取得・使用を開始した場合には，上記の式で計算した金額のう
　ち，9か月分だけが，当期の減価償却費になります。

（3）間接法による記帳

　　定額法によって計算した金額は，減価償却費勘定（E）と減価償却累計額勘定（Aのマ
　イナス。貸倒引当金と同じ評価勘定）を用いて処理します（この記帳方法を間接法といいます）。
　　減価した金額は，減価償却累計額勘定に積みあがっていきますので，これを取得原価
　から控除することで，減価償却後の有形固定資産の価値を計算することができます。特
　にこの金額を帳簿価額（簿価）と呼びます。

　　　　帳簿価額（減価償却後の有形固定資産の価値）＝ 取得原価 － 減価償却累計額

例3）決算となり，建物について，定額法により減価償却を行う。なお，建物の取得原価
　　　は￥4,500,000，耐用年数は30年，残存価額は取得原価の10％である。
　　　（借）　減 価 償 却 費　135,000　　（貸）　建物減価償却累計額　135,000

 　　　定額法による減価償却費は，（取得原価￥4,500,000 － 残存価額￥4,500,000 ×
　　　10％）÷ 耐用年数30年 ＝ ￥135,000です。減価償却累計額勘定には，対象となっ
　　　た有形固定資産の名称を冒頭に加えるのが一般的ですが，単に「減価償却累計額」
　　　とする場合もあります。

例4）決算となり，備品（取得原価￥1,000,000）について，耐用年数10年，残存価額をゼロ
　　　として，定額法により減価償却を行う。なお，当該備品は当期首から6か月経過時
　　　点で取得し，ただちに使用を開始したものである。
　　　（借）　減 価 償 却 費　50,000　　（貸）　備品減価償却累計額　50,000

備品を使用開始したのが，当期の期央（期首から半年経過時点）であるため，半年分のみ減価償却費を計上します。したがって，取得原価￥1,000,000÷耐用年数10年×6か月÷12か月＝￥50,000になります。

4．売却時の記帳

　有形固定資産の使用期間中でも，それが不要になれば売却することがあります。保有する有形固定資産を売却したときは，売却する有形固定資産勘定（建物，備品，土地など）の帳簿価額を減額し，売却価額との差額を，①固定資産売却益勘定（R）か，または②固定資産売却損勘定（E）で処理します（次の式を参照）。減価償却を実施した有形固定資産の売却の場合，「帳簿価額」を減額するためには，減価償却累計額勘定も併せて減額しなければならない点に注意しましょう。

　　　　①　売却価額　＞　帳簿価額　→　固定資産売却益
　　　　②　売却価額　＜　帳簿価額　→　固定資産売却損

　なお，有形固定資産の売却代金を後日受取る場合は，売掛金を使わずに未収入金勘定（A）で処理します。

（1）売却価額　＞　帳簿価額のケース
　　売却価額が帳簿価額より大きい場合，固定資産売却益（R）が発生します。

例5）所有する敷地3,000㎡（帳簿価額￥6,000,000）のうち500㎡を￥1,200,000で売却し，代金は全額後日受取ることにした。
　　（借）未　収　入　金　1,200,000　（貸）土　　　　　　　地　1,000,000
　　　　　　　　　　　　　　　　　　　　　固定資産売却益　　200,000

　　敷地の6分の1を売却しているため，減額する土地勘定（A）の帳簿価額も￥6,000,000ではなく￥1,000,000になります。その結果，売却価額￥1,200,000 ＞ 帳簿価額￥1,000,000となり，固定資産売却益￥200,000が生じます。また，「後日受取る」売却代金は，未収入金勘定で処理します。

（2）売却価額　＜　帳簿価額のケース
　　売却価額が帳簿価額より小さい場合，固定資産売却損（E）が発生します。

例6）期首に，所有する事務用パソコン（取得原価￥2,200,000，減価償却累計額￥1,700,000）を中古パソコン販売業者に￥380,000で売却し，代金は全額現金で受取った。

(借)	備品減価償却累計額	1,700,000	(貸)	備	品	2,200,000
	現 金	380,000				
	固定資産売却損	120,000				

 　備品勘定（A）で処理されるパソコンは減価償却の対象資産のため，売却時の帳簿価額は，取得原価￥2,200,000 － 備品減価償却累計額￥1,700,000 ＝ ￥500,000です。その結果，売却価額￥380,000 ＜ 帳簿価額￥500,000となり固定資産売却損￥120,000が生じます。なお，本問では「期首」に売却を行っていますが，期中に売却した場合には，売却時点までの減価を減価償却費（月割で計算）として仕訳します。

5．改良と修繕

　有形固定資産については改良や修繕のための支出が行われることがあります。改良とは，有形固定資産の耐用年数を延長する等，その価値を高める作業のことをいいます。他方，修繕とは，有形固定資産を通常通り使用するために必要な，その価値を維持する作業のことをいいます。たとえば，建物の耐震補強などによって耐用年数が延長すれば，改良に該当し，外壁補修のような通常通りに使用を続けるための作業であれば，修繕に該当します。

　簿記上は，改良のための支出は対象となった有形固定資産の帳簿価額に含め，修繕のための支出は修繕費勘定（E）で処理します。

例7）本社社屋の大規模改修を行い，￥10,000,000を小切手を振出して支払った。なお，当該改修に要した支出のうち￥3,500,000は改良のための支出であり，残額は修繕のための支出であった。

| (借) | 建 物 | 3,500,000 | (貸) | 当座預金 | 10,000,000 |
| | 修 繕 費 | 6,500,000 | | | |

 　改良のための支出は建物勘定（A）に含め，修繕のための支出は修繕費勘定（E）で処理します。問題によっては，「改良のための支出」ではなく，「この支出によって耐用年数が延長した」といった表現もあります。

6．有形固定資産の補助簿（詳細と演習はChapter27）

　有形固定資産の補助簿には，固定資産台帳があります。各有形固定資産の名称や取得年月日，取得原価の情報などが記載されます。

次の取引を仕訳しなさい。

1. 工場建設のための用地を¥12,000,000で購入し，代金のうち¥7,000,000は小切手を振出して支払い，残額は後日支払うことにした。また，購入に要した不動産仲介手数料¥750,000および登記料¥250,000は，いずれも現金で支払った。

2. 事務用のパソコンを購入し，代金については配送料を除いて小切手を振出して支払い，配送料は現金で支払った。なお，品物とともに次の領収書を受取っている。

領 収 書

那須塩原株式会社　様

日法電気機器株式会社

品　　物	数　量	単　価	金　　額
NL社製デスクトップパソコン	25台	¥380,000	¥9,500,000
設定作業費用	25台	¥4,320	¥108,000
配送料	―	―	¥48,000
		合　　計	¥9,656,000

上記の合計額を領収いたしました。

印 収入印紙 2,000円

3. 決算日を迎えたため，建物（取得原価は¥1,000,000）について，耐用年数25年，残存価額をゼロとして，定額法により減価償却を行う。

4. 期首に，所有する車両運搬具（取得原価¥3,400,000，減価償却累計額¥2,500,000）を¥1,100,000で売却し，代金は全額後日受取ることとした。

5. 営業用車両の点検・オーバーホールを行い，¥890,000を現金で支払った。なお，このうち¥750,000は，より高性能な部品に交換したことによる支出であり，これによって車両の燃費性能が向上した。他方，残額については通常のメンテナンス作業に要した金額であった。

次の各取引を仕訳しなさい。

1. 常陸多賀株式会社は，事務作業に使用する物品を購入し，品物とともに次の請求書を受取った。代金は全額後日支払うこととした。

```
              請　求　書
常陸多賀株式会社　様
                                            埼玉株式会社
```

品　　　物	数　量	単　価	金　　額
MX社製パソコン	7	￥440,000	￥3,080,000
プリンター用紙（500枚入）	14	￥540	￥7,560
		合　計	￥3,087,560

```
20×8年○月×日までに，合計額を下記口座にお振込み下さい。
埼央銀行浦和本店　普通　9876543　サイタマ（カ
```

2．富山株式会社は，営業用の自動車3台を1台あたり￥880,000で購入し，代金のうち￥2,000,000は小切手を振出して支払い，残額は翌月一括して支払うこととした。また，購入に際して1台あたり￥80,000の登録手数料が生じたため，現金で支払った。

3．店舗を建てる目的で土地800㎡を1㎡あたり￥40,000で購入し，代金は後日支払うこととした。また，購入に際して不動産業者への仲介手数料として￥3,000,000を，また登記等諸手続きのための費用として￥1,200,000を，それぞれ現金で支払い，整地作業を依頼した建設業者に対して，整地費用￥800,000を小切手を振出して支払った。

4．家具販売業を営む肥田商会株式会社は，机5台を1台あたり￥150,000で購入し代金は全額後日支払うこととした。この机のうち1台は展示を兼ねた事務用の机として使用し，残りを顧客へ販売する。なお，引取運賃として1台あたり￥2,000を現金で支払っている。また，商品売買に関する記帳は三分法で行っている。

5．決算日を迎え，当期首に取得した備品（取得原価は￥600,000）の減価償却を，定額法によって行う。なお，備品の耐用年数は8年であり，残存価額は取得原価の10％である。

6．決算日を迎えたため，建物（取得原価は￥8,000,000，減価償却累計額は￥3,200,000）について，耐用年数25年，残存価額をゼロとして，定額法により減価償却を行う。

7．決算日を迎えたため，当期の8月1日に取得（ただちに使用を開始）した車両運搬具（取得原価は￥4,800,000）の減価償却を行う（定額法による）。なお，車両の耐用年数は10年であり，残存価額はゼロである。また，当期は12月31日を決算日とする1年間であり，減価償却費の計算は月割で行う。

8. 当社は所有する事業用の土地2,000㎡（帳簿価額は¥30,000,000）のうち500㎡を，不動産販売会社に1㎡あたり¥16,000で売却し，代金のうち¥5,000,000は現金で受取り，残額は後日受取ることとした。

9. 当社（会計期間は毎年3月31日を決算日とする1年間）は，所有する備品（取得原価¥2,400,000，耐用年数5年，残存価額はゼロ，定額法により減価償却を行っており，当期首の減価償却累計額は¥1,296,000）が不要となったので，当期の6月30日に¥840,000で売却し，代金は全額後日受取ることとした。なお，売却時点までの減価償却費の計算は月割計算による。

10. 過年度に購入したパソコンが故障していたため，修理業者に修理を依頼した。その際，メモリ等の部品交換もあわせて行った。修理業者には，代金として普通預金口座から¥290,000を振込んだが，その内訳は，故障の修理費用が¥70,000，部品の交換代金が¥220,000であった。なお，部品の交換は改良にあたる。

Chapter 17 株式会社の資本金と 繰越利益剰余金

主な勘定科目

資本金（K），繰越利益剰余金（K），利益準備金（K），
未払配当金（L）

学習のポイント
Study Point

1．資本の構成

資産から負債を差引いた金額を資本と呼んでいます。資本の主な内容は「元手としての資本」と「その増加分である利益」です。株式会社は，株式を発行して資本金を集め，それを投資し，投資額より多く回収することによって利益を獲得することを目的とした経済活動を行っています。

2．資本金の意義と記帳（株式会社の設立と増資）

株式会社を設立するためには，会社法の規定にもとづいて株式を発行し，それを引受けた株主から出資される資本金が必要です。また，株式会社を設立した後も，追加で資本金が必要となれば，新たに株式を発行して集めることができます。これを増資といいます。

設立時でも，増資時でも株式を発行して資本金を集めた場合には，原則としてその全額を資本金勘定（K）で処理します。資本金の額は「1株の発行価額×発行株式数」で計算します。

例）株式を発行し，株主から現金¥10,000の払込を得て，株式会社日商を設立した。

　　（借）現　　　金　　10,000　　　　　　（貸）資　本　金　　10,000

point!

株式を発行すると，資本金が増加します。

3. 繰越利益剰余金の意義と記帳

(1) 繰越利益剰余金の意義

　株式会社が経済活動を行った結果として，利益を得れば資本の増加となり，損失となれば資本の減少となります。しかし，これらの資本の増減は，株主が出資した資本金とは異なるため，区別して処理しなければなりません。帳簿上，当期純利益または当期純損失は，繰越利益剰余金勘定（K）で処理します。

(2) 純損益の繰越利益剰余金への振替

　帳簿上，当期純損益は収益と費用の各勘定を集計した損益勘定で計算されます。その結果として計算された当期純利益または当期純損失は，いずれも損益勘定から繰越利益剰余金勘定に振替えます（Chapter8を参照）。

損益勘定と繰越利益剰余金勘定の関係（当期純利益を計上した場合）

　繰越利益剰余金勘定は，当期純利益を振替えると貸方に仕訳され，当期純損失を振替えると借方に仕訳されます。繰越利益剰余金勘定は資本の勘定科目なので，通常は貸方残高になりますが，損失が積み重なると借方残高になる場合もあり得ます。

例1）株式会社日商は，当期純利益¥3,500を計上し，繰越利益剰余金に振替えた。
　　　（借）　損　　　　　益　　3,500　　　　（貸）　繰越利益剰余金　　3,500

　　　当期純利益の計上は，繰越利益剰余金（K）を増加させます。

例2）株式会社日商は，当期純損失¥2,000を計上し，繰越利益剰余金に振替えた。
　　　（借）　繰越利益剰余金　　2,000　　　　（貸）　損　　　　　益　　2,000

　　　当期純損失の計上は，繰越利益剰余金（K）を減少させます。

（3）繰越利益剰余金からの配当

　株式会社は，会社法の規定に従って，株主に配当を実施することが可能です。通常，配当は繰越利益剰余金から行われます。なお，繰越利益剰余金から配当する場合，会社法は一定の金額まで利益の一部を積立てることを規定しています。この積立額は，利益準備金勘定（K）で処理します。

　通常の配当は株主総会で決定します。ただし，株主総会で配当を決定してから実際に配当金を支払うまでは時間差があるため，その間は未払配当金勘定（L）で処理しておきます。

例1）株式会社日商は，株主総会において繰越利益剰余金を財源とした配当¥3,000を行う決議を行い，1週間後に支払うことにした。なお，この配当に伴う利益準備金¥300を同時に積立てた。

　（借）　繰越利益剰余金　　3,300　　　　　（貸）　未 払 配 当 金　　3,000
　　　　　　　　　　　　　　　　　　　　　　　　　　利 益 準 備 金　　300

　　　配当を実施すると繰越利益剰余金（K）が減少し，利益準備金（K）を増加させます。即時に株主に支払わなければ，未払配当金（L）とします。

例2）株式会社日商は，未払だった配当¥3,000を配当の支払期日に普通預金から振込んだ。

　（借）　未 払 配 当 金　　3,000　　　　　（貸）　普 通 預 金　　3,000

　実際に配当金が支払われた際に，未払配当金（L）を減少させます。

[基本問題] 次の取引の仕訳を示しなさい。

1. 株式を発行し，株主から現金¥3,000,000の払込を得たため，その全額を資本金として株式会社創成を設立した。

2. 株式会社創成は，当期純利益¥873,000を計上し，繰越利益剰余金に振替えた。

3. 株式会社創成は，当期純損失¥314,000を計上し，繰越利益剰余金に振替えた。

4. 株式会社創成は，株主総会において繰越利益剰余金を財源とした配当¥1,500,000を行う決議を行い，月末に支払うことにした。なお，この配当に伴う利益準備金¥150,000を同時に積立てた。

[練習問題] 1. 次の取引の仕訳を示しなさい。

（1）株式（1株の発行価額¥5,000，発行株式数3,000株）を発行し，全額の引受を得て，株式会社日商を設立した。なお，発行価額の全額を資本金とし，払込金はただちに普通預金とした。

（2）株式会社創成の株主総会にて次の通り繰越利益剰余金の処分が承認された。なお，決議時の繰越利益剰余金の残高は¥3,000,000だった。

　　　株主配当金　　　　　¥2,000,000
　　　利益準備金の積立　¥　200,000

（3）株式会社埼玉商工は，事業拡張のために増資を実施し，新株式5,000株を1株につき¥1,500で発行するとともに，その全額が普通預金に振込まれた。

（4）株式会社埼玉商工は，決算を行い，当期の費用総額が¥34,650,000，収益総額が¥36,430,000と判明したため，当期純損益を繰越利益剰余金に振替えた。

（5）株式会社埼玉商工は，株主総会にて繰越利益剰余金を財源とした配当¥2,500,000の実施を決議した。なお，この配当に伴う利益準備金¥250,000を同時に積立てた。

（6）株式会社日商（発行済株式総数10,000株）は，1株につき¥350を配当することを決議した。なお，利益準備金は会社法規定の最低額を満たしているため，積立てない。

2. 次の＜資料＞における変動額①〜④は，資本金，利益準備金，繰越利益剰余金のいずれを増減させるかを示し，各勘定の期末残高と期末の資本合計額を答えなさい。解答に際しては，表の適切な欄に金額を記入し，

期首残高に対して加算する金額には＋，減算する場合には－も記入すること。また，便宜上，あえて金額は小さくしてある。

＜資料＞変動額①　期中に行った増資額¥10,000
　　　　変動額②　期中に行った繰越利益剰余金からの株主配当額
　　　　　　　　　¥6,000
　　　　変動額③　変動額②の配当に伴う利益準備金の積立額¥600
　　　　変動額④　期末に計上された当期純利益¥7,000

	資本金	利益準備金	繰越利益剰余金	資本合計
期首残高	40,000	2,000	10,000	52,000
変動額①				
変動額②				
変動額③				
変動額④				
期末残高				

Chapter 18 税金の処理及び訂正仕訳

> ### 主な勘定科目
>
> 租税公課（E），貯蔵品（A），仮払法人税等（A），未払法人税等（L），法人税，住民税及び事業税（E），仮払消費税（A），仮受消費税（L），未払消費税（L），未収消費税（A）

学習のポイント
Study Point

1．租税公課

（1）租税公課の意義

　費用となる税金には，固定資産税，自動車税，印紙税などがあります。固定資産税は土地や建物を所有することで，自動車税は自動車を所有することで，それぞれ税金が課されます。また，印紙税は契約書や領収書など印紙税法に定められた文書に収入印紙を貼って消印をすることで税金を納めたことになります。これらの税金は，企業活動を営む上で必要な経費として認められており，まとめて租税公課（E）として処理されます。

（2）租税公課の処理

　固定資産税，自動車税は，地方自治体が税額を計算して，定められた納付時期に合わせて納税通知書が送られてきます。通常は支払ったときに，費用として租税公課勘定（E）の借方に記入します。

例1）店舗の固定資産税￥1,000の納税通知書が送付されてきたので，現金で納付した。
　　（借）　租税公課　　1,000　　　　　　　（貸）　現　　金　　1,000

（3）決算における貯蔵品への振替

　費用となる税金のうち，印紙税である収入印紙は，購入時に租税公課として費用計上し，期末に未使用分は貯蔵品勘定（A）の借方に振替えます。また，郵便切手も購入時に通信費として費用計上し，期末に未使用分は貯蔵品として処理します。

　なお，貯蔵品への振替は，翌期首に再振替をします。再振替の仕訳は決算時の仕訳の貸借逆仕訳になります。

例2）決算時に，収入印紙￥3,000と郵便切手￥700が未使用であった。

（借）　<u>貯 蔵 品</u>　　3,700　　　　　　　（貸）　租 税 公 課　　3,000

　　　　　　　　　　　　　　　　　　　　　　　　　通 信 費　　　　700

 　　決算時に未使用の収入印紙と郵便切手は，それぞれ租税公課と通信費から貯蔵品に振替えます。

例3）例2について，翌期首となり再振替仕訳を行った。

（借）　租 税 公 課　　3,000　　　　　　　（貸）　<u>貯 蔵 品</u>　　3,700

　　　　通 信 費　　　　700

 　　再振替仕訳は，決算時の仕訳と貸借真逆の仕訳です。

2．法人税等

（1）　法人税等の意義

　法人税等は，法人の利益（所得）に応じて課税される法人税，住民税及び事業税のことをいいます。

①　法人税

　法人税は，会計上の当期純利益をもとに税法の規定にもとづいて調整計算された課税所得に，一定の税率を乗じて計算されます。

　　　　法人税額 ＝ 課税所得 × 税　率

②　住民税

　住民税は，事業所がある都道府県および市区町村（以下「地方公共団体」という）に納付する税金（地方税）で，資本金等の額に応じて課される均等割額と法人税額に一定の税率を乗じて課される法人税割額の合計になります。

③　事業税

　事業税は，住民税同様，事業所がある地方公共団体に納付する税金（地方税）で，当期純利益にもとづいて調整計算された課税所得に，一定の税率を乗じて計算されます。

（2）法人税等の処理

　法人税額等は，決算日の翌日から2か月以内に確定申告を行って国に納付します。ただし，１年決算法人は，期首から６か月を経過した日から２か月以内に中間申告を行います。なお，中間申告額は，前年度の法人税額の２分の１か，中間仮決算によって計算した６か月分の法人税額のいずれかです。

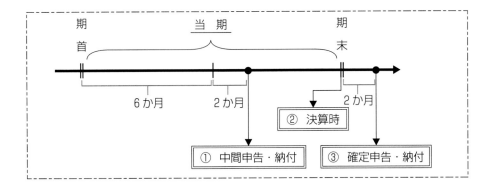

① 中間申告・納付時の記帳

中間申告を行って中間納付額を納めたときは，仮払法人税等勘定（A）の借方に記入します。

例1）法人税等の中間申告を行い，前年度の法人税等の2分の1に相当する¥70,000を現金で納付した。

  （借）　仮 払 法 人 税 等　　70,000　　　　（貸）　現　　　　　金　　70,000

② 決算時の記帳

決算によって法人税等の納付額が確定したときに，確定税額にて法人税，住民税及び事業税勘定の借方に記入するとともに，中間納付税額を仮払法人税等勘定の貸方に記入し，すでに納付した中間納付額との差額については，未払法人税等勘定（L）の貸方に記入します。

例2）決算を行ったところ，法人税，住民税，事業税の合計は¥150,000と確定した。

  （借）　法人税，住民税　　150,000　　　（貸）　仮 払 法 人 税 等　　70,000
     　及び事業税　　　　　　　　　　　　　　未 払 法 人 税 等　　80,000

 「法人税，住民税及び事業税」は「法人税等」という勘定科目で記帳することもできます。

③ 確定申告・納付時の記帳

確定申告を行って法人税等の未払分を納付したときに，未払法人税等勘定の借方に記入します。

例3）確定申告を行って，例2）の未払法人税等を現金で納付した。

  （借）　未 払 法 人 税 等　　80,000　　　（貸）　現　　　　　金　　80,000

３．消費税（税抜方式）

（１）消費税の意義

　商品・製品を販売したり，サービスを提供した場合，事業者はその売買代金に消費税を上乗せして徴収し，国に納めます。納税義務者は事業者（製造業者，小売業者など）となりますが，税の負担者は消費者です。そのため，事業者の立場からすると，消費者から税金を徴収したときは，納付するまでの間，一種の預り金となります。一方，事業者が物品やサービスを消費する場合は，税金を負担する側になります。

（２）消費税の処理

① 期中の記帳

　税抜方式では，商品の仕入時などに消費税相当額を仮払消費税勘定（A）の借方に記入し，商品の売上時などに消費税相当額を仮受消費税勘定（L）の貸方に記入します。

例１）商品￥55,000 （内：消費税￥5,000）を購入し，代金は掛とした。
　　　（借）　仕　　　　　入　　50,000　　　（貸）　買　　掛　　金　　55,000
　　　　　　　仮 払 消 費 税　　5,000

例２）商品￥77,000 （内：消費税￥7,000）を販売し，代金は掛とした。
　　　（借）　売　掛　金　　77,000　　　（貸）　売　　　　上　　70,000
　　　　　　　　　　　　　　　　　　　　　　　仮受消費税　　7,000

② 決算時の記帳

　決算時に仮払消費税勘定と仮受消費税勘定を相殺し，仮払消費税より仮受消費税が大きいときは，その差額を未払消費税勘定（L）の貸方に記入します。一方，仮受消費税より仮払消費税が大きいときは，その差額を未収消費税勘定（A）の借方に記入します。

例３）決算に際し，商品売買にかかる消費税の納付税額を計算し，これを確定した。なお，今期の消費税取引は，例１）および例２）のみと仮定する。
　　　（借）　仮受消費税　　7,000　　　（貸）　仮払消費税　　5,000
　　　　　　　　　　　　　　　　　　　　　　　未払消費税　　2,000

③ 確定申告時の記帳

　確定申告を行って消費税の未払分を納付したときに，未払消費税勘定の借方に記入します。

例４）確定申告を行い，例３）で確定した消費税を現金で納付した。
　　　（借）　未払消費税　　2,000　　　（貸）　現　　　金　　2,000

４．訂正のための仕訳

（１）仕訳の誤り

取引について誤った仕訳をして転記してしまうことがあります。

> ▶ 金額の誤り
> ▶ 勘定科目の誤り
> ▶ 借方に記入するのか，貸方に記入するのかについての誤り

いずれの場合も，一度記入した仕訳等について，後から誤りを見つけたときは，誤りを訂正する仕訳（これを「訂正仕訳」という）が必要となります。

（２）訂正仕訳の記帳

訂正仕訳は，次の通り行われます。

> ① 何を間違えているのか（科目，金額，貸借逆）を確認します。
> ② 誤った仕訳の貸借逆仕訳を行います。これにより，いったん仕訳した内容を取り消します。
> ③ 正しい仕訳を行います。

例１）東京商店に対して買掛金￥2,000を現金で支払った際に，借方科目を仕入と仕訳をしたので，これを訂正しなさい。

① 誤った仕訳

〔誤〕　　　（借）　仕　　入　　2,000　　（貸）　現　　金　　2,000

② 訂正仕訳

A）全部修正の記帳方法

〔貸借逆〕（借）　現　　金　　2,000　　（貸）　仕　　入　　2,000
〔正〕　　（借）　買 掛 金　　2,000　　（貸）　現　　金　　2,000

（１）誤った仕訳の貸借逆仕訳を行い，誤った仕訳を取り消します。
（２）取り消し仕訳を行った後で，正しい仕訳を行い，訂正が完了します。

B）部分修正の記帳方法

なお，上記A）の訂正仕訳の現金勘定￥2,000を相殺し，記録の誤りのみを修正する次の仕訳とすることもできます。

（借）　買 掛 金　2,000　　　　　（貸）　仕　　入　　2,000

基本問題　1．次の取引を仕訳しなさい。

（1）固定資産税の第1期分納税通知書¥26,000を受取ったので，小切手を振出して納付した。

（2）収入印紙¥17,000を購入し，現金で支払った。

（3）決算を行ったところ，収入印紙¥4,000と郵便切手¥1,000が未使用であった。

（4）翌期首となり上記（3）の再振替仕訳を行った。

2．次の一連の取引を仕訳しなさい。

（1）法人税等の中間申告を行い，中間決算をもとに計算した税額¥160,000を当座預金口座から納付した。

（2）決算を行い，法人税，住民税及び事業税の納税額が¥390,000と確定した。

（3）確定申告を行い，法人税等の未納額を当座預金口座から納付した。

3．次の一連の取引を税抜方式で記帳しなさい。なお，商品売買の記帳は三分法により，消費税率は10％としなさい。

（1）商品¥300,000を購入し，代金は消費税を含めて掛とした。

（2）商品を¥500,000で販売し，代金は消費税を含めて先方振出の小切手で受取った。

（3）決算に際し，商品売買にかかる消費税の納付額を計算し，これを確定した。なお，今期の商品売買取引は（1）および（2）のみと仮定する。

（4）確定申告を行い，先の決算で確定した消費税額を普通預金口座から納付した。

4．決算において，次の誤りを発見したため，これを訂正するための仕訳を示しなさい。部分修正の方法によること。

（1）売掛金¥50,000を現金で回収した際に金額を誤って¥60,000と記帳していた。

（2）商品¥80,000を購入した際に小切手を振出して支払っていたが，誤って約束手形を振出した処理をしていた。

（3）売掛金¥20,000を小切手で回収した際に，誤って貸借逆に記帳していた。

1．次の取引を仕訳しなさい。

（1）以下の納付書にもとづき，当社の普通預金口座から振込をした。

領 収 証 書					
科目　　　　　　　法人税	本　　税	150,000	納期等 ××0401		
			の区分 ××0331		
	○○○税				
	△△税		中間申告 確定申告		
住所　兵庫県神戸市中央区○○	□□税				
	××税		出納印 ×.11.30 三宮銀行		
氏名	合計額	¥150,000			

（2）××年3月31日，決算を行ったところ，法人税，住民税及び事業税の合計は¥380,000と確定した。

（3）以下の納付書にもとづき，当社の普通預金口座から振込をした。

領 収 証 書					
科目　　　　　　　法人税	本　　税	230,000	納期等 ××0401		
			の区分 ××0331		
	○○○税				
	△△税		中間申告 確定申告		
住所　兵庫県神戸市中央区○○	□□税				
	××税		出納印 ×.5.31 三宮銀行		
氏名	合計額	¥230,000			

2．次の証ひょうにもとづいて，仕訳しなさい。なお，商品売買の記帳は三分法により，消費税を税抜方式により処理すること。

商品を仕入れ，品物とともに次の納品書を受取り，代金は後日支払うこととした。

納　品　書

株式会社八王子商事　御中

横浜商店

品　　名	数　量	単　価	金　　額
コピー用紙（500枚入り）	20	300	¥6,000
ノート（5冊入り）	10	700	¥7,000
バインダー	30	400	¥12,000
		消費税	¥2,500
		合　計	¥27,500

3．次の取引を仕訳しなさい。

以下の納付書にもとづき，当社の普通預金口座から振込をした。

領　収　証　書

科目 消費税及び地方消費税	本　　税	170,000	納期等 ××0401 の区分 ××0331
	○○○税		中間 申告　確定申告
	△△税		
住所 東京都	□□税		
	××税		出納印 ×.5.31 麻布銀行
氏名	合計額	¥170,000	

Chapter 19　試算表と掛明細表

学習のポイント
Study Point

1. 試算表の作成（基礎はChapter 5で学習しています）

　試算表は取引を仕訳し，転記した結果を集計して作成し，貸借の合計金額の一致をもって作成時点の記帳の正しさを検証します。試算表の作成では，仕訳，転記，集計それぞれの手続きを適切に行うことができるか，また試算表の作成方法を理解しているかが問われます。

① 日付順に示された取引を反映した試算表を作成する

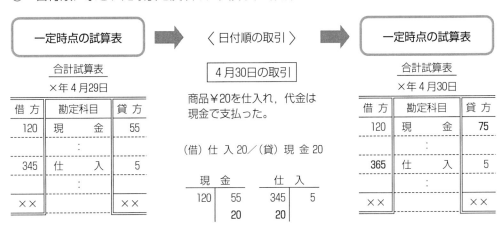

100

② 一定期間の記帳結果を反映した試算表を作成する

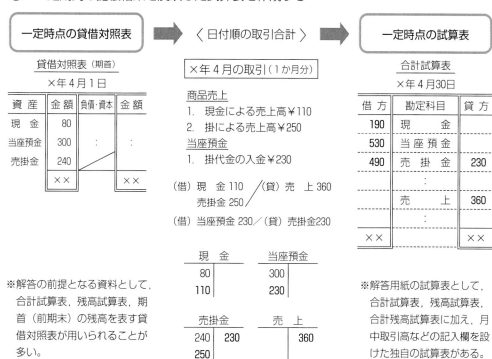

一定時点の貸借対照表		〈 日付順の取引合計 〉		一定時点の試算表

貸借対照表（期首）
×年4月1日

資 産	金 額	負債·資本	金 額
現 金	80		
当座預金	300	:	:
売掛金	240		
	××		××

×年4月の取引（1か月分）

商品売上
1. 現金による売上高￥110
2. 掛による売上高￥250
当座預金
1. 掛代金の入金￥230

（借）現 金 110 ／（貸）売 上 360
　　　売掛金 250

（借）当座預金 230／（貸）売掛金230

合計試算表
×年4月30日

借 方	勘定科目	貸 方
190	現　　金	
530	当座預金	
490	売　掛　金	230
	:	
	売　　上	360
	:	
××		××

現　金		当座預金	
80		300	
110		230	

売掛金		売　上	
240	230		360
250			

※解答の前提となる資料として，合計試算表，残高試算表，期首（前期末）の残高を表す貸借対照表が用いられることが多い。

※解答用紙の試算表として，合計試算表，残高試算表，合計残高試算表に加え，月中取引高などの記入欄を設けた独自の試算表がある。

2．売掛金明細表と買掛金明細表

（1）意　義

　商品売買業において，日々の取引の中心は商品の購入と販売です。特に企業間取引の場合には，慣習的に掛取引が多くを占めるため，掛代金の管理は非常に重要です。そこで，買掛金勘定の残高について仕入先別の内訳を明らかにした買掛金明細表と，売掛金勘定の残高について売上先別の内訳を明らかにした売掛金明細表が作成されます。

（2）様式と作成方法

　買掛金明細表と売掛金明細表は，掛代金が増減した際に，各取引先の買掛金（貸方残高）または売掛金（借方残高）にその変動額を加算または減算して作成します。

例）次の4月29日と4月30日の取引を反映させて4月末時点の買掛金明細表と売掛金明細表の①～⑥を計算して，完成させなさい。なお，4月28日時点の各取引先に対する残高は各明細表に記載されている通りである。

4月29日　埼玉商店：商品¥50を掛仕入　　（借）仕　入　50　　（貸）買掛金　50
　　　　　群馬商店：商品¥90を掛売上　　（借）売掛金　90　　（貸）売　上　90
　　30日　千葉商店：商品¥10を掛返品　　（借）買掛金　10　　（貸）仕　入　10
　　　　　栃木商店：売掛金¥80を現金回収（借）現　金　80　　（貸）売掛金　80

買掛金明細表		
	4月28日	4月30日
埼玉商店	¥　140	①¥190
千葉商店	100	②　90
	¥　240	③¥280

売掛金明細表		
	4月28日	4月30日
群馬商店	¥　210	④¥300
栃木商店	80	⑤　0
	¥　290	⑥¥300

① 140＋50＝190　　② 100－10＝90　　③ ①＋②＝280
④ 210＋90＝300　　⑤ 80－80＝0　　⑥ ④＋⑤＝300

基本問題 1．次の（1）合計試算表と（2）諸取引にもとづいて，20×5年4月30日の合計残高試算表と売掛金および買掛金の明細表を作成しなさい。

（1）20×5年4月27日時点の合計試算表

合　計　試　算　表
20×5年4月27日

借　　方	勘　定　科　目	貸　　方
55,000	現　　　　　　　　金	27,000
262,000	当　座　預　金	63,000
40,000	受　取　手　形	25,000
122,000	売　　掛　　金	56,000
15,000	繰　越　商　品	
67,000	備　　　　　品	
18,000	支　払　手　形	24,000
43,000	買　　掛　　金	83,000
	貸　倒　引　当　金	2,000
	備品減価償却累計額	9,000
	資　　本　　金	200,000
	繰　越　利　益　剰　余　金	5,000
	売　　　　　上	334,000
184,000	仕　　　　　入	2,000
12,000	給　　　　　料	
8,000	支　払　家　賃	
4,000	水　道　光　熱　費	
830,000		830,000

（2）20×5年4月28日から30日までの諸取引

28日　掛売上：愛媛商店¥18,000，徳島商店¥28,000

香川商店に対する買掛金¥17,000を小切手を振出して支払った。

前月の電話料金¥5,000を現金で支払った。

29日　掛仕入：香川商店¥8,000，高知商店¥14,000

当座預金から現金¥20,000を引出した。

給料¥12,000を現金で支払った。なお，支払額は所得税の源泉徴収額¥1,000を差引いた金額である。

30日　高知商店に対する買掛金¥20,000を小切手を振出して支払った。

愛媛商店に対する売掛金¥20,000と徳島商店に対する売掛金¥30,000が当座預金に入金されていた。

29日に高知商店から仕入れていた商品のうち¥2,000分を返品した。

山口商店振出の約束手形¥15,000が支払期日となり当座預金に入金された。

2．次の，（A）前期末の貸借対照表と，（B）20×5年4月中の取引にもとづいて，答案用紙の合計残高試算表を作成しなさい。なお，試算表の（　　）には適切な用語を記入すること。また（B）のうち，1．②と2．⑥，2．③と3．①は，重複した取引であることに注意すること。

（A）前期末の貸借対照表

貸　借　対　照　表
20×5年3月31日

借　　　方	金　　額	貸　　　方	金　　額
現　　　　　金	145,000	支　払　手　形	75,000
当　座　預　金	496,000	買　　掛　　金	313,000
受　取　手　形	140,000	貸　倒　引　当　金	12,000
売　　掛　　金	375,000	備品減価償却累計額	160,000
繰　越　商　品	80,000	資　　本　　金	1,000,000
前　　払　　金	24,000	繰越利益剰余金	100,000
備　　　　　品	400,000		
	1,660,000		1,660,000

（B）20×5年4月中の取引

1．現金に関する取引

① 売掛金の回収　　　¥ 20,000
② 当座預金からの引出し
　　　　　　　　　　¥ 70,000
③ 備品の売却　　　　¥ 57,000
　（取得原価¥100,000，
　　　減価償却累計額¥40,000）
④ 給料の支払い　　　¥110,000
　（ただし，所得税預り金¥10,000
　　　を差引いた金額である）

2．当座預金に関する取引

① 約束手形の期日入金
　　　　　　　　　　¥ 80,000
② 売掛金の回収　　　¥320,000
③ 小切手振出による商品仕入れ
　　　　　　　　　　¥110,000
④ 買掛金の支払い　　¥240,000
⑤ 約束手形の期日支払い
　　　　　　　　　　¥ 60,000
⑥ 現金の引出し　　　¥ 70,000

3．仕入に関する取引

① 小切手振出による仕入れ
　　　　　　　　　　¥110,000

② 約束手形振出による仕入れ
　　　　　　　　　　¥35,000

③ 掛仕入れ　　　　¥184,000

④ 手付金を支払っていた
　仕入先からの商品受取り
　　　　　　　　　　¥24,000

4．売上に関する取引

① 約束手形の受取による売上げ
　　　　　　　　　　¥45,000

② 掛売上げ　　　　¥376,000

③ 売上返品（掛代金から控除）
　　　　　　　　　　¥2,000

5．その他の取引

① 4月に発生した広告料（5月10日支払い）　　　　　　　　　　¥12,000

② 前期に発生した売掛金の貸倒れ　　　　　　　　　　　　　　¥6,000

3．新潟商店の［12月中の取引］にもとづいて，試算表の［12月中の取引高］を集計し，［11月30日の合計］と合算して［12月末の合計］を計算し，試算表を完成しなさい。

［12月中の取引］

2日　前月に岡山商店に対して掛販売した商品¥20,000分が返品された。

　　　当座預金文京銀行から当座預金春日銀行に¥200,000を振替え，手数料¥500も同時に当座預金文京銀行から引落とされた。

5日　島根商店に対する買掛金¥50,000につき，同店の承諾を得た後，電子記録債務の発生記録を行った。

10日　電子記録債権¥30,000の支払期日が到来し，当座預金文京銀行に入金された。

13日　鳥取商店から商品¥145,000を仕入れ，代金は掛とした。なお，引取運賃¥1,500は当店が負担し，現金で支払った。

　　　広島商店に商品¥88,000を販売し，代金は掛とした。

15日　先月の備品取得で生じた未払金¥120,000が当座預金春日銀行から引落とされた。

　　　水道光熱費¥8,000が当座預金春日銀行から引落とされた。

20日　岡山商店に対する売掛金¥55,000と，広島商店に対する売掛金¥142,000が当座預金文京銀行に入金された。

　　　岡山商店への売掛金¥60,000について電子記録債権の発生記録

の通知を受けた。

　　電子記録債務￥40,000の支払期日が到来し，当座預金文京銀行から引落とされた。

23日　　岡山商店に商品￥80,000を販売し，代金は掛とした。なお，当店が負担する発送運賃￥2,000は現金で支払った。

25日　　島根商店に対する買掛金￥75,000と，鳥取商店に対する買掛金￥64,000を当座預金文京銀行から支払った。

　　給料￥40,000を支払い，所得税預り金￥3,000を差引いた残額は現金で支払った。

29日　　島根商店から商品￥64,000を仕入れ，代金は掛とした。

Chapter **20** 費用・収益の前払・前受・
未払・未収

主な勘定科目

前払○○（A），前受△△（L），未払○○（L），
未収△△（A）

学習のポイント
Study Point

1．費用・収益の繰延（前払・前受）

（1）費用の繰延（前払）

　当期に支払った費用の中に，時間が経過していない部分（未経過分）が含まれている
場合，それは次期以降の費用（前払費用）となります。そこで決算では，その前払費用
分を当期の費用から控除し，前払費用（A）として繰越す処理をします。この処理を費
用の繰延といいます。さらに翌期首になると，この前払費用は翌期の費用になるので，
再度，当該費用勘定へ戻す処理（再振替仕訳）を行います。

例）次の前払費用に関する一連の仕訳を行いなさい。

　4/1　　火災保険に加入し，向こう1年分の保険料￥1,200を現金で支払った。

　　　（借）　保　険　料　　1,200　　　（貸）　現　　　　金　　1,200

12/31　　決算にあたり，上記保険料のうち未経過分（前払分）を次期に繰延べた。

　　　（借）　<u>前払保険料</u>　　300　　　（貸）　保　険　料　　300

 　保険料1か月分は￥1,200÷12＝￥100です。もしも毎月保険料を支払っていた
なら，4月から12月までの9か月分￥900が当期の保険料の金額になるはずです。
したがって，未経過期間である1月から3月の3か月分￥300を次期に繰延べる
ことになります。

　1/1　　前払保険料の再振替仕訳を行った。

　　　（借）　保　険　料　　300　　　（貸）　<u>前払保険料</u>　　300

前払保険料３か月分について，その支払いはすでに前期に完了しているので，当期の保険料にするための振替処理を行います。

（２）収益の繰延（前受）
　当期に受取った収益の中に，時間が経過していない部分（未経過分）が含まれている場合，それは次期以降の収益（前受収益）となります。そこで決算では，その前受収益分を当期の収益から控除し，前受収益（L）として繰越す処理をします。この処理を収益の繰延といいます。さらに翌期首になると，この前受収益は翌期の収益になるので，再度，当該収益勘定へ戻す処理（再振替仕訳）を行います。

例）次の前受収益に関する一連の仕訳を行いなさい。
　　9／1　　月極駐車場の１つを月額¥400で賃貸することになり，その地代向こう６か月
　　　　　　分を現金で受取った。
　　　　（借）　現　　　　金　　2,400　　　　（貸）　受 取 地 代　　2,400

 　月極駐車場代は土地を貸すことと同じなので，受取地代勘定で処理します。

12／31　　決算にあたり，上記地代のうち未経過分（前受分）を次期に繰延べた。
　　　　（借）　受 取 地 代　　　　800　　　　（貸）　前 受 地 代　　　　800

 　もしも毎月地代を受取っていたなら，９月から12月までの４か月分¥1,600が当期の受取地代の金額になるはずです。したがって，未経過期間である１月から２月の２か月分¥800を次期に繰延べることになります。

　　1／1　　前受地代の再振替仕訳を行った。
　　　　（借）　前 受 地 代　　　　800　　　　（貸）　受取地代　　　　800

 　前受地代２か月分について，その分の受取りはすでに前期に完了しているので，当期の受取地代にするための振替処理を行います。

２．費用・収益の見越（未払・未収）

（１）費用の見越（未払）
　契約上，次期に代金を支払う約束になっている（すなわちまだ支払日が来ていない）ため，まだ当期の費用として計上していないものがあります。しかし，それは未払いであっても当期の費用（未払費用）にしなければなりません。そこで決算では，未払費用分を当期の費用に追加計上し，未払費用（L）として繰越す処理をします。この処理を費用の見越といいます。さらに翌期首になると，この未払費用は翌期の費用ではなくなるので，

当該費用勘定から控除する処理（再振替仕訳）を行います。

例）次の未払費用に関する一連の仕訳を行いなさい。

12/31　決算にあたり，家賃の未払分を見越計上した。毎月の家賃は￥300であり，次
　　　　年度2/1に3か月分を後払いする契約で，11月からの2か月分が未払いとな
　　　　っている。

　　　（借）　支払家賃　　　600　　　　　（貸）　未払家賃　　　600

POINT!　　11月から1月までの家賃を2/1に後払いする契約です。もしも毎月家賃を支払っ
ていたならば，11月と12月の2か月分が支払家賃となるはずです。ところが，支
払日は2/1なので，帳簿に計上されていません。そこで，すでに時間が経過した
この2か月分の家賃を支払家賃勘定に見越計上するわけです。

1/1　　未払家賃の再振替仕訳を行った。

　　　（借）　未払家賃　　　600　　　　　（貸）　支払家賃　　　600

POINT!　　未払家賃2か月分は前期の費用であり，2/1に支払われる3か月分の支払家
賃から控除する必要があります。そこで，期首に再振替を行うことで事前に支払
家賃の控除分を計上する形になるわけです。

2/1　　3か月分の支払家賃￥900を現金で支払った。

　　　（借）　支払家賃　　　900　　　　　（貸）　現　　金　　　900

POINT!　　この中には前期の支払家賃2か月分が含まれています。しかし，1/1に事前に
控除分を計上済みなので，2/1時点の支払家賃残高は￥900－￥600＝￥300とな
っています。これは当期1月分の支払家賃を意味します。

（2）収益の見越（未収）

　契約上，次期に代金を受取る約束になっている（すなわちまだ受取日が来ていない）ため，
まだ当期の収益として計上していないものがあります。しかし，それは未収であっても
当期の収益（未収収益）にしなければなりません。そこで，決算では，未収収益分を当
期の収益に追加計上し，未収収益（A）として繰越す処理をします。この処理を収益の
見越といいます。さらに翌期首になると，この未収収益は翌期の収益ではなくなるので，
当該収益勘定から控除する処理（再振替仕訳）を行います。

例）次の未収収益に関する一連の仕訳を行いなさい。

12/31　決算にあたり，利息の未収分を見越計上した。これは12/1に得意先に貸付け
　　　　た貸付期間3か月の貸付金に対するもので，利息は元金の返済日である3/1
　　　　に一括して受取る契約になっている。なお，毎月の利息額は￥500である。

　　　（借）　未収利息　　　500　　　　　（貸）　受取利息　　　500

12月から2月までの利息を3/1にまとめて受取る契約です。もしも毎月利息を受取っていたならば，12月の1か月分が受取利息となるはずです。ところが，受取日は3/1なので，帳簿に計上されていません。そこで，既に時間が経過したこの1か月分の利息を受取利息勘定に見越計上するわけです。

1/1　　未収利息の再振替仕訳を行った。
（借）　受取利息　　　500　　　（貸）　<u>未収利息</u>　　　500

　　未収利息1か月分は前期の収益であり，3/1に受る3か月分の受取利息から控除する必要があります。そこで，期首に再振替を行うことで事前に受取利息の控除分を計上する形になるわけです。

3/1　　3か月分の受取利息￥1,500を現金で受取った。
（借）　現　　金　　1,500　　　（貸）　受取利息　　1,500

　　この中には前期の受取利息1か月分が含まれています。しかし，1/1に事前に控除分を計上済みなので，3/1時点の受取利息残高は￥1,500－￥500＝￥1,000となっています。これは当期1月と2月分の受取利息を意味します。

3．毎期同額を前払いまたは前受けしている場合について

　「毎期同額を○月×日に1年分前払いまたは前受けしている」ということもあります。この「毎期同額」という言葉が出てきたら，注意が必要です。もしも1か月あたりの金額が与えられていない場合にそれを計算する際は，12か月ではなく，「繰延べる月数＋12か月」で決算整理前の費用勘定または収益勘定の金額を割ることになります。理由は，前期末に行われた繰延べの再振替仕訳が計上されているからです。

基本問題　　1．次の前払費用に関する一連の仕訳を行いなさい。
　　　　4/1　　店舗に関する火災保険に加入し，向こう1年分の保険料￥360,000を現金で支払った。
　　　12/31　　決算にあたり，上記保険料のうち未経過分（前払分）3か月分を次期に繰延べた。
　　　　1/1　　前払保険料の再振替仕訳を行った。

　　　　2．次の前受収益に関する一連の仕訳を行いなさい。
　　　　9/1　　月極駐車場の1つを月額￥25,000で賃貸することになり，その

地代向こう6か月分を現金で受取った。

12/31　決算にあたり，上記地代のうち未経過分（前受分）2か月分を次期に繰延べた。

1/1　前受地代の再振替仕訳を行った。

3．次の未払費用に関する一連の仕訳を行いなさい。

12/31　決算にあたり，家賃の未払分を見越計上した。毎月の家賃は¥37,000であり，次年度2/1に3か月分を後払いする契約で，11月からの2か月分が未払いとなっている。

1/1　未払家賃の再振替仕訳を行った。

2/1　3か月分の支払家賃を現金で支払った。

4．次の未収収益に関する一連の仕訳を行いなさい。

12/31　決算にあたり，利息の未収分を見越計上した。これは12/1に得意先に貸付けた貸付期間3か月の貸付金に対するもので，利息は元金の返済日である3/1に一括して受取る契約になっている。なお，毎月の利息額は¥18,000である。

1/1　未収利息の再振替仕訳を行った。

3/1　3か月分の受取利息を現金で受取った。

練習問題 1．次の再振替に関する取引を仕訳しなさい。

（1）前期の決算において未収利息¥16,300を計上していたので，本日（当期首），再振替仕訳を行った。（日商第147回修正）

（2）前期末に計上された前払費用¥120,000は家賃の前払分であり，再振替処理を期首に行った。（日商第138回修正）

（3）未払給料¥71,500と前受地代¥29,000について，再振替処理を行った。

2．次の決算整理事項について仕訳しなさい。なお，会計期間はすべて1月1日から12月31日までとする。

（1）保険料¥30,000のうち¥24,000は，4月1日に支払った店舗に対する1年分の損害保険料である。よって，未経過高を月割計算により計上する。（日商第141回修正）

（2）当店が保有している土地を水戸商店に貸しているが，契約により当月分の地代¥94,000は翌月1日に受取ることとなっている。（日商第126

回修正）

（3）従業員3名に対し，12月の給料日後，決算日までの給料が1人につき¥29,000生じているが未払いである。（日商第126回修正）

（4）受取地代は奇数月の月末に向こう2か月分として¥184,000を受取っている。（日商第145回修正）

（5）9月1日に，9月から翌年2月分までの6か月分の家賃¥300,000を支払い，その全額を支払家賃として処理した。したがって，未経過分を月割で前払計上する。（日商第144回修正）

（6）借入金¥960,000（利率は年2％）について，3か月分の未払利息を計上する。（日商第144回修正）

（7）貸付金¥750,000は，9月1日に貸付期間1年，年利率3.0％で貸付けたもので，利息は貸付時に一括で受取っている。なお，利息の計算は月割りによる。（日商第138回修正）

（8）借入金のうち¥480,000は，当期の4月1日に借入期間1年，利率年2％の条件で借入れたものであり，借入に伴う利息は返済期日に元金とともに一括して支払うことになっている。（日商第130回修正）

（9）定期預金¥8,000,000は，8月7日に1年満期（利率年0.4％）で預入れたものである。すでに経過した146日分の未収利息を計上する。なお，利息は1年を365日とする日割計算によること。（日商第137回修正）

（10）保険料¥275,200は，全額建物に対する火災保険料で，毎年同額を5月1日に12か月分として支払っている。（日商第124回修正）

（11）受取家賃¥378,000は，所有する建物の一部賃貸によるもので，毎回同額を3月1日と9月1日に向こう半年分として受取っている。（日商第128回修正）

3．武蔵野商店（当期はX9年1月1日から12月31日まで）における手数料の支払いが生じた取引および決算整理事項にもとづいて，解答用紙の支払手数料勘定と前払手数料勘定に必要な記入をしなさい（締切りは不要）。なお，勘定記入にあたっては，日付，摘要および金額を（　　）内に取引日順に記入すること。ただし，摘要欄に記入する語句は［語群］から最も適当と思われるものを選び，正確に記入すること。（日商第147回修正）

4月26日　未払金¥98,000を普通預金口座から支払った。その際に，振込手数料¥300が同口座から差引かれた。

8月3日　倉庫の建設に供するための土地¥4,560,000を購入し，代金は

小切手を振出して支払った。なお，仲介手数料￥72,000は不動産会社に現金で支払った。

11月1日　向こう3か月分の調査手数料￥510,000を現金で支払い，その全額を支払手数料勘定で処理した。

12月31日　11月1日に支払った手数料のうち前払分を月割で決算処理した。

[語群]　現金，普通預金，当座預金，前払手数料，土地，未払金，支払手数料，諸口

Chapter 21

売上原価と売上総利益の計算

> **主な勘定科目**
>
> 仕入（E），繰越商品（A），売上原価（E），売上（R）

学習のポイント
Study Point

1．売上原価の計算原理

　一定期間（1年間，1か月間など）に販売された商品の仕入原価総額のことを売上原価といいます。売上原価を求める計算式は次のようになります。

　売上原価 ＝（期首商品棚卸高 ＋ 当期商品純仕入高）－ 期末商品棚卸高

2．売上原価の決算修正仕訳

　三分法では繰越商品勘定（A）の残高が期首商品棚卸高を，仕入勘定（E）の残高が当期純仕入高を示します。しかし，肝心の売上原価を直接示す勘定科目がありません。なぜなら，三分法では商品販売時に商品の仕入原価を記帳する必要がないからです。そのため，決算時に売上原価を表示する勘定科目を作るための修正手続きを行う必要があります。

（1）仕入勘定で売上原価を計算する場合
　　最も一般的な方法です。仕入勘定残高を売上原価にするためには，①期首商品棚卸高である繰越商品勘定残高を仕入勘定に振替え，②期末商品棚卸高を仕入勘定から繰越商品勘定に振替えるという2つの修正仕訳を行います。すなわち，①では前期から繰越されてきた商品が売上原価という費用に戻され，②では当期の売れ残り（未販売）分を次期に繰越すために繰越商品という資産に移動させるわけです。
①　【期首商品棚卸高の振替】
　　（借）　仕　　　入　　×××　　　（貸）　繰越商品　　×××
②　【期末商品棚卸高の振替】
　　（借）　繰越商品　　×××　　　（貸）　仕　　　入　　×××

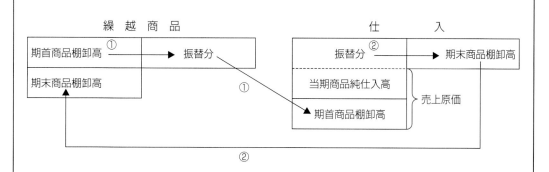

例）期首商品棚卸高¥200，当期商品純仕入高¥800，期末商品棚卸高¥300の場合，仕入勘定で売上原価を計算するための決算修正仕訳を行いなさい。

| （借） | 仕　　入 | 200 | （貸） | 繰越商品 | 200 |
| （借） | 繰越商品 | 300 | （貸） | 仕　　入 | 300 |

（２）売上原価勘定で売上原価を計算する場合

　　新たに売上原価勘定（E）を設定してそこで売上原価を示す方法です。この場合は，仕入勘定残高も振替える必要があります。すなわち，①繰越商品勘定残高を売上原価勘定に振替え，②仕入勘定残高を売上原価勘定に振替え，③期末商品棚卸高を売上原価勘定から繰越商品勘定に振替えるという３つの修正仕訳を行います。

① 【期首商品棚卸高の振替】

　　（借）　売上原価　　×××　　　（貸）　繰越商品　　×××

② 【当期商品純仕入高の振替】

　　（借）　売上原価　　×××　　　（貸）　仕　　入　　×××

③ 【期末商品棚卸高の振替】

　　（借）　繰越商品　　×××　　　（貸）　売上原価　　×××

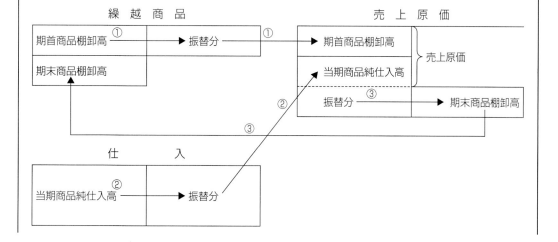

例）期首商品棚卸高￥300，当期商品純仕入高￥900，期末商品棚卸高￥200の場合，売上原価勘定で売上原価を計算するための決算修正仕訳を行いなさい。

（借）	売上原価	300	（貸）	繰越商品	300
（借）	売上原価	900	（貸）	仕 入	900
（借）	繰越商品	200	（貸）	売上原価	200

（3）売上総利益の計算

　　当期純利益はすべての取引から得られた最終利益を表します。一方で商品売買という主要取引そのものから得られる利益（儲け）を計算することも可能です。これを売上総利益ないし粗利益（あらりえき）といい，次のように計算します。

　　　　売上総利益 ＝ 純売上高 － 売上原価

例）次の資料から月次純売上高，月次売上原価，月次売上総利益を計算しなさい。
　①当月総売上高；￥3,400，②当月売上戻り高；￥400，③当月総仕入高；￥2,100，
　④当月仕入戻し高；￥100，⑤繰越商品勘定残高；￥500，⑥月末商品棚卸高；￥200

　　　　月次純売上高；￥3,000，月次売上原価；￥2,300，月次売上総利益；￥700

　　　月次純売上高は①￥3,400 － ②￥400 ＝ ￥3,000となります。一方，売上原価はまず当月純仕入高を計算します。当月純仕入高は③￥2,100 － ④￥100 ＝ ￥2,000となります。したがって，月次売上原価は⑤￥500 ＋ 当月純仕入高￥2,000 － ⑥￥200 ＝ ￥2,300となります。以上から，月次売上総利益は月次純売上高￥3,000 － 月次売上原価￥2,300 ＝ ￥700と計算されます。

基本問題 1. 期首商品棚卸高￥300,000，当期商品純仕入高￥8,000,000，期末商品棚卸高￥500,000の場合，仕入勘定で売上原価を計算するための決算整理仕訳を行いなさい。

2. 期首商品棚卸高￥190,000，当期商品純仕入高￥6,480,000，期末商品棚卸高￥270,000の場合，売上原価勘定で売上原価を計算するための決算整理仕訳を行いなさい。

3. 次の資料から月次純売上高，月次売上原価，月次売上総利益を計算しなさい。
①当月総売上高；￥9,263,000，②当月売上戻り高；￥63,000，③当月総仕入高；￥5,987,000，④当月仕入戻し高；￥87,000，⑤繰越商品勘定残高；￥341,000，⑥月末商品棚卸高；￥274,000

練習問題 1. 次の表の①～⑥に適切な金額を記入しなさい。なお，売上総利益がマイナスの場合は，その金額に△を付けること。

	純売上高	純仕入高	期首商品棚卸高	期末商品棚卸高	売上原価	売上総利益
（1）	320,000	290,000	160,000	①	240,000	②
（2）	750,000	510,000	③	280,000	660,000	④
（3）	625,000	700,000	340,000	410,000	⑤	⑥

2. 次の表の①～⑧に適切な金額を記入しなさい。

	商品棚卸高 期首	商品棚卸高 期末	総仕入高	総売上高	戻し高	戻り高	売上原価	売上総利益
（1）	120,000	①	740,000	950,000	10,000	②	700,000	230,000
（2）	③	350,000	830,000	④	5,000	40,000	815,000	300,000
（3）	270,000	310,000	⑤	⑥	20,000	4,000	916,000	200,000
（4）	500,000	630,000	1,091,000	1,200,000	6,000	0	⑦	⑧

3. 次の10月中の商品売買取引に関する資料にもとづいて，仕訳を示し，解答用紙の商品売買関係の諸勘定への転記を示すとともに，月次売上高，月次売上原価，月次売上総利益を計算しなさい。なお，諸勘定の締切りは必要ない。

10月1日　前月末棚卸商品（仕入単価¥120，120個）を繰越商品勘定の借方
　　　　に前月繰越として計上する（仕訳は不要）。

10月7日　商品100個を＠¥120で仕入れ，代金は掛とした。

10月12日　在庫商品220個すべてを＠¥250で販売し，代金は現金で受取
　　　　った。

10月19日　商品200個を＠¥140で新たに仕入れ，代金は現金で支払った。

10月25日　19日に仕入れた商品のうち160個を＠¥280で販売し，代金は
　　　　掛とした。

10月31日　月次決算として，仕入勘定で売上原価を計算するための決算整
　　　　理仕訳を行った。

4．解答用紙にある商品売買関係の諸勘定について，（　　　）内に必要な記
　入を行うとともに，売上高，売上原価および売上総利益を計算しなさい。
　なお，売上原価は仕入勘定で計算するものとし，繰越商品勘定の前期繰
　越高が期首商品棚卸高を示す。当期中の仕入，仕入戻し，売上，売上戻
　りは，便宜上，すべて一括して記帳してある。

5．当店は，決算（年1回，12月31日）に際し，売上原価勘定を用いて売上
　原価を算定している。この方法により，解答用紙の繰越商品勘定および
　売上原価勘定に必要な記入を行うとともに，当期売上原価の金額を算定
　しなさい（締切りは不要）。ただし，当店の期首商品棚卸高は繰越商品勘
　定の前期繰越高であり，当期商品純仕入高は¥5,900,000，期末商品棚
　卸高は¥330,000である。（日商第135回修正）

学習のポイント
Study Point

1．決算整理の意義

　決算に際し，損益計算書と貸借対照表を作成する前提として，総勘定元帳にあるすべての勘定科目が決算日時点の正しい金額を示していることが挙げられます。ところが実際には，さまざまな事情からそうなっていません。そこで，正しい金額を示していない勘定科目を正しい金額に修正する必要が生じます。この修正手続きを決算整理といいます。決算整理を行う項目を決算整理事項（決算修正事項）といい，行うべき仕訳のことを決算整理仕訳（決算修正仕訳）といいます。

2．決算整理事項のまとめ

　ここでは，これまで学んできた単元で登場した決算整理事項を一覧の形でまとめていきたいと思います。なお，日商簿記検定では，決算整理事項の最初に「未処理事項」とか「付記事項」と呼ばれる項目が出題されることがよくあります。これらは，本来，期中においてきちんと処理しておかなければならなかった項目です。何らかの事情により処理し忘れたり，金額を間違えて処理していたり，後から知った場合などが考えられます。これらが出題されたときには，必ず最初に処理するようにしてください。なぜなら，この処理をしないと一部の決算整理仕訳が正しく行えなくなる場合があるからです。

（1）売上原価の算定
例）繰越商品残高；¥5,000，仕入残高；¥87,000，期末商品棚卸高；¥6,000
　①　仕入勘定で売上原価を計算する場合
　　　期首商品棚卸高：（借）　仕　　　入　　　5,000　　　（貸）　繰越商品　　　5,000
　　　期末商品棚卸高：（借）　繰越商品　　　6,000　　　（貸）　仕　　　入　　　6,000
　②　売上原価勘定で売上原価を計算する場合
　　　期首商品棚卸高：（借）　売上原価　　　5,000　　　（貸）　繰越商品　　　5,000
　　　当期商品純仕入高：（借）　売上原価　　87,000　　　（貸）　仕　　　入　　87,000
　　　期末商品棚卸高：（借）　繰越商品　　　6,000　　　（貸）　売上原価　　　6,000

（2）貸倒引当金の設定（差額補充法）

　　繰入額の計算式；売上債権（受取手形と売掛金）期末残高合計 × 貸倒実績率 − 貸倒引当金残高

例）受取手形残高；¥100,000，売掛金残高；¥200,000，貸倒引当金残高；¥1,500，貸倒実績率；1.5%

　　（借）　貸 倒 引 当 金 繰 入　　3,000　　（貸）　貸 倒 引 当 金　　3,000

 計算式は次のようになります。（¥100,000＋¥200,000）×1.5%−¥1,500

（3）減価償却費の計上（定額法）

　　定額法による計算式；（有形固定資産の取得原価 − 残存価額）÷ 耐用年数

例）備品残高；¥800,000，残存価額；取得原価の10%，耐用年数；8 年

　　（借）　減 価 償 却 費　90,000　　（貸）　備品減価償却累計額　90,000

 計算式は次のようになります。（¥800,000−¥800,000×10%）÷ 8

（4）現金・現金過不足の決算整理

例1）現金勘定帳簿残高；¥12,000，現金実際有高；¥10,000，両者の差額の原因は不明

　　（借）　雑　　　　　損　　2,000　　（貸）　現　　　　　金　　2,000

例2）現金過不足勘定借方残高；¥2,000，原因は不明

　　（借）　雑　　　　　損　　2,000　　（貸）　現 金 過 不 足　　2,000

例3）現金勘定帳簿残高；¥12,000，現金実際有高；¥13,000，両者の差額の原因は不明

　　（借）　現　　　　　金　　1,000　　（貸）　雑　　　　　益　　1,000

例4）現金過不足勘定貸方残高；¥1,000，原因は不明

　　（借）　現 金 過 不 足　　1,000　　（貸）　雑　　　　　益　　1,000

（5）当座借越の振替

例）当座預金勘定貸方残高；¥7,000

　　（借）　当 座 預 金　7,000　　（貸）　当 座 借 越　7,000

 当座借越勘定ではなく借入金勘定に振替える場合もあります。

（6）仮払金・仮受金の整理

例1）仮払金¥190,000は，全額備品の購入代金であることが判明した。なお，備品はすでに購入済みであり使用を始めている。

　　（借）　備　　　　　品　190,000　　（貸）　仮　　払　　金　190,000

このように備品が新たに計上されると，減価償却費の計算に影響が生じます。

例2）内容不明の当座預金への振込額￥400,000を仮受金として処理していたが，得意先 秋田商店から振込まれた売掛代金であることが判明した。

  （借）　仮　受　金　400,000　　　（貸）　売　掛　金　400,000

 このように売掛金が減少すると，貸倒引当金の設定に影響が生じます。

（7）貯蔵品の棚卸し

例）購入時に費用処理した収入印紙の未使用高が￥30,000あるため，貯蔵品へ振替える。

  （借）　貯　蔵　品　30,000　　　（貸）　租　税　公　課　30,000

 この他に貯蔵品としての扱いになる物品には，切手やはがき（通信費），新幹線 の回数券（交通費）などがあります。

（8）費用の前払・未払

例1）店舗家賃の前払分￥70,000を計上する。

  （借）　前　払　家　賃　70,000　　　（貸）　支　払　家　賃　70,000

例2）給料の未払分￥60,000を計上する。

  （借）　給　　　料　60,000　　　（貸）　未　払　給　料　60,000

（9）収益の前受・未収

例1）貸付金に対する利息のうち前受分￥8,000を計上する。

  （借）　受　取　利　息　8,000　　　（貸）　前　受　利　息　8,000

例2）手数料の未収分￥50,000を計上する。

  （借）　未　収　手　数　料　50,000　　　（貸）　受　取　手　数　料　50,000

（10）消費税（税抜方式）の期末処理

例）仮払消費税残高；￥590,000，仮受消費税残高；￥960,000

  （借）　仮　受　消　費　税　960,000　　　（貸）　仮　払　消　費　税　590,000

                未　払　消　費　税　370,000

（11）法人税の期末処理

例1）法人税等が￥218,000と計算されたので，仮払法人税等￥140,000との差額を未払法 人税等として計上する。

  （借）　法　人　税　等　218,000　　　（貸）　仮　払　法　人　税　等　140,000

                未　払　法　人　税　等　78,000

例2）法人税等が￥845,000と計算されたので，未払法人税等を計上する。なお，中間申

告は行っていない。

（借）　法 人 税 等　845,000　　　（貸）　未払法人税等　845,000

中間申告を行っていない場合は，計上された法人税等の全額が未払法人税等となります。

（12）訂正仕訳

例）得意先高知商店から売掛金￥350,000を同店振出の小切手で回収した際，貸方科目を売上と仕訳し転記していた。

（借）　売　　　　　上　350,000　　　（貸）　売　掛　金　350,000

訂正するための仕訳にはこの他にもさまざまなものがあります。

基本問題　　次の決算整理事項について，決算整理仕訳を示しなさい。なお，各設問はそれぞれ独立している。

（1）仕入勘定で売上原価を計算する。なお，期首商品棚卸高は￥380,000であり，期末商品棚卸高は￥420,000である。

（2）売掛金勘定残高￥6,000,000に対して，1.5％の貸倒引当金を差額補充法で設定する。なお，貸倒引当金勘定残高は￥32,000であり，さらに決算直前になって，仮受金￥200,000の内容が得意先沖縄商店に対する売掛金回収額であると判明したので，この処理もあわせて行う。

（3）備品（取得原価；￥720,000，残存価額；ゼロ，耐用年数；8年）と建物（取得原価；￥1,600,000，残存価額；取得原価の10％，耐用年数；20年）について，定額法により減価償却を行う。間接法で記帳すること。

（4）現金過不足勘定（借方残高）￥19,400の原因は判明しなかったので，全額を雑損に振替える。

（5）得意先兵庫商店から商品の内金￥37,000を現金で受取っていたが，これを売掛金の回収として処理していたことが判明した。適切に修正処理を行う。（日商第144回修正）

（6）支払家賃￥288,000は向こう6か月分を前払いしたものである。このうち，4か月分が未経過のため前払処理を行う。

（7）給料に関して，決算日までの未払額が￥253,000ある。

1．次の決算整理前残高試算表のデータ（一部）と（1）～(13)の決算整理事
項から，決算整理仕訳を示しなさい。なお，会計期間は１月１日～12
月31日の１年間である。

① 決算整理前残高試算表のデータ（一部）

現金¥1,914,000　現金過不足（貸方残高）¥21,000　当座預金
（貸方残高）¥183,000　定期預金¥2,000,000　受取手形¥420,000
売掛金¥330,000　繰越商品¥620,000　仮払金¥270,000　仮払法人
税等¥290,000　備品¥810,000　仮受金¥150,000　貸倒引当金
¥9,000　備品減価償却累計額¥270,000　売上¥3,861,000　受取地
代¥210,000　仕入¥1,893,000　支払家賃¥460,000　租税公課
¥120,000

② 決算整理事項

（1）期末商品棚卸高は¥750,000である。売上原価は売上原価勘定で計算
する。

（2）仮受金は決算直前に当座預金に振込まれたものであったが，その全額
が当店保有の約束手形の取立額であったことが銀行からの通知で判明
した。

（3）仮払金は全額備品の購入代金であることが判明した。なお，この備品
は８月１日に引渡しを受けすぐに使用を始めた。

（4）現金過不足のうち¥14,000については，手数料の受取額の未記帳分で
あることが判明したが，残額については原因が判明しなかったので雑
益に振替える。

（5）当座預金残高がマイナスであることが確定したので，当座借越勘定に
振替える。

（6）代金は２か月後に支払う契約で12月に土地¥240,000を購入した際に，
間違えて貸方科目を買掛金としていたことが判明した。適切に修正す
る。

（7）受取手形と売掛金の期末残高合計額に対して２％の貸倒れを見積も
る。差額補充法により貸倒引当金を設定する。

（8）備品（残存価額；ゼロ，耐用年数；９年，間接法で記帳）について定額法
により減価償却を行う。なお，当期中に取得した分については月割り
で減価償却費を計上する。

（9）収入印紙について棚卸しを行ったところ，¥56,000分が未使用である
ことが判明した。貯蔵品勘定に振替える。

（10）受取地代は３か月分であり，このうち１か月分が未経過であるので，

前受処理を行う。

(11) 店舗家賃は月額¥46,000の支払いであるが，２か月分が未払いとなっている。

(12) 定期預金は年利率1.2％で10月19日に預けたものであり，利息は１年後の満期日に受取ることになっている。したがって，10月19日の翌日から決算日までの日数に相当する利息が未収となっているので，適切に処理する。

(13) 法人税等が¥660,000と計算されたので，仮払法人税等との差額を未払法人税等として計上する。

2．当社（会計期間はX8年４月１日からX9年３月31日までの１年間）の（１）決算整理前残高試算表および（２）決算整理事項等にもとづいて，下記の設問に答えなさい。なお，出題の便宜上，解答に影響しない費用は「その他の費用」にまとめて示している。（日商サンプル問題修正）

（１）決算整理前残高試算表

借　方　残　高	勘　定　科　目	貸　方　残　高
764,800	現　　　　　　　金	
1,387,000	普　通　預　金	
	当　座　預　金	274,000
1,395,000	受　取　手　形	
2,865,000	売　　掛　　金	
1,072,000	仮　払　消　費　税	
1,843,000	繰　越　商　品	
2,500,000	備　　　　　品	
	買　　掛　　金	2,300,000
	仮　受　消　費　税	1,289,000
	貸　倒　引　当　金	28,000
	借　　入　　金	2,300,000
	備品減価償却累計額	625,000
	資　　本　　金	3,000,000
	繰　越　利　益　剰　余　金	1,800,000
	売　　　　　上	25,780,000
13,400,000	仕　　　　　入	
3,750,000	保　　険　　料	
260,000	通　　信　　費	
8,159,200	そ　の　他　の　費　用	
37,396,000		37,396,000

（2）決算整理事項等

1. 現金の手許有高は¥767,700である。なお，帳簿残高との差異の原因は不明であるため，適切に処理する。

2. 受取手形と売掛金の期末残高に対して2％の貸倒れを見積もる。貸倒引当金の設定は差額補充法による。

3. 期末商品棚卸高は¥2,076,000である。

4. 備品について，定額法（耐用年数8年，残存価額ゼロ）により減価償却を行う。

5. 当座預金勘定の貸方残高全額を借入金勘定に振替える。なお，取引銀行とは借越限度額を¥1,500,000とする当座借越契約を結んでいる。

6. 購入時に費用処理した官製はがき（@¥63）210枚と84円切手145枚，2円切手90枚及び1円切手110枚が未使用であるため，貯蔵品勘定へ振替える。

7. 消費税（税抜方式）の処理を行う。

8. （1）の支払保険料の残高は15か月分であるため，3か月分を前払い計上する。

9. （1）の借入金はX8年8月1日に期間1年，利率年3％，利息は元本返済時に支払う条件で借入れたものである。当期末までの利息を月割により未払い計上する。

10. 未払法人税等¥249,000を計上する。

設問1　解答用紙の決算整理後残高試算表を完成しなさい。

設問2　当期純利益または当期純損失の金額を計算しなさい。なお，当期純損失の場合には金額の頭に△を付すこと。

Chapter 23 決算整理事項と八桁精算表

学習のポイント
Study Point

1．精算表における決算整理仕訳の表現

　精算表は，決算整理事項の処理結果を概観するために作成されます。精算表は基本的に次の形式をとっており，①決算整理前残高試算表からスタートして，②決算修正記入を行い，③各項目の決算整理後残高を「損益計算書」または「貸借対照表」に記入するという手順で作成されます。このような形式の精算表を，八桁精算表といいます。なお，精算表の記入内容は，別途，帳簿に反映する必要があります。

精　算　表

勘定科目	残高試算表		修正記入		損益計算書		貸借対照表	
	借　方	貸　方	借　方	貸　方	借　方	貸　方	借　方	貸　方
資　産　項　目	×××····		⊕××	⊖××			►×××	
負　債　項　目		×××···	⊖××	⊕××				►×××
資　本　項　目		×××···	⊖××	⊕××				►×××
収　益　項　目		×××···	⊖××	⊕××		►　×××		
費　用　項　目	×××····		⊕××	⊖××	►×××			
	×××	×××						
整理項目（費用）			×××·····►		×××			
整理項目（負債）				×××				►×××
当　期　純　利　益					⟨×××⟩		·····►	⟨×××⟩
	×××	×××	×××	×××	×××	×××	×××	×××

【残高試算表】	【修正記入】	【損益計算書&貸借対照表】
決算整理前のすべての勘定残高が集計されます。	決算整理仕訳を行い，新たに生じた勘定科目は追加します。	決算整理後の各勘定残高を記入し，損益計算書の貸借差額で計算した当期純利益（または損失）を，貸借対照表へ記入します。

Point!　「修正記入」の記入額は，「残高試算表」と同じ側に記入されていれば「＋」（加算）し，逆側に記入されていれば「－」（減算）した上で，最終的な残高を「損益計算書」や「貸借対照表」に記入します。

２．精算表における計算の仕組み

（１）修正記入欄での決算整理仕訳の実施と決算整理後残高の記入

　　精算表では，決算整理仕訳を修正記入欄に記入します。たとえば，貸倒引当金の設定や減価償却に関する次の仕訳は，精算表上，該当する勘定科目の借方または貸方に金額を記入する形で表されます。また，各勘定の決算整理後残高は，①資産（および資産の評価勘定），負債および資本は貸借対照表に，②収益および費用は損益計算書に，それぞれ記入します。

・決算整理仕訳

| （借） | 貸 倒 引 当 金 繰 入 | 15,000 | （貸） | 貸 倒 引 当 金 | 15,000 |
| （借） | 減 価 償 却 費 | 80,000 | （貸） | 建物減価償却累計額 | 80,000 |

・精算表上での表現　　　　　　　　　修正記入欄で表現すると…

勘定科目	残高試算表		修正記入		損益計算書		貸借対照表	
	借 方	貸 方	借 方	貸 方	借 方	貸 方	借 方	貸 方
：								
貸 倒 引 当 金		62,000		15,000				77,000
建物減価償却累計額		320,000		80,000				400,000
：								
	×××	×××						
貸 倒 引 当 金 繰 入			15,000		15,000			
減 価 償 却 費			80,000		80,000			
：								
			×××	×××	×××			

各勘定残高を，それらが記載される財務諸表に記入します。各科目がどちらの財務諸表に記載されるのか，しっかり整理しておきましょう。

（２）損益計算書における当期純損益の計算と貸借対照表への記入

　　すべての決算整理仕訳を反映すれば，当期に発生した収益および費用の金額が確定するため，それらの差額である当期純利益は，損益計算書の借方差額として計算できます。また，当期純利益は１期間における繰越利益剰余金の増加額となるため，同額を貸借対照表の貸方に記入します。なお，当期純損失の場合には，貸借が逆転する点に注意しましょう。この手続きについては，Chapter 6にて学習済です。

基本問題　次の決算整理仕訳を，解答欄に示した精算表上で行い，精算表を完成させなさい。

(借)	仕	入	1,840	(貸)	繰 越 商 品	1,840
(借)	繰 越 商 品		2,000	(貸)	仕　入	2,000
(借)	貸 倒 引 当 金 繰 入		200	(貸)	貸 倒 引 当 金	200
(借)	減 価 償 却 費		1,120	(貸)	備品減価償却累計額	1,120
(借)	未 収 利 息		40	(貸)	受 取 利 息	40
(借)	前 払 保 険 料		160	(貸)	保 険 料	160

練習問題　1．次の精算表の空欄のうち，（ア）から（コ）にあてはまる金額を答えなさい。

勘定科目	残高試算表		修正記入		損益計算書		貸借対照表	
	借　方	貸　方	借　方	貸　方	借　方	貸　方	借　方	貸　方
現　　金	3,500						3,500	
現 金 過 不 足	280			（ ア ）				
売 掛 金	43,000						43,000	
繰 越 商 品	5,200		（ イ ）	（ ）			4,400	
建　　物	100,000						100,000	
支 払 手 形		2,800						2,800
買 掛 金		12,000						12,000
貸 倒 引 当 金		380		（ ）				860
借 入 金		10,000						10,000
建物減価償却累計額		30,000		（ ）				（ ウ ）
資 本 金		50,000						50,000
繰越利益剰余金		19,300						19,300
売　　上		67,500				（ ）		
受 取 地 代		900	（ エ ）			600		
仕　　入	40,200		（ ）	（ ）	（ オ ）			
支 払 利 息	700		（ ）		（ カ ）			
	192,880	192,880						
雑　　損			（ ）		280			
貸倒引当金繰入			（ ）		480			
減 価 償 却 費			（ ）		5,000			
前 受 地 代				（ ）				300
未 払 利 息				（ キ ）				140
当 期 純 利 益					（ ケ ）			（ コ ）
			15,800	（ ク ）	（ ）	68,100	150,900	（ ）

2．答案用紙に示した精算表の空欄に，適切な金額および語句を記入して，これを完成しなさい。

Chapter 24 八桁精算表の作成

学習のポイント
Study Point

本章では，問題演習による精算表作成能力の向上を目指します。精算表の問題では，自身で決算整理事項から必要な仕訳を行わなければいけません。問題はいずれも過去問の改題ですので，実践的な内容になっています。

基本問題 　次の〔決算整理事項等〕にもとづいて，解答欄の精算表を完成しなさい。なお，会計期間は×1年4月1日から×2年3月31日までの1年間である。

〔決算整理事項等〕
（1）普通預金口座から買掛金¥7,600を支払ったが，この取引の記帳がまだ行われていない。

（2）仮払金は，従業員の出張に伴う旅費交通費の概算額を支払ったものである。従業員はすでに出張から戻り，実際の旅費交通費¥3,400を差引いた残額は普通預金口座に預入れたが，この取引の記帳がまだ行われていない。

（3）売掛金の期末残高に対して2％の貸倒引当金を差額補充法により設定する。

（4）期末商品棚卸高は¥37,800である。売上原価は「仕入」の行で計算する。

（5）建物および備品について定額法で減価償却を行う。
　　　建　物：残存価額ゼロ　耐用年数30年
　　　備　品：残存価額ゼロ　耐用年数4年

（6）保険料のうち¥12,000は×1年12月1日に向こう1年分を支払ったものであるため，前払分を月割で計上する。

（7）×2年2月1日に，2月から4月までの3か月分の家賃¥9,000を受け取り，その全額を受取家賃として処理した。したがって，前受分を月割で計上する。

（8）給料の未払分が¥7,400ある。

（9）未払法人税等を¥64,400計上する。

練習問題 1．次の〔未処理事項・決算整理事項〕にもとづいて，解答欄の精算表を完成しなさい。なお，会計期間は1月1日から12月31日までの1年間である。

〔未処理事項・決算整理事項〕
（1）当座預金の貸方残高を全額当座借越勘定に振替える。なお，当社が当座預金口座を開設している銀行とは，¥500,000の当座借越契約を締結している。
（2）売掛金のうち¥15,000は，すでに当社の普通預金口座へ振込まれていたことが判明した。
（3）現金過不足については，その全額が原因不明であった。
（4）期末商品の棚卸高は¥66,000であった。売上原価は「仕入」の行で計算すること。
（5）備品について，定額法（残存価額ゼロ，耐用年数8年）により減価償却を行う。
（6）期末の売掛金残高に対して2％の貸倒れを見積り，差額補充法により貸倒引当金を設定する。
（7）税抜方式による消費税の処理を行う。
（8）貸付金は，当期の10月1日に期間12か月，利率年3％（利息は返済時に全額受取り）の条件で貸付けたものである。なお，利息の未収分は月割で計算すること。
（9）給料の未払分が¥3,000ある。

2．会計期間を1月1日から12月31日までとする日法商事株式会社の×7年度末における，次の〔決算日に判明した事項〕および〔決算整理事項〕に基づいて，解答欄の精算表を完成しなさい。

〔決算日に判明した事項〕
（1）現金過不足につき，その原因を調査したところ通信費¥3,500の記帳漏れが判明した。しかし，残額については原因不明のため適切な処理を行う。
（2）仮払金は全額備品の購入金額であることが判明した。なお，備品は10月1日に引渡しを受けすぐに使用を始めた。

〔決算整理事項〕

（1）期末商品棚卸高は¥196,500である。売上原価は「売上原価」の行で計算すること。

（2）売掛金の期末残高に対して4％の貸倒引当金を差額補充法により設定する。

（3）建物および備品について，定額法によって減価償却を行う。なお，当期中に取得した備品については，月割りで減価償却費を計上する。

　　　建　物：残存価額：取得原価の10％　耐用年数30年

　　　備　品：残存価額：ゼロ　耐用年数5年

（4）購入時に費用処理した以下のそれぞれについて，未使用高を貯蔵品勘定に振替える。

　　　切手・はがきの未使用高：¥1,800

　　　収入印紙の未使用高：¥13,000

（5）保険料のうち¥21,000は，5月1日に支払った建物に対する1年分の火災保険料である。よって前払分を月割計算により計上する。

（6）法人税等が¥143,000と計算されたので，仮払法人税等との差額を未払法人税等として計上する。

Chapter 25 財務諸表の作成

学習のポイント

Study Point

　ここでは，Chapter 7 と 8 で学習した財務諸表と損益勘定について，より発展的な内容を取り上げます。財務諸表と損益勘定に表示される金額はすべて決算整理後の残高になります。

1．貸借対照表

（1）決算整理後の繰越商品（期末商品）は商品として表示します。

（2）経過勘定（費用・収益の繰延・見越で生じた前払〇〇，前受〇〇，未払〇〇，未収〇〇といった勘定）について，前払〇〇は前払費用（A），前受〇〇は前受収益（L），未払〇〇は未払費用（L），未収〇〇は未収収益（A）として表示します。

（3）評価勘定（貸倒引当金と減価償却累計額）は，特定の資産とセットにして，金額を控除する形式で表示します。貸倒引当金は売掛金や受取手形などの債権と，減価償却累計額は土地を除く特定の有形固定資産とセットにして表示します。

（4）繰越利益剰余金には，当期純利益または当期純損失が加減算されます。

貸借対照表

東京商店　　　　　　　　　　　　　　20××年12月31日　　　　　　　　　　　（単位：円）

資　　産		金　額	負債及び資本	金　額
現　　　　　　金		200,000	買　　　掛　　　金	100,000
普　通　預　金		300,000	未　　払　　費　　用	1,000
売　　　掛　　　金	100,000		前　　受　　収　　益	5,000
貸　倒　引　当　金	△2,000	98,000	借　　　入　　　金	200,000
商　　　　　　品		35,000	未　払　法　人　税　等	4,000
前　　払　　費　　用		5,000	資　　　本　　　金	210,000
未　　収　　収　　益		2,000	繰　越　利　益　剰　余　金	200,000
備　　　　　　品	100,000			
減　価　償　却　累　計　額	△20,000	80,000		
		720,000		720,000

2．損益計算書

（1）決算整理後の仕入勘定の金額は売上原価として，費用の最初に表示します。

（2）売上は売上高として，収益の最初に表示します。

（3）収益・費用の差額である当期純利益は借方に記入します（当期純損失は貸方に記入します）。

損益計算書

東京商店　　　20××年１月１日から20××年12月31日まで　　　（単位：円）

費　　　　用	金　　額	収　　　　益	金　　額
売　上　原　価	30,000	売　　　上　　　高	180,000
給　　　　　　料	60,000	受　取　手　数　料	10,000
支　払　家　賃	79,000	受　取　利　息	10,000
貸　倒　引　当　金　繰　入	1,000		
減　価　償　却　費	20,000		
当　期　純　利　益	10,000		
	200,000		200,000

3．損益勘定（記帳の基礎はChapter 8 で学習しています）

（1）当期の収益と費用を勘定口座の形式で示したのが損益勘定です。損益勘定の金額も決算整理後の残高を記帳します。

（2）損益勘定では仕入勘定と売上勘定はそのまま仕入と売上で記帳しますが，金額は売上原価と純売上高を記帳します。

（3）損益勘定では残高（利益または損失）を計算し，繰越利益剰余金と記帳します。

（4）損益勘定の借方残高は利益を意味するので繰越利益剰余金勘定の貸方に振替えます。一方，貸方残高は損失を意味するので繰越利益剰余金勘定の借方に振替えます。

	損		益		
3/31 仕 入	600,000	3/31 売 上	900,000
〃 給 料	195,000	〃 受 取 手 数 料	55,000
〃 繰越利益剰余金	160,000		
	955,000		955,000

繰越利益剰余金　　（K）

	損益		益		
3/31 次 期 繰 越	260,000	4/1 前 期 繰 越	100,000
		3/31 損 益	160,000
	260,000		260,000

基本問題　1．以下の資料にもとづき貸借対照表・損益計算書を作成しなさい（決算日
3月31日）（日商第144回修正）。

資料（A）決算整理事項
（1）決算日における現金の実際有高は¥550,000であった。帳簿残高との
差額のうち¥9,000は通信費の計上漏れであり、残額は原因不明のた
め雑損または雑益として処理する。
（2）仮受金は全額売掛金の回収である。
（3）3月1日に土地¥350,000を購入し、代金は2か月後に支払うことと
した。購入日に以下の処理をしており、これを適切に処理する。
（借）土 地　　350,000　　（貸）買掛金　　350,000
（4）売掛金の期末残高に対して2％の貸倒引当金を設定する（差額補充法）。
（5）期末商品棚卸高は¥30,000である。
（6）備品について、残存価額¥0、耐用年数5年、定額法により減価償却
を行う。
（7）家賃は12月1日にこの先6か月分を支払ったものであり、前払分を
月割計上する。
（8）借入金（年利2％）につき、3か月分の未払利息を計上する。
（9）手数料未収分は¥8,000。
（10）法人税等が¥60,000と算定されたので、仮払法人税等との差額を未払
法人税等とする。

資料（B）決算整理前の各勘定の残高

決算整理前残高試算表

20××年3月31日

借　方	勘　定　科　目	貸　方
560,000	現　　　　　　　金	
700,000	当　座　預　金	
900,000	売　　　掛　　　金	
50,000	仮　払　法　人　税　等	
300,000	繰　越　商　品	
300,000	備　　　　　　　品	
350,000	土　　　　　　　地	
	買　　　掛　　　金	770,000
	仮　　　受　　　金	100,000
	借　　　入　　　金	500,000
	貸　倒　引　当　金	10,000
	備品減価償却累計額	60,000
	資　　　本　　　金	1,000,000
	繰　越　利　益　剰　余　金	500,000
	売　　　　　　　上	5,000,000
	受　取　手　数　料	60,000
3,000,000	仕　　　　　　　入	
1,000,000	給　　　　　　　料	
600,000	支　払　家　賃	
200,000	水　道　光　熱　費	
30,000	通　　　信　　　費	
10,000	支　払　利　息	
8,000,000		8,000,000

2．以下の資料から，X株式会社（決算日3月31日）の損益勘定，繰越利益剰余金勘定および資本金勘定中の（ア）〜（エ）にあてはまる金額を解答欄に記入しなさい（サンプル問題修正）。

資　料

純売上高￥5,000,000

仕入勘定残高（決算整理前）￥1,200,000（借方）

期首商品棚卸高￥300,000

期末商品棚卸高￥500,000

売上原価は仕入勘定において計算する。

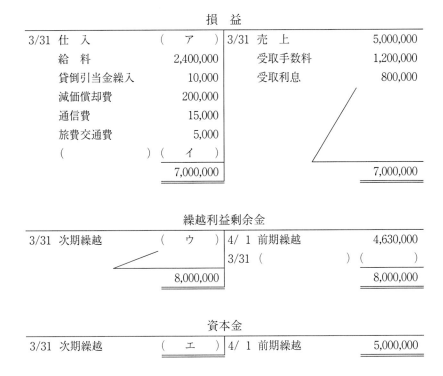

損　益

3/31 仕　入	（　ア　）	3/31 売　上	5,000,000
給　料	2,400,000	受取手数料	1,200,000
貸倒引当金繰入	10,000	受取利息	800,000
減価償却費	200,000		
通信費	15,000		
旅費交通費	5,000		
（　　　　）	（　イ　）		
	7,000,000		7,000,000

繰越利益剰余金

3/31 次期繰越	（　ウ　）	4/ 1 前期繰越	4,630,000
		3/31 （　　　　）	（　　　　）
	8,000,000		8,000,000

資本金

3/31 次期繰越	（　エ　）	4/ 1 前期繰越	5,000,000

練習問題　1．以下の資料にもとづき貸借対照表・損益計算書を作成しなさい（決算日3月31日）（日商第146回修正）。

資料（A）決算整理事項

（1）現金の実際有高は￥115,000であった。過不足の原因は不明のため適切に処理する。

（2）仮受金は全額売掛金の回収である。

（3）売掛金と受取手形の期末残高に対して2％の貸倒引当金を設定する（差額補充法）。

（4）期末商品棚卸高は￥50,000である。

（5）租税公課は期中における収入印紙の購入額であり，期末時点の未使用高は￥10,000である。

（6）備品について，残存価額￥0，耐用年数6年，定額法にて減価償却を行う。

（7）家賃の前払額￥100,000。

（8）貸付金は，当期12月1日に，期間1年間，年利2％，元利一括返済の条件で貸付けた。

（9）手数料の前受額￥1,000。

（10）法人税等が¥100,000と算定されたので，仮払法人税等との差額を未払法人税等とする。

資料（B）決算整理前の各勘定の残高

決算整理前残高試算表
20××年3月31日

借　方	勘　定　科　目	貸　方
120,000	現　　　　　　　　金	
810,000	当　座　預　金	
500,000	受　取　手　形	
400,000	売　　掛　　金	
10,000	仮　払　法　人　税　等	
250,000	繰　越　商　品	
300,000	貸　　付　　金	
510,000	備　　　　　　品	
	支　払　手　形	350,000
	買　　掛　　金	300,000
	仮　　受　　金	50,000
	貸　倒　引　当　金	5,000
	備品減価償却累計額	85,000
	資　　本　　金	1,500,000
	繰　越　利　益　剰　余　金	300,000
	売　　　　上	4,000,000
	受　取　手　数　料	70,000
3,000,000	仕　　　　　　入	
300,000	給　　　　　料	
400,000	支　払　家　賃	
40,000	租　税　公　課	
20,000	水　道　光　熱　費	
6,660,000		6,660,000

2．以下の資料から，Z株式会社（決算日3月31日）の損益勘定，繰越利益剰余金勘定および資本金勘定中の（ア）〜（ク）にあてはまる語句や金額を解答欄に記入しなさい。

資　料

総売上高¥4,400,000

純売上高¥4,350,000

仕入勘定残高（決算整理前）¥1,300,000（借方）

期首商品棚卸高¥700,000

期末商品棚卸高¥800,000

売上原価は仕入勘定において計算する。

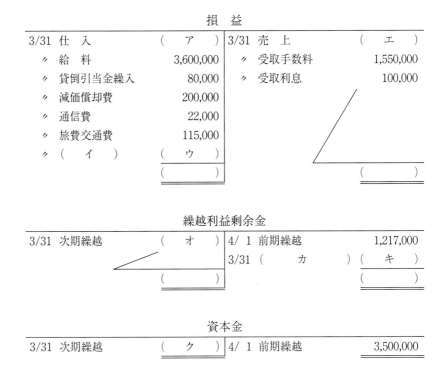

損　益

3/31 仕　入	（ ア ）	3/31 売　上	（ エ ）
〃　給　料	3,600,000	〃　受取手数料	1,550,000
〃　貸倒引当金繰入	80,000	〃　受取利息	100,000
〃　減価償却費	200,000		
〃　通信費	22,000		
〃　旅費交通費	115,000		
〃　（ イ ）	（ ウ ）		
	（ ）		（ ）

繰越利益剰余金

3/31 次期繰越	（ オ ）	4/ 1 前期繰越	1,217,000
		3/31 （ カ ）	（ キ ）
	（ ）		（ ）

資本金

3/31 次期繰越	（ ク ）	4/ 1 前期繰越	3,500,000

3．以下の資料にもとづき貸借対照表・損益計算書を作成しなさい（決算日
　　3月31日）（サンプル問題修正）。

資料（A）決算整理事項

（1）普通預金口座に振込まれていた売掛金¥30,000が未記帳である。

（2）現金の実際有高は¥260,000であった。帳簿残高との差額のうち
　　　¥1,000は水道光熱費の計上漏れで、残額は原因不明のため雑損また
　　　は雑益として処理する。

（3）当座預金勘定の貸方残高は当座借越を意味しており、これを全額当座
　　　借越勘定に振替える。取引先のR銀行とは¥500,000の当座借越契約
　　　を結んでいる。

（4）売掛金の期末残高に対して2％の貸倒引当金を設定する（差額補充法）。

（5）期末商品棚卸高は¥100,000である。

（6）建物について、残存価額¥0，耐用年数30年，定額法にて，当期分の
　　　減価償却費を計上する。

（7）保険料はすべて当期11月1日にこの先1年分を支払ったものであり、
　　　前払分を月割計上する。

（8）手数料未収分は¥8,000。

（9）法定福利費の未払分は¥10,000。

（10）法人税等が¥110,000と算定されたので，仮払法人税等との差額を未
　　払法人税等とする。

資料（B）決算整理前の各勘定の残高

決算整理前残高試算表
20××年3月31日

借　　方	勘　定　科　目	貸　　方
270,000	現　　　　　　　　金	
	当　座　預　金	200,000
570,000	普　通　預　金	
500,000	売　　掛　　金	
50,000	仮　払　法　人　税　等	
140,000	繰　越　商　品	
990,000	建　　　　　　　　物	
	買　　掛　　金	300,000
	社　会　保　険　料　預　り　金	10,000
	貸　倒　引　当　金	5,000
	建　物　減　価　償　却　累　計　額	33,000
	資　　本　　金	1,000,000
	繰　越　利　益　剰　余　金	300,000
	売　　　　　　　　上	3,100,000
	受　取　手　数　料	52,000
2,000,000	仕　　　　　　　　入	
360,000	給　　　　　料	
31,000	広　告　宣　伝　費	
24,000	保　　険　　料	
45,000	水　道　光　熱　費	
20,000	法　定　福　利　費	
5,000,000		5,000,000

Chapter 26 伝票会計

学習のポイント
Study Point

1．伝票の意義

　伝票とは，取引の内容を記録する用紙（紙片）で，仕訳帳で仕訳をする代わりに使用します。これまでの学習では，取引を仕訳帳に記入し，仕訳帳から総勘定元帳へ転記を行ってきましたが，伝票を用いる場合には仕訳帳の代わりに伝票に記入（これを「起票」という）し，伝票から総勘定元帳に転記します。

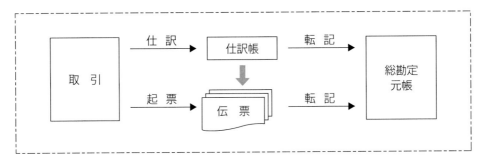

2．3伝票制

　3伝票制とは，すべての取引を入金取引，出金取引，それ以外の取引の3つに分け，それぞれ入金伝票，出金伝票，振替伝票に起票する方法をいいます。

種　類	内　容	仕訳例			
入金伝票	入金取引（現金の受入れ）	（借）現　金	×××	（貸）○　○	×××
出金伝票	出金取引（現金の支払い）	（借）○　○	×××	（貸）現　金	×××
振替伝票	入出金取引以外（その他）	（借）現金以外	×××	（貸）現金以外	×××

（1）入金伝票
　　入金取引とは現金が増加する取引のことをいい，仕訳を行うと借方科目がすべて「現金」となる取引なので，入金伝票の科目欄には，貸方科目のみを記入します。

例1）次の取引を入金伝票に起票しなさい。

〈取引〉 4／1　売掛金￥100を現金で回収した。

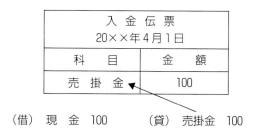

（借）現　金　100　　　（貸）売掛金　100

 入金伝票自体に現金という勘定科目は出てきません。
仕訳にすると借方は，現金となります。

（2）出金伝票

　出金取引とは現金が減少する取引のことをいい，仕訳を行うと貸方科目がすべて「現金」となる取引なので，出金伝票の科目欄には，借方科目のみを記入します。

例2）次の取引を出金伝票に起票しなさい。

〈取引〉 5／1　買掛金￥100を現金で支払った。

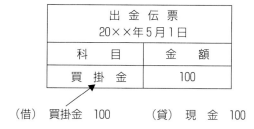

（借）買掛金　100　　　（貸）現　金　100

 出金伝票自体に現金という勘定科目は出てきません。
仕訳にすると貸方は，現金となります。

（3）振替伝票

　振替伝票には，入金取引，出金取引以外（これを「振替取引」という）を記入します。振替取引の場合には借方，貸方の勘定科目が特定されていないため，振替伝票には通常の仕訳と同様に，借方，貸方双方の勘定科目を記入します。

例3） 次の取引を振替伝票に起票しなさい。

〈取引〉 6／1　商品￥200を販売し，代金は掛とした。

振 替 伝 票 20××年6月1日			
借方科目	金　　額	貸方科目	金　　額
売　掛　金	200	売　　上	200

（借）　売掛金　200　　　　　（貸）　売　上　200

 振替伝票と仕訳は同じものになります。

3．一部現金取引の起票

　一部現金取引とは，現金取引と振替取引が混在する取引のことをいいます。このような取引は，1枚の伝票で起票できないため1つの取引を2つに分けて，2枚の伝票で起票します。具体的には，現金取引については入金伝票または出金伝票に起票し，振替取引については振替伝票に起票します。なお，一部現金取引の起票方法には，（1）単純分割法と，（2）掛取引擬制法があります。

例4） 次の取引をそれぞれの方法で伝票に起票しなさい。

　　　〈取引〉 4／1　商品￥500を購入し，代金のうち￥200は現金で支払い，残額は掛とした。

　　　　　（借）　仕　　入　　500　　　（貸）　現　　金　　200
　　　　　　　　　　　　　　　　　　　　　　買 掛 金　　300

（1）単純分割法

　　上記の取引を単純に①現金仕入と②掛仕入に分解して伝票に起票します。

　　① 現金仕入

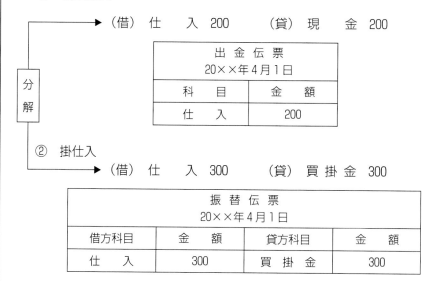

（借）仕　　入　200　　　（貸）現　　金　200

出 金 伝 票	
20××年4月1日	
科　　目	金　　額
仕　　入	200

　　② 掛仕入

（借）仕　　入　300　　　（貸）買掛金　300

振 替 伝 票			
20××年4月1日			
借方科目	金　額	貸方科目	金　　額
仕　　入	300	買　掛　金	300

（2）掛取引擬制法

　　上記の取引を，いったん掛で仕入れた（①）と仮定し，次に掛代金の一部を支払った（②）ものとして伝票に起票することになります。

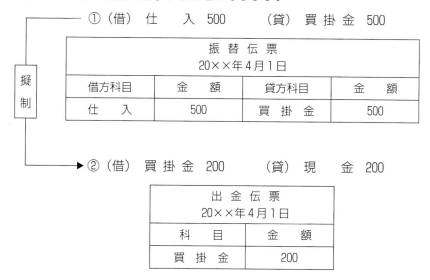

①（借）仕　　入　500　　　（貸）買掛金　500

振 替 伝 票			
20××年4月1日			
借方科目	金　額	貸方科目	金　　額
仕　　入	500	買　掛　金	500

②（借）買掛金　200　　　（貸）現　　金　200

出 金 伝 票	
20××年4月1日	
科　　目	金　　額
買　掛　金	200

4．仕訳日計表

　　取引を伝票に起票した後，伝票に記入された仕訳を総勘定元帳の各勘定へ転記しますが，転記ミスを防止するため，仕訳日計表を用いることがあります。

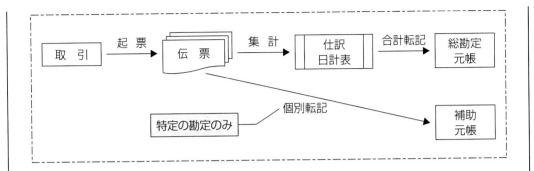

（1）仕訳日計表の作成方法

　　仕訳日計表とは，伝票に記入した1日分の取引を勘定科目ごとに集計する表をいいます。なお，仕訳日計表の元丁欄には，転記先の「勘定番号」を記入します。

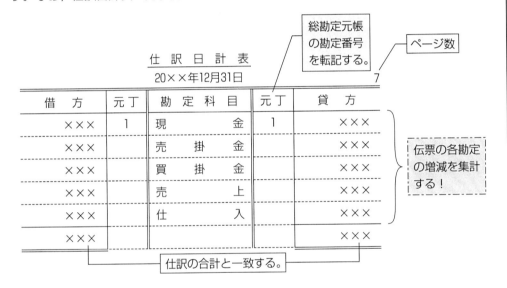

借　　方	元丁	勘　定　科　目	元丁	貸　　方
×××	1	現　　　　　金	1	×××
×××		売　　掛　　金		×××
×××		買　　掛　　金		×××
×××		売　　　　　上		×××
×××		仕　　　　　入		×××
×××				×××

仕 訳 日 計 表
20××年12月31日　　　7

総勘定元帳の勘定番号を転記する。

ページ数

伝票の各勘定の増減を集計する！

仕訳の合計と一致する。

（2）総勘定元帳（残高式）への転記方法

　　伝票をいったん，仕訳日計表で集計してから，総勘定元帳の各勘定にまとめて合計転記します。この場合，各勘定の摘要欄には相手科目の代わりに「仕訳日計表」と記入します。

仕訳日計表のページ数

勘定番号

総 勘 定 元 帳
現　　　金　　　1

日付	摘　　要	仕丁	借　方	貸　方	借/貸	残　高
12　1	前 月 繰 越	✓	×××		借	×××
31	仕 訳 日 計 表	7	×××		〃	×××
〃	〃	〃		×××	〃	×××

1．次の取引について，（1）仕訳を示し，（2）略式伝票（3伝票制）に起票しなさい。また，商品売買の記帳方法は三分法によること。

　10/1　商品￥7,000を購入し，代金は現金で支払った。

　10/1　商品￥12,000を販売し，代金は現金で受取った。

　10/1　水道光熱費￥8,000を支払うため，小切手を振出して支払った。

2．次の3枚の伝票から取引を確定し，仕訳を示しなさい。

出　金　伝　票	
20××年8月5日	
科　　目	金　　額
備　　品	170,000

入　金　伝　票	
20××年8月6日	
科　　目	金　　額
売　掛　金	5,000

振　替　伝　票			
20××年8月8日			
借　方　科　目	金　　額	貸　方　科　目	金　　額
通　信　費	4,000	当　座　預　金	4,000

3．次の取引について，一部現金取引の起票の方法として（1）単純分割法，（2）掛取引擬制法のそれぞれで起票しなさい。また，商品売買の記帳方法は三分法によること。

　〈取引〉7月15日に，東京商店から商品￥200,000を購入し，代金のうち￥50,000は現金で支払い，残額は掛とした。

4．次の各取引の伝票記入について，空欄①～⑤にあてはまる適切な勘定科目または金額を答えなさい。なお，商品売買取引の処理は三分法により，使用しない伝票の解答欄には「記入なし」と答えること（日商146回一部修正）。

（1）神戸商店へ商品￥360,000を販売し，代金のうち，￥160,000は同店振出の約束手形で受取り，残額は同店振出の小切手で受取った。

入　金　伝　票	
科　　目	金　　額
（　①　）	

振　替　伝　票			
借方科目	金　　額	貸方科目	金　　額
（　②　）	160,000	（　③　）	160,000

（2）今週のはじめに，旅費交通費支払用のICカードに現金￥5,000を入金し，仮払金として処理していた。当店はこのICカードを使用したときに費用に振替える処理を採用しているが，本日￥2,000分使用した。

出　金　伝　票		振　替　伝　票			
科　目	金　額	借方科目	金　額	貸方科目	金　額
（　④　）				（　⑤　）	

5．毎日の取引を入金伝票，出金伝票および振替伝票に記入し，これらを1
日分ずつ集計して仕訳日計表を作成し，この仕訳日計表から総勘定元帳
に転記している。8月1日の取引について作成された次の各伝票（略式）
にもとづいて，（1）仕訳日計表を作成し，（2）解答欄に示した総勘定
元帳の各勘定と（3）得意先元帳に転記しなさい。

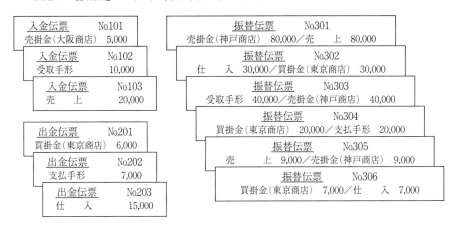

練習問題　　　毎日の取引を入金伝票，出金伝票および振替伝票に記入し，これらを1日
分ずつ集計して仕訳日計表を作成し，この仕訳日計表から総勘定元帳に転記
している。8月1日の取引について作成された次の各伝票（略式）と各関係
元帳の記入にもとづいて，仕訳日計表を完成させなさい。なお，（　　）の
金額は各自推定すること。

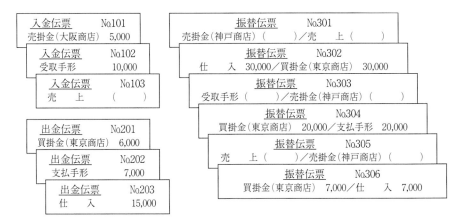

146

総 勘 定 元 帳
現　金

1

日付		摘　要	仕丁	借　方	貸　方	借/貸	残　高
8	1	前 月 繰 越	✓	300,000		借	300,000
	〃	仕 訳 日 計 表	7	35,000		〃	335,000
	〃	〃	〃		28,000	〃	307,000

売　上

20

日付		摘　要	仕丁	借　方	貸　方	借/貸	残　高
8	1	仕 訳 日 計 表	7		100,000	貸	100,000
	〃	〃	〃	9,000		〃	91,000

得 意 先 元 帳
神 戸 商 店

20××年		摘　要	仕丁	借　方	貸　方	借/貸	残　高
8	1	前 月 繰 越	✓	90,000		借	90,000
	〃	振 替 伝 票	301	80,000		〃	170,000
	〃	〃	303		40,000	〃	130,000
	〃	〃	305		(　　　)	〃	(　　　)

Chapter 27　補　助　簿

学習のポイント
Study Point

1．帳簿の意義

　帳簿は仕訳帳と総勘定元帳の主要簿と主要簿を補う補助簿に分けられます。この章では，補助簿について説明します。

2．現金出納帳

　現金出納帳は，入金と出金に関する明細を取引順に記録する補助記入帳です。それぞれ日付およびその理由を記録し，収入欄には現金の収入額を，支出欄には現金の支出額を記入します。

現金取引の明細を記入　｜　現　金　出　納　帳　｜　現金の増加　｜　現金の減少

20××年		摘　　　要	収　入	支　出	残　高
4	1	普通預金から引出し	100,000		100,000
	20	横浜商店へ買掛金の支払い　送金小切手		38,000	62,000
	25	神戸商店から売掛金の回収　小切手受領	34,000		96,000
	30	次月繰越		96,000	
			134,000	134,000	
5	1	前月繰越	96,000		96,000

3．当座預金出納帳

　当座預金出納帳は，当座預金の預入と引出に関する明細を取引順に記録する補助記入帳です。

 　借/貸の欄は当座預金の残高の位置を示し，借の時には当座預金残高，貸の時には当座借越残高を示しています。

当座預金の明細を記入   当 座 預 金 出 納 帳   当座預金の増加   当座預金の減少

20××年		摘　　要	小切手番号	預　入	引　出	借/貸	残　高
4	1	前月繰越		100,000		借	100,000
	10	東京商店より仕入	001		135,000	貸	35,000
	20	大阪商店へ売上		86,000		借	51,000
	30	次月繰越			51,000		
				186,000	186,000		
5	1	前月繰越		51,000			51,000

当店が振出した小切手番号の記入

４．小口現金出納帳

　小口現金出納帳は，用度係が小口現金の管理をするため，小口現金の補給と支払いの明細を記録する補助記入帳です。用度係は，小口現金出納帳の記録にもとづいて，支払明細の報告をします。なお，定額資金前渡法（インプレストシステム）を採用している場合，資金の補給方法には，支払報告後，翌営業日補給制と即日補給制があります。

（１）翌営業日補給制

資金の前渡し・補給額を記入　　小 口 現 金 出 納 帳　　支払欄に記入した金額を適当な勘定科目に分類

受　　入	20××年		摘　　要	支　払	内　　訳			
					旅費交通費	消耗品費	通信費	雑　費
5,000	5	3	受　入					
		6	タクシー代	1,800	1,800			
		7	郵便切手代	600			600	
		〃	コピー用紙代	500		500		
		〃	お茶代	350				350
			合　計	3,250	1,800	500	600	350
		7	次週繰越	1,750				
5,000				5,000				
1,750	5	10	前週繰越					
3,250		〃	本日補給					

小口現金の支払内容を記入

① 受入欄の合計額と支払欄の合計額の差額から残高を計算し,「次週繰越」(または,「次月繰越」)と赤字で記入します。

② 受入欄および支払欄をそれぞれ合計し,金額が一致することを確認します。

③ 翌営業日補給の場合,報告後翌営業日に前週に使った金額(前月使った金額)だけ小口現金が補給されるため,受入欄に補給額(使った金額)を記入します。

(2)即日補給制

小 口 現 金 出 納 帳

受　　入	20××年		摘　　　　　要	支　　払	内　　　　訳			
					旅費交通費	消耗品費	通信費	雑　　費
5,000	5	3	受　入					
			省　　　略					
			合　計	3,250	1,800	500	600	350
3,250		7	本日補給					
		〃	次週繰越	5,000				
8,250				8,250				
5,000	5	10	前週繰越					

① 即日補給の場合,週末(月末)に今週使った金額(当月使った金額)だけ小口現金が補給されるため,受入欄に補給額(使った金額)を記入します。

② 週末(月末)に補給されるため,定額が次週(次月)に繰り越されます。

5.仕入帳と売上帳

(1)仕入帳

仕入帳は,商品の仕入れに関する明細を取引順に仕入原価で記録する補助記入帳です。なお,仕入先から送付されてくる納品書が記帳資料となります。

仕入先商店名，商品名，数量，単価，支払方法などを記入

20××年		摘　　要				内　訳	金　額
4	10	東京商店			小切手		
		A商品	200 個	@ 300 円		60,000	
		B商品	150 個	@ 500 円		75,000	
		引取費用	1,000 円 現金払			1,000	136,000
	15	横浜商店			掛		
		A商品	200 個	@ 320 円			64,000
	17	横浜商店			掛返品		
		A商品	50 個	@ 320 円			16,000
	30			総 仕 入 高			200,000
	〃			返 品 高			16,000
				純 仕 入 高			184,000

返品額を差し引く前の金額

総仕入高－返品高

（2）売上帳

　売上帳は，商品の売上げに関する明細を取引順に売価で記録する補助記入帳です。なお，得意先に送付する納品書の控えが記帳資料となります。記入は仕入帳に準じます。

6．売掛金元帳と買掛金元帳

（1）売掛金元帳（得意先元帳）

　売掛金元帳は，売掛金明細を得意先別に記録する補助元帳であり，総勘定元帳の売掛金勘定の内訳を示しています。掛代金の回収は一般的に1か月分まとめて得意先に請求し，回収するという仕組みであるため，得意先商店別の売掛金残高を把握するために不可欠な帳簿となっています。

　借方欄には掛売上高を記入し，貸方欄には回収高，返品高を記入します。借／貸の欄については，売掛金の残高は借方残高であるため，売掛金元帳の場合は「借」と記入します。

<table>
<tr><td colspan="7" align="center">売　掛　金　元　帳</td></tr>
<tr><td colspan="7" align="center">神　戸　商　店</td></tr>
</table>

売掛金の増加	売掛金の減少

20××年		摘　　　要	借　　方	貸　　方	借/貸	残　　高
4	1	前月繰越	70,000		借	70,000
	12	掛売上	90,000		〃	160,000
	13	返品		6,000	〃	154,000
	25	売掛金の回収		34,000	〃	120,000
	30	次月繰越		120,000		
			160,000	160,000		
5	1	前月繰越	120,000		借	120,000

（2）買掛金元帳（仕入先元帳）

　　買掛金元帳は，買掛金明細を仕入先別に記録する補助元帳であり，総勘定元帳の買掛金勘定の内訳を示しています。なお，買掛金元帳は，仕入先商店別の買掛金残高を把握するために不可欠な帳簿となっています。記入は，売掛金元帳に準じます。

　　貸方欄には掛仕入高を記入し，借方欄には支払高，返品高を記入します。借／貸の欄については，買掛金の残高は貸方残高であるため，買掛金元帳の場合は「貸」と記入します。

7．商品有高帳

（1）商品有高帳

　　商品有高帳とは，商品の種類ごとに口座を設け，商品の仕入（受入れ）や販売（払出し）の都度，数量・単価・金額を記録する補助元帳です。なお，商品有高帳を設けることにより，商品在庫の適正な管理を行うことができます。

<table>
<tr><td colspan="12" align="center">商　品　有　高　帳</td></tr>
<tr><td colspan="12" align="center">Ｂ　商　品</td></tr>
</table>

商品の仕入	商品の売上

20××年		摘　要	受　　入			払　　出			残　　高		
			数 量	単 価	金 額	数 量	単 価	金 額	数 量	単 価	金 額
4	1	前月繰越	20	500	10,000				20	500	10,000
	10	仕　入	150	500	75,000				170	500	85,000
	20	売　上				80	500	40,000	90	500	45,000
	30	次月繰越				90	500	45,000			
			170		85,000	170		85,000			
5	1	前月繰越	90	500	45,000				90	500	45,000

商品を売上げたときには，払出欄に原価（購入金額）で記入します。
払出欄の合計は払出原価，すなわち売上原価を示しています。

（2）払出単価の計算

　商品は同じ種類であっても，仕入先や仕入時期の違いによって，仕入単価が異なるため，払出しの際に適用する単価をどのように決定するかが問題となります。商品の払出単価の計算方法には，先入先出法と移動平均法があります。

①　先入先出法

　先入先出法とは，先に仕入れた商品から先に払い出された（販売された）と仮定して払出単価を計算する方法です。

②　移動平均法

　移動平均法とは，商品を仕入れる都度，平均単価を次の式を用いて計算し，この平均単価をもって払出単価とする方法です。

$$平均単価 \ = \ \frac{受入直前の残高の金額 \ + \ 受入金額}{受入直前の残高の数量 \ + \ 受入数量}$$

8．受取手形記入帳と支払手形記入帳

（1）受取手形記入帳

　受取手形記入帳は，手形債権（受取手形）に関する内容の明細を記録する補助記入帳です。この補助簿を作成することにより，各手形の満期日（決済日）および金額などをただちに把握することができます。

受取手形の増加に関する明細を記入

受取手形の減少（てん末）を記入

受　取　手　形　記　入　帳

20××年		手形種類	手形番号	摘要	支払人	振出人または裏書人	振出日		満期日		支払場所	手形金額	てん末	
													日付	摘要
3	7	約束手形	25	売上	神戸商店	神戸商店	3	7	5	7	三宮銀行	80,000	5	7	当座入金

（2）支払手形記入帳

　支払手形記入帳は，手形債務（支払手形）に関する内容の明細を記録する補助記入帳です。この補助簿を作成することにより，各手形の満期日（決済日）および金額などをただちに把握することができます。

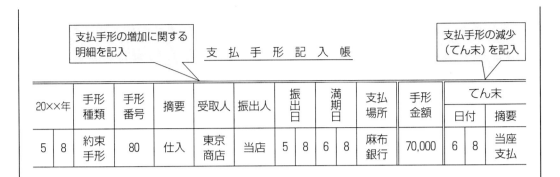

	支払 手形記入帳										
20××年	手形種類	手形番号	摘要	受取人	振出人	振出日	満期日	支払場所	手形金額	てん末	
										日付	摘要
5 8	約束手形	80	仕入	東京商店	当店	5 8	6 8	麻布銀行	70,000	6 8	当座支払

(支払手形の増加に関する明細を記入)
(支払手形の減少（てん末）を記入)

9．固定資産台帳

　固定資産台帳とは，建物，備品などの固定資産を管理するために作成する補助元帳です。なお，固定資産を種類別に分類した上で，取得日・取得価額などの明細を記録し，減価償却が必要な資産に関しては償却額なども記載します。

期首帳簿価額 ＝
期首取得原価 － 期首減価償却累計額

固 定 資 産 台 帳

09年 3 月31日現在

取得年月日	用途	期末数量	耐用年数	期首（期中取得）取得原価	期首減価償却累計額	差引期首（期中取得）帳簿価額	当　期減価償却費
備　品							
05年 4 月 1 日	A	1	8 年	1,500,000	562,500	937,500	187,500
07年 7 月 1 日	B	2	5 年	650,000	97,500	552,500	130,000
08年 8 月 1 日	C	3	6 年	720,000	0	720,000	80,000
小　計				2,870,000	660,000	2,210,000	397,500

月割計算

[基本問題]　1．現金出納帳

　　　　次の取引を仕訳し，現金出納帳に記帳しなさい。商品売買の記帳方法は三分法により，月末に現金出納帳を締切ること。なお，¥450,000の前月繰越があります。

　　　6/3　　埼玉銀行より現金¥300,000を借入れた。

6 / 5 　東京商店から商品￥200,000を購入し，代金は送金小切手で支払った。

6 /10　神戸商店に商品￥800,000を販売し，代金は同店振出の小切手で受取った。

6 /20　今月分の家賃￥96,000を現金で支払った。

6 /28　大阪商店から売掛代金として郵便為替証書￥500,000を受取った。

２．当座預金出納帳

　次の取引を仕訳し，当座預金出納帳に記帳しなさい。商品売買の記帳方法は三分法により，月末に当座預金出納帳を締切ること。

7 / 1 　銀行と当座預金契約を結び，現金￥500,000を預入れ，同時に借入限度額￥800,000の当座借越契約を結んだ。

7 / 7 　横浜商店から商品￥700,000を購入し，代金のうち￥400,000は小切手（No.010）を振出し，残額は掛とした。

7 /15　広告代理店に対して広告料￥200,000を，小切手（No.011）を振出して支払った。

7 /23　京都商店へ商品￥650,000を販売し，代金は小切手で受取り，ただちに当座預金に預け入れた。

7 /31　当座借越利息￥1,000が当座預金から引落とされた。

３．小口現金出納帳

　次の取引を，下記それぞれの支給方法にて小口現金出納帳に記帳し，締切りなさい。なお，定額資金前渡法（インプレスト・システム）により，用度係は毎週金曜日の営業時間終了後にその週の支払いを報告しています。

（１）支払報告後，ただちに資金の補給を受けている場合

（２）支払報告後，翌営業日に資金の補給を受けている場合

日　付	支払内容	金　額
８月３日（月）	バス回数券	3,000 円
4 日（火）	接待用菓子代	2,800 円
5 日（水）	コピー用紙	4,200 円
6 日（木）	郵便切手代	1,700 円
7 日（金）	タクシー代	5,600 円

4．仕入帳

次の取引を仕入帳に記帳して，締切りなさい。

日 付	取引内容	商品名	個 数	単価（@）
9月1日	横浜商店から2種類の商品を小切手で仕入れ，引取費用¥1,300を現金で支払った。	C商品	120 個	400 円
		D商品	250 個	270 円
13日	東京商店から商品を掛で仕入	C商品	300 個	380 円
25日	東京商店から仕入れた商品について破損のため返品	C商品	30 個	380 円

5．買掛金元帳

次の取引を買掛金元帳（東京商店）に記入し，10月31日付で締切りなさい。

日 付	取引内容
10月1日	買掛金の前月繰越高　¥350,000（内訳：東京商店¥250,000, 横浜商店¥100,000）
7日	東京商店から¥180,000, 横浜商店から¥260,000の商品を掛で購入した。
18日	東京商店から仕入れた商品のうち¥73,000は，破損していたため返品した。なお，代金は同店への買掛金から差引いた。
29日	東京商店に対する買掛金のうち¥140,000を小切手を振出して支払った。

6．商品有高帳

次の仕入帳と売上帳にもとづいて，①移動平均法と②先入先出法により商品有高帳に記入し，5月中の売上原価と売上総利益を計算しなさい。

仕　入　帳

20××年		摘　　要				金　額
5	6	東京商店	E商品	150 個	@ 600 円	90,000
	18	横浜商店	E商品	200 個	@ 550 円	110,000

売　上　帳

20××年		摘　　要				金　額
5	13	大阪商店	E商品	200 個	@ 800 円	160,000
	25	神戸商店	E商品	100 個	@ 900 円	90,000

7. 手形記入帳

次の帳簿の名称を解答欄の（　　　）の中に記入するとともに，取引の仕訳を行いなさい。

（　　　　　　　　　　　　　　　　　　）

20××年		手形種類	手形番号	摘要	支払人	振出人または裏書人	振出日		満期日		支払場所	手形金額	てん末	
													日付	摘要
5	3	約束手形	30	売上	大阪商店	大阪商店	5	3	8	3	梅田銀行	30,000	8　3	当座入金
7	8	約束手形	40	売掛金	神戸商店	神戸商店	7	8	9	8	三宮銀行	50,000		

8. 固定資産台帳

次の資料にもとづいて，①から④に入る適切な金額を，（A）には適切な用語を答案用紙に記入しなさい。定額法にもとづき減価償却が行われており，減価償却費は月割計算によって計上する。なお，当社の決算日は毎年3月31日です。

〔資料〕

固 定 資 産 台 帳

07年3月31日現在

取得年月日	用途	期末数量	耐用年数	期首（期中取得）取得原価	期首減価償却累計額	差引期首（期中取得）帳簿価額	当期減価償却費
備　品							
02年4月1日	A	1	8年	2,000,000	1,000,000	1,000,000	250,000
04年10月1日	B	2	6年	960,000	240,000	720,000	160,000
06年7月1日	C	3	5年	720,000	0	720,000	108,000
小　計				3,680,000	1,240,000	2,440,000	518,000

備　　品

日付		摘要	借方	日付			摘要	貸方
06	4　1	前期繰越	（　①　）	07	3	31	次期繰越	（　　　）
	7　1	当座預金	（　②　）					
			（　　　）					（　　　）

備品減価償却累計額

日付			摘要	借方	日付			摘要	貸方
07	3	31	次期繰越	（　　　）	06	4	1	前期繰越	（　③　）
					07	3	31	（　A　）	（　④　）
				（　　　）					（　　　）

練習問題　10月の取引（一部）は次の通りです。それぞれの日付の取引が答案用紙に示されたどの補助簿に記入されるか答えなさい。解答にあたっては，該当するすべての補助簿の欄に○印を付しなさい。

　　　5日　　かねて神戸商店へ売上げていた商品￥80,000について，不良品が見つかったため返品を受け，掛代金から差引くこととした。

　　13日　　東京商店より商品を￥250,000で購入し，代金のうち￥100,000は約束手形を振出し，残額は掛とした。

　　20日　　大阪商店から先月受取っていた約束手形￥160,000が満期日となり，普通預金口座へ振込まれた。

　　26日　　備品￥300,000を購入し，当座預金口座から振込みをした。

　　31日　　仕入先横浜商店に対する先月分の掛代金￥240,000について，小切手を振出して支払った。

Chapter 1 簿記一巡の手続き

基本問題

(1)

ア	イ	ウ	エ	オ	カ	キ
取 引	仕 訳	転 記	決 算	試算表	精算表	財務諸表

(2)

ア	イ	ウ	エ	オ	カ
主要簿	補助簿	仕訳帳	総勘定元帳	補助記入帳	補助元帳

練習問題

ア	イ	ウ	エ	オ	カ	キ
記 録	計 算	整 理	会計期間	期 首	期 末	期 中
ク	ケ	コ	サ	シ	ス	セ
主要簿	補助簿	仕訳帳	総勘定元帳	補助記入帳	補助元帳	仕 訳
ソ	タ	チ	ツ	テ	ト	ナ
転 記	決 算	試算表	精算表	財務諸表	財 貨	債 権
ニ	ヌ	ネ	ノ	ハ	ヒ	フ
債 務	資 産	負 債	資 本	費 用	収 益	利 益

【解説】

（1）（シ）と（ス）は順不同。

（2）（ノ）は純資産でも良いが，日商簿記3級では資本という名称を用いているので，これに従う。

Chapter 2 勘定科目と分類

基本問題

A	1	2	3	4
資　産	現　金	普通預金	売掛金	未収入金
5	6	7	8	9
貸付金	建　物	備　品	車両運搬具	土　地
L	10	11	12	K
負　債	買掛金	未払金	借入金	資　本
13	14	※1	※2	E
資本金	繰越利益剰余金	商　品	掛	費　用
15	16	17	18	19
仕　入	給　料	広告宣伝費	支払手数料	支払利息
20	21	22	23	24
旅費交通費	通信費	消耗品費	水道光熱費	支払家賃
25	26	27	28	R
支払地代	保険料	諸会費	保管費	収　益
29	30	31	32	33
売　上	受取家賃	受取地代	受取手数料	受取利息

練習問題

1.

1	2	3	4	5
資本金（K）	給料（E）	備品（A）	通信費（E）	建物（A）
6	7	8	9	10
売上（R）	仕入（E）	買掛金（L）	売掛金（A）	広告宣伝費（E）
11	12	13	14	15
未払金（L）	未収入金（A）	水道光熱費（E）	車両運搬具（A）	支払手数料（E）
16	17	18	19	20
受取手数料（R）	普通預金（A）	受取地代（R）	支払地代（E）	旅費交通費（E）
21	22	23	24	25
現金（A）	支払家賃（E）	受取家賃（R）	貸付金（A）	借入金（L）
26	27	28	29	30
受取利息（R）	支払利息（E）	保管費	土地（A）	保険料（E）
31	32	33		
諸会費	繰越利益剰余金（K）	消耗品費（E）		

2.

	取引に含まれる勘定科目（分類記号）※記入順序は問わない
（1）	給料（E），現金（A）
（2）	水道光熱費（E），普通預金（A）
（3）	現金（A），受取手数料（R）
（4）	現金（A），借入金（L）
（5）	通信費（E），現金（A）
（6）	仕入（E），買掛金（L）
（7）	車両運搬具（A），未払金（L）
（8）	売上（R），現金（A），売掛金（A）
（9）	備品（A），現金（A），未収入金（A）
（10）	資本金（K），普通預金（A）

※解説は一覧表を参照。

Chapter 3　取引と仕訳

基本問題

1.
（1）　（○）　建物という財産が減少したので簿記上の取引である。
（2）　（×）　単に契約しただけでは財産は増減しないので簿記上の取引ではない。
（3）　（○）　代金の半分を現金で支払ったので，この部分は簿記上の取引である。
（4）　（○）　事務用机（備品）という財産が増加したので簿記上の取引である。

2.

日付	借方科目	金額	貸方科目	金額
7/ 1	現　　　　　金	8,000,000	資　　本　　金	8,000,000
2	現　　　　　金	1,000,000	借　　入　　金	1,000,000
5	諸　　会　　費	700	現　　　　　金	700
7	仕　　　　　入	400,000	現　　　　　金	400,000
10	仕　　　　　入	300,000	買　　掛　　金	300,000
11	備　　　　　品	79,000	未　　払　　金	79,000
15	仕　　　　　入	400,000	現　　　　　金	200,000
			買　　掛　　金	200,000
16	現　　　　　金	100,000	売　　　　　上	600,000
	売　　掛　　金	500,000		
21	給　　　　　料	190,000	普　通　預　金	190,000
25	借　　入　　金	500,000	現　　　　　金	503,700
	支　払　利　息	3,700		

28	現　　　　　　　金	83,000	受　取　手　数　料	83,000
30	買　　掛　　金	150,000	現　　　　　　　金	150,000
31	現　　　　　　　金	63,000	売　　掛　　金	63,000

【解説】

7/1　現金【A】の受取り【+】⇒借方，株式発行で出資を受けた額は資本金【K】の増加【+】⇒貸方

　2　現金【A】の借入れ【+】⇒借方，借入による借金は借入金【L】の増加【+】⇒貸方

　5　同業組合の会費は諸会費【E】の発生【+】⇒借方，現金【A】の支払い【−】⇒貸方

　7　商品の購入は仕入【E】の発生【+】⇒借方，現金【A】の支払い【−】⇒貸方

　10　商品の購入は仕入【E】の発生【+】⇒借方，商品購入の掛は買掛金【L】の増加【+】⇒貸方

　11　商品棚は備品【A】の購入【+】⇒借方，商品以外の代金後払いは未払金【L】の増加【+】⇒貸方

　15　商品の購入は仕入【E】の発生【+】⇒借方，現金【A】の支払い【−】⇒貸方，さらに
　　　商品購入の掛は買掛金【L】の増加【+】⇒貸方

　16　商品の販売は売上【R】の発生【+】⇒貸方，現金【A】の受取り【+】⇒借方，さらに
　　　商品販売の掛は売掛金【A】の増加【+】⇒借方

　21　給料【E】の発生【+】⇒借方，普通預金【A】の引落【−】⇒貸方

　25　借入金【L】を返済すれば債務の減少【−】⇒借方，
　　　借入金の利息は支払利息【E】の発生【+】⇒借方，現金【A】の支払い【−】⇒貸方

　28　受取った手数料は受取手数料【R】の発生【+】⇒貸方，現金【A】の受取り【+】⇒借方，

　30　買掛金【L】を支払えば債務の減少【−】⇒借方，現金【A】の支払い【−】⇒貸方

　31　売掛金【A】を回収したら債権の減少【−】⇒貸方，現金【A】の受取り【+】⇒借方，

練習問題

	借　方　科　目	金　額	貸　方　科　目	金　額
（1）	普　通　預　金	3,000,000	現　　　　　　金	3,000,000
（2）	車　両　運　搬　具	1,600,000	現　　　　　　金	1,600,000
（3）	建　　　　　　物	480,000	未　　払　　金	480,000
（4）	広　告　宣　伝　費	90,000	現　　　　　　金	90,000
（5）	現　　　　　　金	2,400	受　取　利　息	2,400
（6）	現　　　　　　金	200,000	売　　掛　　金	200,000
（7）	旅　費　交　通　費	7,800	現　　　　　　金	7,800
（8）	現　　　　　　金	43,000	受　取　地　代	43,000
（9）	水　道　光　熱　費	69,000	普　通　預　金	69,000
（10）	仕　訳　な　し			
（11）	現　　　　　　金	85,000	受　取　家　賃	85,000
（12）	保　　険　　料	190,000	現　　　　　　金	190,000
（13）	買　　掛　　金	150,000	現　　　　　　金	150,000

【解説】

（1）現金【A】の預入れ【−】⇒貸方，普通預金【A】の増加【＋】⇒借方

（2）営業車両は車両運搬具【A】の購入【＋】⇒借方，現金【A】の支払い【−】⇒貸方

（3）倉庫は建物【A】の購入【＋】⇒借方，商品以外の代金後払いは未払金【L】の増加【＋】⇒貸方

（4）広告料は広告宣伝費【E】の発生【＋】⇒借方，現金【A】の支払い【−】⇒貸方

（5）受取った貸付金の利息は受取利息【R】の発生【＋】⇒貸方，現金【A】の受取り【＋】⇒借方

（6）商品を販売したのは先日なのですでに仕訳済である。本日分の￥200,000だけ仕訳する。
売掛金【A】を回収したら債権の減少【−】⇒貸方，現金【A】の受取り【＋】⇒借方

（7）電車賃とバス代は旅費交通費【E】の発生【＋】⇒借方，現金【A】の支払い【−】⇒貸方

（8）受取った土地の賃貸料は受取地代【R】の発生【＋】⇒貸方，現金【A】の受取り【＋】⇒借方

（9）水道代と電気代は水道光熱費【E】の発生【＋】⇒借方，普通預金【A】の引落し【−】⇒貸方

（10）単に契約しただけでは簿記上の取引ではないので「仕訳なし」

（11）受取った家賃は受取家賃【R】の発生【＋】⇒貸方，現金【A】の受取り【＋】⇒借方

（12）保険料【E】の発生【＋】⇒借方，現金【A】の支払い【−】⇒貸方

（13）商品を購入したのは先日なので仕訳済である。本日分の￥150,000だけ仕訳する。
買掛金【L】を支払えば債務の減少【−】⇒借方，現金【A】の支払い【−】⇒貸方

Chapter 4 　転　　記

基本問題

現　金		
4/ 8 資 本 金 400,000	4/16 仕 　　入 100,000
27 売 　　上 100,000	

売掛金	
4/27 売 　　上 130,000	

仕　入	
4/16 諸 　　口 150,000	

買掛金	
	4/16 仕 　　入 50,000

売　上	
	4/27 諸 　　口 230,000

資本金	
	4/ 8 現 　　金 400,000

【解説】

（1）仕訳されている側に，まずは日付と金額を転記する。その後，仕訳の相手勘定科目を記帳する。

（2）相手勘定科目が２つ以上のときは「諸口」と記帳する。

練習問題

1.

現　金	
8/ 1 資 本 金 900,000	8/ 5 備　　品 200,000
11 売 　　上 160,000	20 支払地代 18,000
30 売 掛 金 200,000	25 買 掛 金 100,000
	26 給　　料 152,000

買掛金	
8/25 現 　　金 100,000	8/ 8 仕 　　入 360,000

資本金	
	8/ 1 諸 　　口 1,400,000

	建　物				仕　入	
8/ 1 資 本 金 500,000				8/ 8 買 掛 金 360,000		

	備　品				給　料	
8/ 5 現　　金 200,000				8/26 現　　金 152,000		

	売掛金				支払地代	
8/11 売　　上 400,000	8/30 現　　金 200,000			8/20 現　　金 18,000		

	売　上	
	8/11 諸　　口 560,000	

2.

ア	イ	ウ	エ
日　付	12/1	金　額	200,000
オ	カ	キ	ク
相手の勘定科目	現　金	借　方	貸　方

【解説】
（1）現金勘定は正しいので，日付順に仕訳を推定し，誤りを発見する。
（2）参考として，推定される仕訳は次のようになる。

日　付	借　方　科　目	金　額	貸　方　科　目	金　額
12/ 1	現　　　　　金	600,000	受　取　手　数　料	600,000
10	給　　　　　料	200,000	現　　　　　　金	200,000
20	現　　　　　金	300,000	受　　取　　地　　代	300,000
30	現　　　　　金	50,000	借　　　入　　　金	50,000

Chapter 5　試算表の原理

基本問題

合計残高試算表

借　方		勘　定　科　目	貸　方		
残　高	合　計		合　計	残　高	
1,095,000	1,245,000	現　　　　　金	150,000		
	20,000	買　　掛　　金	250,000	230,000	※1
		借　　入　　金	50,000	50,000	
		資　　本　　金	700,000	700,000	
		売　　　　　上	480,000	480,000	※2
		受　取　手　数　料	15,000	15,000	
350,000	350,000	仕　　　　　入			※3
30,000	30,000	支　払　家　賃			
1,475,000	1,645,000		1,645,000	1,475,000	

164

【解説】
（1）勘定科目は，上からA，L，K，R，Eの順に配列する。
ただし，それぞれ※1，※2，※3においては順不同。
（2）残高は，勘定科目ごとの借方合計と貸方合計の差額として計算し，合計金額の大きい側に記入する。ただし結果的には，AとEが借方，L，KおよびRが貸方に計算・記入される。
（3）合計欄と残高欄のそれぞれの貸借の合計は一致する。

練習問題

1.

合計残高試算表

借 方		勘 定 科 目	貸 方		
残 高	合 計		合 計	残 高	
1,190,000	1,520,000	現　　　　　金	330,000		
280,000	410,000	売　　掛　　金	130,000		※1
187,000	187,000	車　両　運　搬　具			
	176,000	買　　掛　　金	350,000	174,000	
	202,000	借　　入　　金	420,000	218,000	
		資　　本　　金	1,000,000	1,000,000	
		繰 越 利 益 剰 余 金	90,600	90,600	
		売　　　　　上	820,000	820,000	※2
		受　取　手　数　料	55,000	55,000	
470,000	470,000	仕　　　　　入			
230,000	230,000	給　　　　　料			※3
600	600	支　払　利　息			
2,357,600	3,195,600		3,195,600	2,357,600	

【解説】
（1）勘定科目は，それぞれ※1，※2，※3においては順不同。
（2）残高は，AとEが借方，L，KおよびRが貸方に計算・記入されるため，借方と貸方の両方に合計金額を記入する場合には，勘定科目の分類を確かめ，残高が計算・記入される側に合計金額の大きい方を記入する。
（3）資本金の額は，合計欄の借方と貸方の最終合計が一致することを利用して逆算する。

2.

残高試算表

借　　方	勘 定 科 目	貸　　方	
816,000	現　　　　　金		
64,000	未　収　入　金		※1
150,000	貸　　付　　金		
199,000	備　　　　　品		
578,000	建　　　　　物		
	未　　払　　金	73,000	
	資　　本　　金	1,640,000	
	繰 越 利 益 剰 余 金	72,000	
	受　取　手　数　料	809,000	※2
	受　取　家　賃	17,000	
	受　取　利　息	800	
546,000	支　払　手　数　料		
152,000	給　　　　　料		※3
32,000	旅　費　交　通　費		
62,800	水　道　光　熱　費		
12,000	保　　険　　料		
2,611,800		2,611,800	

【解説】
（1）勘定科目は，それぞれ※1，※2，※3においては順不同。
（2）繰越利益剰余金の額は，残高欄の貸借の最終合計が一致することを利用して逆算する。

3.

合計試算表

借　　方	勘 定 科 目	貸　　方
690,000	普　通　預　金	130,000
40,000	売　　掛　　金	40,000
	買　　掛　　金	50,000
	資　　本　　金	600,000
	売　　　　　上	90,000
100,000	仕　　　　　入	
80,000	給　　　　　料	
910,000		910,000

【解説】

取引を仕訳し，転記した金額を合計して試算表を作成する。仕訳と転記の内容は以下の通り。

日 付	借 方 科 目	金 額	貸 方 科 目	金 額
4/ 1	普 通 預 金	600,000	資 本 金	600,000
5	仕 入	30,000	普 通 預 金	30,000
10	普 通 預 金 売 掛 金	50,000 40,000	売 上	90,000
15	仕 入	70,000	普 通 預 金 買 掛 金	20,000 50,000
20	普 通 預 金	40,000	売 掛 金	40,000
25	給 料	80,000	普 通 預 金	80,000

普 通 預 金

4/ 1	資本金	600,000	4/ 5	仕 入	30,000
10	売 上	50,000	15	仕 入	20,000
20	売掛金	40,000	25	給 料	80,000

売 掛 金

4/10	売 上	40,000	4/20	普通預金	40,000

買 掛 金

		4/15	仕 入	50,000

仕 入

4/ 5	普通預金	30,000
15	諸 口	70,000

資 本 金

	4/ 1	普通預金	600,000

給 料

4/25	普通預金	80,000

売 上

	4/10	諸 口	90,000

Chapter 6 精算表の仕組み

1.

精　算　表

勘 定 科 目	残高試算表		損益計算書		貸借対照表	
	借　方	貸　方	借　方	貸　方	借　方	貸　方
現　　　　　金	423,750				423,750	
普　通　預　金	120,100				120,100	
借　　入　　金		102,300				102,300
資　　本　　金		110,000				110,000
繰越利益剰余金		190,000				190,000
売　　　　　上		789,700		789,700		
受　取　家　賃		9,600		9,600		
仕　　　　　入	562,400		562,400			
給　　　　　料	95,350		95,350			
当　期　純　利　益			141,550			141,550
	1,201,600	1,201,600	799,300	799,300	543,850	543,850

【解説】
（1）六桁精算表の作成手順を確認すること。
（2）資本金は，残高欄の貸借の最終合計が一致するのを利用して逆算する。
（3）損益計算書の借方に差額が記入されて貸借の合計が一致するので，これは当期純利益となる。
（4）当期純利益は貸借対照表の貸方に書き写し，貸借の合計が一致するのを確かめる。

2.

精　算　表

勘 定 科 目	残高試算表		損益計算書		貸借対照表		
	借　方	貸　方	借　方	貸　方	借　方	貸　方	
現　　　　　金	847,000				847,000		
売　　掛　　金	265,000				265,000		
買　　掛　　金		193,200				193,200	※1
借　　入　　金		230,000				230,000	
資　　本　　金		600,000				600,000	
繰越利益剰余金		18,000				18,000	
売　　　　　上		625,000		625,000			※2
受　取　手　数　料		76,400		76,400			
仕　　　　　入	431,000		431,000				
給　　　　　料	198,000		198,000				※3
支　払　利　息	1,600		1,600				
当　期　純　利　益			70,800			70,800	
	1,742,600	1,742,600	701,400	701,400	1,112,000	1,112,000	

【解説】
　（1）勘定科目は，上からA，L，K，R，Eの順に配列する。

　　　　ただし，それぞれ※1，※2，※3においては順不同。

　（2）残高は，AとEが借方，L，KおよびRが貸方に記入する。

　（3）資本金は，残高欄の貸借の合計が一致するのを利用して逆算する。

　（4）EとRの残高は損益計算書に，A，LおよびKの残高は貸借対照表に書き写す。

　（5）損益計算書の借方に差額が記入されて貸借の合計が一致するので，これは当期純利益となる。

　（6）当期純利益は貸借対照表の貸方に書き写し，貸借の合計が一致することを確かめる。

練習問題

1.
精　算　表

勘　定　科　目	残高試算表		損益計算書		貸借対照表		
	借　方	貸　方	借　方	貸　方	借　方	貸　方	
現　　　　　金	880,000				880,000		
売　　掛　　金	563,000				563,000		※1
貸　　付　　金	374,000				374,000		
買　　掛　　金		436,000				436,000	
未　　払　　金		79,000				79,000	※2
資　　本　　金		1,040,000				1,040,000	
繰越利益剰余金		20,200				20,200	
売　　　　　上		1,144,000		1,144,000			
受　取　利　息		1,600		1,600			
仕　　　　　入	762,000		762,000				
給　　　　　料	98,000		98,000				
通　　信　　費	19,800		19,800				※3
支　払　家　賃	24,000		24,000				
当　期　純　利　益			241,800			241,800	
	2,720,800	2,720,800	1,145,600	1,145,600	1,817,000	1,817,000	

【解説】
　（1）※1，※2，※3においては順不同。

2.

精　算　表

勘 定 科 目	残高試算表		損益計算書		貸借対照表		
	借　方	貸　方	借　方	貸　方	借　方	貸　方	
現　　　　　金	1,095,000				1,095,000		
普　通　預　金	69,400				69,400		※1
土　　　　　地	897,500				897,500		
買　　掛　　金		54,000				54,000	
借　　入　　金		327,000				327,000	
資　　本　　金		1,500,000				1,500,000	
繰越利益剰余金		312,000				312,000	
売　　　　　上		725,000		725,000			※2
受　取　地　代		26,900		26,900			
仕　　　　　入	439,000		439,000				
給　　　　　料	102,000		102,000				
広　告　宣　伝　費	286,000		286,000				※3
旅　費　交　通　費	56,000		56,000				
当　期　純　損　失				131,100	131,100		
	2,944,900	2,944,900	883,000	883,000	2,193,000	2,193,000	

【解説】
（1）それぞれ※1，※2，※3においては順不同。
（2）損益計算書の貸方に差額が記入されて貸借の合計が一致するので，これは当期純損失となる。
（3）当期純損失は貸借対照表の借方に書き写し，貸借の合計が一致することを確かめる。

Chapter 7　損益計算書と貸借対照表の様式

基本問題

損益計算書

創明商事　　　　20××年1月1日から20××年12月31日まで　　　　（単位：円）

費　　　　　用	金　額	収　　　益	金　額	
売　上　原　価	720,000	売　　上　　高	1,120,000	
給　　　　　料	314,000	受　取　家　賃	114,000	順不同
通　　信　　費	26,000	受　取　手　数　料	20,500	
支　払　利　息	2,500			
支　払　地　代	130,000			
当　期　純　利　益	62,000			
	1,254,500		1,254,500	

（費用欄に「順不同」の注記あり）

貸借対照表

創明商事		20××年12月31日			(単位：円)
資　　産	金　　額	負債及び資本	金　　額		
現　　　　　金	1,032,000	買　　掛　　金	450,000	} 順不同
普　通　預　金	455,000	未　　払　　金	98,000	
売　　掛　　金	280,000	借　　入　　金	520,000	
備　　　　　品	74,000	資　　本　　金	1,737,000	
車　両　運　搬　具	345,000	繰越利益剰余金	172,000	
建　　　　　物	791,000			
	2,977,000		2,977,000	

（資産側に「順不同」の記載あり）

【解説】

（1）仕入は売上原価，売上は売上高として表示する。

（2）損益計算書の借方に生じた差額は当期純利益である。

（3）損益計算書の当期純利益は貸借対照表の繰越利益剰余金に加算される。

　　　¥172,000＝¥110,000＋¥62,000

（4）貸借の合計は同じ行にあわせるので空欄に斜線を引く。

練習問題

1.

損益計算書

創明商事		20××年1月1日から20××年12月31日まで			(単位：円)
費　　用	金　　額	収　　益	金　　額		
売　上　原　価	450,000	売　　上　　高	597,000	} 順不同
給　　　　　料	145,000	受　取　地　代	47,000	
水　道　光　熱　費	20,800	受　取　利　息	300	
旅　費　交　通　費	9,500	当　期　純　損　失	10,000	
保　　険　　料	12,000			
支　払　手　数　料	17,000			
	654,300		654,300	

（費用側に「順不同」の記載あり）

貸借対照表

創明商事		20××年12月31日			(単位：円)
資　　産	金　　額	負債及び資本	金　　額		
現　　　　　金	700,000	買　　掛　　金	225,000	} 順不同
売　　掛　　金	81,000	未　　払　　金	113,000	
未　収　入　金	46,000	資　　本　　金	800,000	
貸　　付　　金	60,000	繰越利益剰余金	50,000	
土　　　　　地	301,000			
	1,188,000		1,188,000	

（資産側に「順不同」の記載あり）

【解説】

（1）損益計算書の貸方に生じた差額は当期純損失である。

（2）損益計算書の当期純損失は貸借対照表の繰越利益剰余金から減算される。

　　　¥50,000＝¥60,000−¥10,000

2.

ア	イ	ウ	エ	オ	カ	キ	ク
55,000	32,000	28,000	3,000	32,000	33,000	25,000	84,000

【解説】

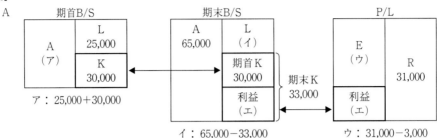

A

ア：25,000＋30,000

イ：65,000－33,000
エ：33,000－30,000

ウ：31,000－3,000

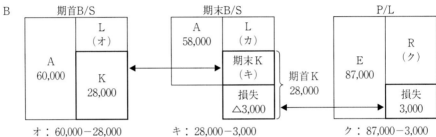

B

オ：60,000－28,000

キ：28,000－3,000
カ：58,000－（キ）

ク：87,000－3,000

3.

ア	イ	ウ	エ	オ	カ	キ	ク	ケ	コ
23,000	87,000	52,000	127,000	87,000	35,000	52,000	47,000	169,000	△5,000

【解説】

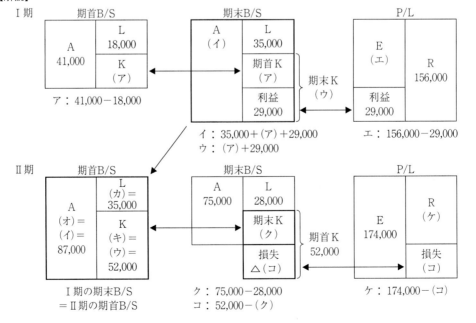

Ⅰ期

ア：41,000－18,000

イ：35,000＋（ア）＋29,000
ウ：（ア）＋29,000

エ：156,000－29,000

Ⅱ期

Ⅰ期の期末B/S
＝Ⅱ期の期首B/S

ク：75,000－28,000
コ：52,000－（ク）

ケ：174,000－（コ）

Chapter 8 元帳の締切り

基本問題

（1）収益と費用の元帳を締切ると次のようになる。

給　　　料　（E）			
3/15 現　　金	10,000	3/31 損　　益	10,000

受取手数料　（R）			
3/31 損　　益	14,000	3/10 現　　金	6,000
		20　〃	8,000
	14,000		14,000

※収益と費用の残高には損益と記帳する。

（2）損益勘定に収益と費用の勘定残高を振替えて締切ると次のようになる。収益と費用の決算振替仕訳は仕訳帳に記帳する。

損　　　　益			
3/31 給　　料	10,000	3/31 受取手数料	14,000
〃　繰越利益剰余金	4,000		
	14,000		14,000

※1 費用は借方，収益は貸方に振替える
※2 損益の残高には繰越利益剰余金と記帳する

（3）繰越利益剰余金勘定に損益の勘定残高を振替えると次のようになる。損益の決算振替仕訳は仕訳帳に記帳する。

繰越利益剰余金　（K）			
		3/31 損　　益	4,000

※損益が利益の場合は繰越利益剰余金勘定の貸方へ

（4）資産，負債，資本の元帳の締切りと翌期首の開始記入は次のようになる。

現　　　金　（A）			
3/1 資 本 金	50,000	3/15 給　　料	10,000
2 借 入 金	30,000	25 借 入 金	2,000
10 受取手数料	6,000	31 次期繰越	82,000
20　〃	8,000		
	94,000		94,000
4/1 前期繰越	82,000		

繰越利益剰余金　（K）			
3/31 次期繰越	4,000	3/31 損　　益	4,000
		4/1 前期繰越	4,000

※繰越利益剰余金についても締切りを行う

借　入　金　（L）			
3/25 現　　金	2,000	3/2 現　　金	30,000
31 次期繰越	28,000		
	30,000		30,000
		4/1 前期繰越	28,000

資　本　金　（K）			
3/31 次期繰越	50,000	3/1 現　　金	50,000
		4/1 前期繰越	50,000

決算振替仕訳	日 付	借 方 科 目	金 額	貸 方 科 目	金 額
収益の決算振替仕訳	3/31	受 取 手 数 料	14,000	損　　　益	14,000
費用の決算振替仕訳	〃	損　　　益	10,000	給　　　料	10,000
損益の決算振替仕訳	〃	損　　　益	4,000	繰越利益剰余金	4,000

※1　決算振替仕訳は，決算日の日付で行う。
※2　決算振替仕訳では，収益が借方，費用が貸方に仕訳され，相手の勘定科目は損益である。
※3　損益の振替が利益の場合には，繰越利益剰余金の増加として仕訳する。

練習問題

1.

ア	イ	ウ	エ	オ
繰越利益剰余金	30,000	550,000	次期繰越	100,000
カ	キ	ク	ケ	コ
損　　益	30,000	100,000	前期繰越	100,000

日　付	借　方　科　目	金　額	貸　方　科　目	金　額
3/31	損　　　　　益	30,000	繰越利益剰余金	30,000

【解説】

締切後は以下のようになる。

損　　益

3/31 仕　　入 340,000	3/31 売　　上 490,000
〃 給　料 180,000	〃 受取家賃 60,000
〃 繰越利益剰余金 30,000	
550,000	550,000

繰越利益剰余金

3/31 次期繰越 100,000	4/1 前期繰越 70,000
	3/31 損　　益 30,000
100,000	100,000
	4/1 前期繰越 100,000

2.（1）収益と費用の元帳を締切ると次のようになる。

売　　上　（R）

3/31 損　　益 900,000	3/7 諸　　口 600,000
	23 売 掛 金 300,000
900,000	900,000

仕　　入　（E）

3/3 諸　　口 400,000	3/31 損　　益 600,000
14 〃 200,000	
600,000	600,000

受取手数料　（R）

3/31 損　　益 55,000	3/28 現　金 55,000

給　　料　（E）

3/20 現　金 195,000	3/31 損　　益 195,000

（2）損益勘定に収益と費用の勘定残高を振替えて締切ると次のようになる。収益と費用の決算振替仕訳は仕訳帳に記帳する。

損　　益

3/31 仕　　入 600,000	3/31 売　　上 900,000
〃 給　料 195,000	〃 受取手数料 55,000
〃 繰越利益剰余金 160,000	
955,000	955,000

（3）繰越利益剰余金勘定に損益の勘定残高を振替えて締切ると次のようになる。損益の決算振替仕訳は仕訳帳に記帳する。

繰越利益剰余金　（K）

	3/31 損　　益 160,000

（４）資産，負債，資本の元帳の締切りと翌期首の開始記入は次のようになる。

売　掛　金　（A）

3/ 7 売　　　上	400,000	3 /25 現　　　金	350,000
23 〃	300,000	31 次 期 繰 越	350,000
	700,000		700,000
4 / 1 前 期 繰 越	350,000		

買　掛　金　（L）

3 /25 現　　　金	90,000	3 / 3 仕　　　入	200,000
31 次 期 繰 越	210,000	14 〃	100,000
	300,000		300,000
		4 / 1 前 期 繰 越	210,000

資　本　金　（K）

3 /31 次 期 繰 越	300,000	3 / 1 現　　　金	300,000
		4 / 1 前 期 繰 越	300,000

繰越利益剰余金　（K）

3 /31 次 期 繰 越	160,000	3 /31 損　　　益	160,000
		4 / 1 前 期 繰 越	160,000

現　　　金　（A）

3 / 1 資 本 金	300,000	3 / 3 仕　　　入	200,000
7 売　　　上	200,000	14 〃	100,000
25 売 掛 金	350,000	20 給　　　料	195,000
28 受取手数料	55,000	25 買 掛 金	90,000
		31 次 期 繰 越	320,000
	905,000		905,000
4 / 1 前 期 繰 越	320,000		

決算振替仕訳	日 付	借 方 科 目	金 額	貸 方 科 目	金 額
収益の決算振替仕訳	3 /31	売　　　　　上 受 取 手 数 料	900,000 55,000	損　　　　　益	955,000
費用の決算振替仕訳	〃	損　　　　　益	795,000	仕　　　　　入 給　　　　　料	600,000 195,000
損益の決算振替仕訳	〃	損　　　　　益	160,000	繰 越 利 益 剰 余 金	160,000

Chapter 9 現金預金

基本問題

	借 方 科 目	金 額	貸 方 科 目	金 額
1	定 期 預 金	100,000	現　　　　　金	100,000
2	当 座 預 金 西 銀 行	80,000	普 通 預 金 東 銀 行	80,000
3	仕　　　　　入	20,000	当 座 預 金	20,000
4	現　　　　　金	40,000	売　　　　　上	40,000
5	当 座 預 金	70,000	売　　　　　上	70,000
6	仕　　　　　入	90,000	当 座 預 金	90,000
7	当 座 預 金	30,000	当 座 借 越	30,000
8	当 座 借 越	30,000	当 座 預 金	30,000
9	現　　　　　金	70,000	受 取 家 賃	70,000

【解説】
（３）自己振出の小切手は当座預金勘定で処理する。

（4）他人振出の小切手は現金勘定で処理する。

（6）小切手は振出したが，当座預金は¥30,000のマイナス（貸方残高）になる。

（7）当座預金勘定の貸方残高は，決算に当座借越勘定の貸方に振替える。

（8）翌期首の再振替仕訳は，決算時の振替仕訳と貸借が逆になる。

（9）送金小切手は通貨代用証券なので現金勘定で処理する。

練習問題

1.

日 付	借 方 科 目	金 額	貸 方 科 目	金 額
12/ 1	当 座 預 金	700,000	現　　　　金	700,000
10	仕　　　　入	300,000	当 座 預 金	300,000
20	備　　　　品	500,000	当 座 預 金	500,000
25	当 座 預 金	40,000	売　　　　上	40,000
31	当 座 預 金	60,000	当 座 借 越	60,000
1/ 1	当 座 借 越	60,000	当 座 預 金	60,000

当座預金

12/ 1 現　　金 700,000	12/10 仕　入 300,000
25 売　上 40,000	20 備　品 500,000
31 当座借越 60,000	

当座借越

	12/31 当座預金 60,000

【解説】

（1）12/ 1 当座借越契約は，単に契約を結んだだけなので仕訳不要。

（2）12/20小切手は振出したが，当座預金残高は¥100,000のマイナス（貸方残高）である。

（3）12/25当座預金の残高は依然として¥60,000マイナス（貸方残高）である。

（4）12/31 当座預金勘定の貸方残高¥60,000は，決算で当座借越勘定の貸方に振替える。

2.

	借 方 科 目	金 額	貸 方 科 目	金 額
（1）	現　　　　金	80,000	売 掛 金	80,000
（2）	当 座 預 金	700,000	売　　　　上	700,000
（3）	現　　　　金	62,000	受 取 地 代	62,000
（4）	買 掛 金	300,000	当 座 預 金	300,000
（5）	仕　　　　入	50,000	現　　　　金	50,000
（6）	当 座 預 金 令 和 銀 行 当 座 預 金 大 正 銀 行	100,000 100,000	現　　　　金	200,000
（7）	当 座 預 金 平 成 銀 行	40,000	借　　入　　金	40,000
（8）	旅 費 交 通 費	98,000	当 座 預 金	98,000
（9） 4/20	買 掛 金 支 払 手 数 料	70,000 200	当 座 預 金	70,200
23	当 座 預 金	130,000	売 掛 金	130,000
25	借　　入　　金 支 払 利 息	480,000 6,000	当 座 預 金	486,000
27	仕 訳 な し			

【解説】

（2）受取ったのは当店が振出した自己振出小切手なので当座預金勘定で処理する。

（3）郵便為替証書は通貨代用証券なので現金勘定で処理する。

（5）山口商店が振出した他人振出小切手で支払ったので現金勘定で処理する。

（7）当座預金勘定の貸方残高は，決算で借入金勘定（L）に振替えることもある。

（8）但し書きに旅客運賃と書かれているので旅費交通費勘定（E）で処理する。

（9）小切手（No.16）は，4/20以前に小切手を振出した時点で当座預金を減らす仕訳が済んでいるので，4/27の仕訳は不要である。

Chapter 10　現金過不足と小口現金

基本問題

1.

	借　方　科　目	金　額	貸　方　科　目	金　額
（1）	現　金　過　不　足	12,000	現　　　　　　　金	12,000
（2）	通　　信　　費	9,000	受　取　手　数　料	1,000
			現　金　過　不　足	8,000
（3）	雑　　　　　　損	4,000	現　金　過　不　足	4,000

【解説】

（1）これは¥12,000不足のケースなので，帳簿を実際にあわせるために，現金¥12,000を貸方に記帳して減少させ，その相手勘定（借方）を現金過不足とする。

（2）受取手数料は収益なので貸方，通信費は費用なので借方に記帳し，その相手勘定を現金過不足とする。ただし，原因が複数あっても現金過不足は1つに整理するため，以下のように現金過不足が借方と貸方に生じる場合は，少ない方の金額を借方と貸方の両方から（同額）差引くことによって整理する。

（借）　現金過不足　~~1,000~~　　　（貸）　受取手数料　1,000
　　　通　信　費　9,000　　　　　　　現金過不足　~~9,000~~　⇒　8,000

（3）不足のケースのため決算において原因不明の残高¥4,000（¥12,000－¥8,000）を雑損（E）に振替える。

2.

	借　方　科　目	金　額	貸　方　科　目	金　額
（1）	現　　　　　　　金	13,000	現　金　過　不　足	13,000
（2）	現　金　過　不　足	12,000	受　取　家　賃	7,000
			受　取　地　代	5,000
（3）	現　金　過　不　足	1,000	雑　　　　　　益	1,000

【解説】

（1）これは¥13,000過剰のケースなので，帳簿を実際にあわせるために現金¥13,000を借方に記帳して増加させ，その相手勘定（貸方）を現金過不足とする。

（2）受取家賃と受取地代は収益なので貸方に記帳し，その相手勘定を現金過不足と記帳する。原因は2つあっても現金過不足は1つに合計して整理する。

（3）過剰のケースのため原因不明の残高¥1,000（¥13,000－¥12,000）を雑益（R）に振替える。

3.

	借 方 科 目	金 額	貸 方 科 目	金 額
（1）	雑　　　　　　　　損	9,000	現　　　　　　　　金	9,000
（2）	現　　　　　　　　金	6,000	雑　　　　　　　　益	6,000

【解説】

（1）不足額¥9,000の発見で帳簿上の現金を減らすが，決算で原因不明のため雑損として処理する。

（2）過剰額¥6,000の発見で帳簿上の現金を増やすが，決算で原因不明のため雑益として処理する。

4.

	借 方 科 目	金 額	貸 方 科 目	金 額
（1）	小　口　現　金	30,000	当　座　預　金	30,000
（2）	旅　費　交　通　費 消　耗　品　費 雑　　　　　　　費	15,000 8,000 4,000	小　口　現　金	27,000
（3）	小　口　現　金	27,000	当　座　預　金	27,000
（4）	旅　費　交　通　費 消　耗　品　費 雑　　　　　　　費	15,000 8,000 4,000	当　座　預　金	27,000

【解説】

（1）小切手で渡された少額の資金は用度係が管理する小口現金に振替える。

（2）会計係は用度係からの支払報告を受け小口現金の減少を記帳する。接待用の茶菓子など，金額的に小さく，独立した勘定科目を設けるほどではない費用が雑費（E）となる。

（3）翌営業日補給による小口現金の補給である。補給額は支払報告の金額と同額。

（4）即日補給である。報告と補給が同時になるため小口現金は使わないこと。

練習問題

	借 方 科 目	金 額	貸 方 科 目	金 額
1	現　　　　　　　金	18,000	現　金　過　不　足	18,000
2	雑　　　　　　　損	76,000	現　　　　　　　金	76,000
3	水　道　光　熱　費 現　金　過　不　足	2,500 5,000	受　取　家　賃 受　取　利　息	7,000 500
4	支　払　地　代 旅　費　交　通　費 雑　　　　　　　損	4,800 3,200 1,000	現　金　過　不　足	9,000
5	消　耗　品　費 現　金　過　不　足	10,000 39,000	受　取　手　数　料 雑　　　　　　　益	45,000 4,000
6	旅　費　交　通　費 消　耗　品　費 通　　信　　費 雑　　　　　　　費	9,000 3,500 7,000 2,000	小　口　現　金	21,500
7	通　　信　　費 旅　費　交　通　費 消　耗　品　費 雑　　　　　　　費	8,000 5,000 3,000 1,000	当　座　預　金	17,000

8	消　耗　品　費	6,900	当　座　預　金			32,000
	旅　費　交　通　費	8,700				
	通　　信　　費	12,000				
	雑　　　　　費	4,400				

【解説】

1．現金の実際有高は硬貨と紙幣の合計額￥268,000となり，帳簿残高よりも￥18,000過剰である。帳簿を実際にあわせるため，現金￥18,000を借方に記帳し，その相手勘定（貸方）を現金過不足とする。

2．金庫内には現金以外の物品も含まれるので現金のみを集計する。また，簿記上の現金には通貨代用証券が含まれることに注意する（Chapter 9の5参照）。そこで現金の実際有高を計算すると硬貨，紙幣，送金小切手，郵便為替証書，他人振出小切手の合計額￥644,000となる。これにより現金が￥76,000不足となることから帳簿の現金を減らすために貸方に記帳する。また，本日は決算日のため不足額は雑損として処理する。

3．水道光熱費は費用なので借方，受取家賃と受取利息は収益なので貸方に記帳し，その相手勘定を現金過不足とする。また，現金過不足が借方と貸方に記帳されるため少ない方の金額を借方と貸方の両方から（同額）差引くことによって整理する。

（借）　水道光熱費　　　2,500　　　　　（貸）　現金過不足　　~~2,500~~

　　　　現金過不足　　~~7,500~~　⇒　5,000　　　　　受取家賃　　　7,000

　　　　　　　　　　　　　　　　　　　　　　受取利息　　　　500

4．￥9,000不足のケースである。支払地代と旅費交通費は費用なので借方に記帳し，その合計額は￥8,000のため原因不明の残額￥1,000は雑損で処理する。

5．￥39,000の過剰のケースである。消耗品費は費用なので借方，受取手数料は収益なので貸方に記帳し，その相手勘定を現金過不足とする。また，決算で原因不明の残額は過剰のケースにより雑益で処理する。なお，原因が判明した段階で，以下のように整理された現金過不足￥35,000が原因判明分の金額になるため原因不明の残額は￥39,000－￥35,000＝￥4,000になる。この残額を雑益に振替えることで現金過不足の金額（￥39,000）が借方に仕訳される。

（借）　消耗品費　　　　10,000　　　　（貸）　現金過不足　　~~10,000~~

　　　　現金過不足　　~~45,000~~　⇒　35,000　　　　受取家賃　　　45,000

　　　　　　　　　　原因が判明した金額

6．小口現金係からの報告内容をもとに記帳し，接待用茶菓子は雑費で処理する。報告時に資金を補給しないことから貸方は小口現金となる（翌営業日補給のケース）。

7．即日補給により報告と補給が同時のため小口現金は使わないこと。

8．即日補給のケース。新聞購読料は雑費で処理する。

Chapter 11　商品売買1

基本問題

1.

	借　方　科　目	金　額	貸　方　科　目	金　額
（1）	仕　　　　　　　入	800,000	買　　掛　　金	800,000
（2）	買　　掛　　金	90,000	仕　　　　　　　入	90,000
（3）	売　　掛　　金	770,000	売　　　　　　　上	770,000
（4）	売　　　　　　　上	46,000	売　　掛　　金	46,000

2.

	借方科目	金額	貸方科目	金額
(1)	仕　　　　　入	123,000	買　　掛　　金	120,000
			現　　　　　金	3,000
(2)	仕　　　　　入	25,000	買　　掛　　金	25,000
	立　　替　　金	300	現　　　　　金	300
(3)	仕　　　　　入	280,000	買　　掛　　金	276,000
			現　　　　　金	4,000
(4)	売　　掛　　金	350,000	売　　　　　上	350,000
	発　　送　　費	5,000	現　　　　　金	5,000
(5)	売　　掛　　金	642,000	売　　　　　上	642,000
	発　　送　　費	2,000	未　　払　　金	2,000

練習問題

1.

日付	借方科目	金額	貸方科目	金額
7/ 1	仕　　　　　入	600,000	買　　掛　　金	600,000
7/ 2	買　　掛　　金	100,000	仕　　　　　入	100,000
7/16	現　　　　　金	100,000	売　　　　　上	420,000
	売　　掛　　金	320,000		
7/17	売　　　　　上	42,000	売　　掛　　金	42,000
7/23	仕　　　　　入	400,000	現　　　　　金	200,000
			買　　掛　　金	200,000
7/25	普　通　預　金	270,000	売　　　　　上	270,000

仕　　入				売　　上			
7/ 1	600,000	7/ 2	100,000	7/17	42,000	7/16	420,000
7/23	400,000					7/25	270,000

項　目	金　額	計算過程
総　仕　入　高	￥1,000,000	￥600,000＋￥400,000
仕　入　戻　し　高	￥ 100,000	——
純　仕　入　高	￥ 900,000	￥1,000,000－￥100,000
総　売　上　高	￥ 690,000	￥420,000＋￥270,000
売　上　戻　り　高	￥ 42,000	——
純　売　上　高	￥ 648,000	￥690,000－￥42,000

【解説】
（1）三分法によった場合のポイントは次のようにまとめられる。
① 仕入取引では仕入勘定（費用）を用い，売上取引では売上勘定（収益）を用いる。

② 売上取引ではすべて売価で記帳し，原価は無関係であることに注意すること。

③ 返品については，すべて仕入，売上の取消しとなる。特に断りがない限り，同時に掛代金を減少させる。

（2）総仕入高 − 仕入戻し高 ＝ 純仕入高

　　総売上高 − 売上戻り高 ＝ 純売上高

2.

		借　方　科　目	金　額	貸　方　科　目	金　額
（1）		仕　　　　　　入	187,800	買　　掛　　金	187,800
（2）		現　　　　　　金	162,000	売　　　　　上	562,000
		売　　掛　　金	400,000		
（3）		当　座　預　金	670,000	売　　　　　上	670,000
（4）		売　　　　　　上	72,800	売　　掛　　金	72,800
（5）		買　　掛　　金	26,600	仕　　　　　入	26,600
（6）		仕　　　　　　入	230,000	買　　掛　　金	226,000
				現　　　　　金	4,000
（7）		仕　　　　　　入	380,000	当　座　預　金	38,000
				買　　掛　　金	342,000
		立　　替　　金	2,000	現　　　　　金	2,000
（8）		仕　　　　　　入	987,000	現　　　　　金	300,000
				買　　掛　　金	670,000
				当　座　預　金	17,000
（9）		仕　　　　　　入	1,680,000	買　　掛　　金	1,620,000
				現　　　　　金	60,000
（10）		現　　　　　　金	450,000	売　　　　　上	912,000
		売　　掛　　金	462,000		
		発　　送　　費	12,000	未　　払　　金	12,000
（11）		現　　　　　　金	570,000	売　　　　　上	570,000
		発　　送　　費	36,000	当　座　預　金	36,000

【解説】

（1）金額は@¥190×620個＋@¥200×350個で求められる。月末払いということは後払いを意味する仕入債務に該当するので，買掛金を用いる。

（2）得意先振出の小切手は他人振出の小切手を意味するので，現金を増やす。月末に代金を受取るということは後日受取る売上債権に該当するので，売掛金を用いる。

（3）小切手を受取ってもすぐに当座預金に預けているので，当座預金を増やす。

（4）売上戻りなので，売価の方を用いて計算する。金額は@¥5,200×14個で求められる。

（5）金額は@¥3,800×7個で求められる。

（6）立替金を使わないので，立替分を買掛金から減らす。

（8）(9）引取費用はすべて当店負担の仕入諸掛となるため，仕入勘定に加算する。

（8）手許に保管してある小切手はそれを受取った時に現金勘定で処理していることになる。したがって，それを譲渡したということは現金を減らせばよい。

（9）当店は自動車販売業ということなので，中古自動車は商品として購入したことになる。したがって，仕入を増やせばよい。

（10）配送料を加えた金額を兵庫商店に請求しているので売上は¥912,000となり，売上諸掛は実質的に兵庫商

店の負担になる。配送料￥12,000は当店が支払うので発送費で処理するが，支払は後日になるので貸方は未払金とする。

(11) 配送料は当店負担であるため，三重商店への請求額は@￥4,750×120個＝￥570,000となり，これを売上の金額とする。当店は配送料￥36,000を支払っているので発送費で処理する。

3.

	借 方 科 目	金 額	貸 方 科 目	金 額
(1)	仕　　　　　入	499,200	買　　掛　　金	499,200
(2)	売　　掛　　金	9,450	売　　　　　上	9,450
(3)	売　　掛　　金	172,900	売　　　　　上	172,900

【解説】

(1) 簿記実務では，必ずその取引の存在を示す証ひょう類を見て仕訳を起こす。本問では，確認の意味で合計額を再計算して仕入金額とする。

(2) 納品書兼請求書の原本は新潟商店に送ってしまったので，手許にある納品書兼請求書の控えを見て仕訳を起こす。

(3) 本問と同じ内容の問題が掲載されている，日本商工会議所公表「日商簿記3級出題区分の改定に対応したサンプル問題」の9ページの解説を見ると，品物の受渡し，請求書発行，仕訳起票のタイミングの違いから，企業間で継続的に行われている取引について次の3つのケースを想定していると考えられる。

	練習問題	請求書発行	仕訳起票
ケース①	(2)	品物の受渡しと同時	品物の受渡しと同時
ケース②	(1)	後日請求	品物の受渡しと同時
ケース③	(3)	後日請求	1か月分まとめて起票

※ケース③では，管理のために補助簿・業務システムへの記録は取引のつど行われている。

　本問はケース③に該当する。すなわち，商品の受渡しが行われても起票せず，1か月分の請求書が届いた時点で仕訳もまとめて起票するということになる。ケース①ではすべてが同時に行われる。ここでは問題（2）が該当する。ケース②では請求書のみ後日送られてくる場合であり，問題（1）が該当する。

4.

	借 方 科 目	金 額	貸 方 科 目	金 額
①	売　　掛　　金	758,400	売　　　　　上	758,400
	発　　送　　費	11,600	現　　　　　金	11,600
②	仕　　　　　入	758,400	買　　掛　　金	758,400
③	普　通　預　金	758,400	売　　掛　　金	758,400
④	買　　掛　　金	758,400	当　座　預　金	758,940
	支　払　手　数　料	540		

【解説】

① 秋葉原電器が発送運賃を現金払いしているが，筑波商事への請求書にそれは計上されていないため，この発送運賃は秋葉原電器が負担するものと判断できる。筑波商事への請求額は商品代金の￥758,400のみとなるので，これを売上の金額とすればよい。

② 筑波商事は後日，請求書の商品代金を支払う義務を負うので仕入と買掛金で仕訳する。

③ 請求書の振込先に代金が振込まれたので，普通預金が増加する。

④ 当座勘定照合表から，筑波商事は当座預金口座から代金を支払ったと判断できる。

Chapter 12 商品売買2

基本問題

1.

	借 方 科 目	金 額	貸 方 科 目	金 額
（1）	前 払 金	120,000	当 座 預 金	120,000
（2）	仕 入	600,000	前 払 金	120,000
			買 掛 金	480,000
（3）	現 金	50,000	前 受 金	50,000
（4）	前 受 金	50,000	売 上	250,000
	売 掛 金	200,000		
（5）	受 取 商 品 券	390,000	売 上	390,000
（6）	現 金	390,000	受 取 商 品 券	390,000
（7）	クレジット売掛金	137,200	売 上	140,000
	支 払 手 数 料	2,800		
（8）	当 座 預 金	137,200	クレジット売掛金	137,200

2.

	借 方 科 目	金 額	貸 方 科 目	金 額
（1）	岡 山 商 店	420,000	売 上	420,000
（2）	現 金	420,000	岡 山 商 店	420,000
（3）	仕 入	1,850,000	山 口 商 店	1,850,000
（4）	山 口 商 店	1,850,000	当 座 預 金	1,850,000

1.

	借　方　科　目	金　額	貸　方　科　目	金　額
（1）	前　　払　　金	162,000	現　　　　　　金	162,000
（2）	前　　払　　金	98,000	当　座　預　金	98,000
（3）	買　　掛　　金	350,000	当　座　預　金	377,000
	前　　払　　金	27,000		
（4）	仕　　　　　　入	430,000	前　　払　　金	43,000
			当　座　預　金	387,000
（5）	仕　　　　　　入	510,000	前　　払　　金	102,000
			買　　掛　　金	408,000
（6）	仕　　　　　　入	279,000	前　　払　　金	60,000
			買　　掛　　金	200,000
			現　　　　　　金	19,000
（7）	現　　　　　　金	70,000	前　　受　　金	70,000
（8）	当　座　預　金	3,600,000	前　　受　　金	3,600,000
（9）	現　　　　　　金	720,000	売　　掛　　金	580,000
			前　　受　　金	140,000
（10）	前　　受　　金	80,000	売　　　　　　上	695,000
	売　　掛　　金	615,000		
	発　　送　　費	15,000	未　　払　　金	15,000

【解説】

（1）内金は@¥13,500×120個×10％＝¥162,000と計算される。決して発注額で仕訳しないようにすること。

（2）手付金は¥490,000×20％＝¥98,000と計算される。

（3）次回の商品仕入のための手付金は前払金勘定を用いる。

（5）内金は¥510,000×20％＝¥102,000と計算される。

（6）当店負担の引取運賃は仕入勘定の金額に含めること。

（8）予約金全額を受取った場合でも注文時の取引なので前受金を用いる。その金額は¥12,000×300個＝¥3,600,000と計算される。

（9）注文を受けた商品の手付金は前受金を用いる。通貨代用証券である送金小切手を受取った場合は現金勘定を用いる。

（10）秋田商店への請求額（売上の金額）は商品代金¥680,000と配送料¥15,000の合計金額¥695,000であるので，売上諸掛である配送料は実質的に秋田商店の負担になる。配送料¥15,000は当店が支払っているので発送費で処理するが，配送業者への支払は後日になるので貸方は未払金とする。

2.

	借方科目	金額	貸方科目	金額
(1)	受 取 商 品 券	70,000	売　　　　　　　　上	67,500
			現　　　　　　　　金	2,500
(2)	現　　　　　　　　金	70,000	受 取 商 品 券	70,000
(3)	受 取 商 品 券	800,000	売　　　　　　　　上	800,000
(4)	ク レ ジ ッ ト 売 掛 金	465,500	売　　　　　　　　上	490,000
	支 払 手 数 料	24,500		
(5)	当 座 預 金	465,500	ク レ ジ ッ ト 売 掛 金	465,500
(6)	売　　　　　　　　上	610,000	ク レ ジ ッ ト 売 掛 金	591,700
			支 払 手 数 料	18,300
(7)	山 口 商 店	380,000	当 座 預 金	380,000
(8)	普 通 預 金	948,000	山 形 商 店	948,000
(9)	買 掛 金	1,270,000	普 通 預 金	1,270,880
	支 払 手 数 料	880		
(10)	当 座 預 金	394,560	売 掛 金	395,000
	支 払 手 数 料	440		
(11)	買 掛 金	700,000	売 掛 金	500,000
			当 座 預 金	200,000

【解説】

（1）～（3）いろいろな種類の商品券があるが，他者が発行した場合にはすべて受取商品券勘定で処理すること。具体的な商品券の名称に惑わされないこと。

（4）支払手数料；¥490,000×5％＝¥24,500

（5）信販会社からは売上額ではなく手取額が支払われる。

（6）販売時の仕訳の借方と貸方を入替えた仕訳（逆仕訳）をすれば，返品の処理になる。

（10）手数料が当店負担で相手が売掛金を振込む場合でも，振込時に手数料は支払わなければならない。その場合，手数料分だけ減らした金額を振込んでもらえば，実質的に相手は手数料を負担しなくてすむ。実務でよく行われる方法である。相手の徳島商店は実際には振込手数料を支払っているが，手数料分を差引いた金額を振込んでいるので仕訳は次のようになる。

　（借）買掛金 395,000　　（貸）当座預金 395,000

（11）同じ取引先で売掛金と買掛金がある場合には，差額分だけを精算して決済する方が簡単である。実務で行われる方法であると考えられる。

3.

日付	借方科目	金額	貸方科目	金額
	現　　　　　　　　金	75,110	売　　　　　　　　上	147,910
10/18	ク レ ジ ッ ト 売 掛 金	69,160		
	支 払 手 数 料	3,640		

【解説】

　現金；¥147,910－¥72,800＝¥75,110

　支払手数料；¥72,800×5％＝¥3,640

Chapter 13 約束手形と電子記録債権（債務）

基本問題

1.

	借　方　科　目	金　額	貸　方　科　目	金　額
（1）	仕　　　　　　　入	700,000	支　払　手　形	700,000
（2）	支　払　手　形	700,000	当　座　預　金	700,000
（3）	受　取　手　形	1,230,000	売　　　　　　　上	1,230,000
（4）	当　座　預　金	1,230,000	受　取　手　形	1,230,000

【解説】
（2）約束手形代金の支払いは必ず当座預金口座より行われる。
（4）約束手形代金の回収は原則として当座預金口座より行われる。普通預金口座の場合もあり得るが，何も指示がない場合には当座預金口座に入金すると考えてよい。

2.

	借　方　科　目	金　額	貸　方　科　目	金　額
（1）	電　子　記　録　債　権	900,000	売　　　掛　　　金	900,000
（2）	当　座　預　金	900,000	電　子　記　録　債　権	900,000
（3）	買　　　掛　　　金	900,000	電　子　記　録　債　務	900,000
（4）	電　子　記　録　債　務	900,000	当　座　預　金	900,000
（5）	買　　　掛　　　金	400,000	電　子　記　録　債　務	400,000
（6）	電　子　記　録　債　務	400,000	当　座　預　金	400,000
（7）	電　子　記　録　債　権	400,000	売　　　掛　　　金	400,000
（8）	当　座　預　金	400,000	電　子　記　録　債　権	400,000

【解説】
　電子記録債権と電子記録債務は，債権者側と債務者側どちらからでも発生記録請求ができる。承諾の必要性の違いはあるものの，仕訳に関しては債権者側と債務者側どちらが発生記録請求しても同じになる。

練習問題

1.

		借 方 科 目	金 額	貸 方 科 目	金 額
（1）		買 掛 金	150,000	支 払 手 形	150,000
（2）		仕 入	730,000	支 払 手 形	230,000
				買 掛 金	500,000
（3）		仕 入	800,000	当 座 預 金	400,000
				支 払 手 形	400,000
（4）		仕 入	1,284,000	支 払 手 形	1,000,000
				買 掛 金	280,000
				現 金	4,000
（5）		買 掛 金	360,000	支 払 手 形	360,000
		通 信 費	800	現 金	800
（6）		支 払 手 形	270,000	当 座 預 金	270,000
（7）		仕 入	597,000	前 払 金	90,000
				当 座 預 金	100,000
				支 払 手 形	400,000
				現 金	7,000
（8）		現 金	190,000	売 上	390,000
		受 取 手 形	200,000		
（9）		当 座 預 金	338,000	売 上	676,000
		受 取 手 形	338,000		
（10）		当 座 預 金	370,000	受 取 手 形	370,000
（11）		受 取 手 形	500,000	売 上	780,000
		売 掛 金	280,000		
		発 送 費	9,500	未 払 金	9,500
（12）		前 受 金	70,000	売 上	640,000
		受 取 手 形	200,000		
		売 掛 金	370,000		
（13）		受 取 手 形	300,000	売 上	660,000
		売 掛 金	360,000		
		発 送 費	14,000	当 座 預 金	14,000
（14）		前 受 金	40,000	売 上	558,000
		受 取 手 形	200,000		
		売 掛 金	318,000		
		発 送 費	18,000	未 払 金	18,000

【解説】

（1）仕入先に対する掛代金は，買掛金を意味する。

（4）残額については月末払いとあるが，商品売買取引であるので買掛金を用いる。

（5）約束手形を郵送した時の郵送料金は通信費で処理する。

（6）当店振出の約束手形の決済代金とは，支払手形の金額のことである。

（7）注文時に支払った手付金は前払金を用いる。仕入に伴う運送保険料は引取運賃と同様に仕入諸掛となる。本問では当店負担とあるので，仕入の金額に加算する。

（8）売上時の仕訳では売価のみ用いるので，帳簿価額￥260,000は無視してよい。

（9）売上金額は，@￥1,300×520個＝￥676,000と計算される。

（11）配送料は当店負担であるため，仙台商店への請求額（売上の金額）は商品代金のみと考えられる。また，配送料￥9,500は当店が支払っているので発送費で処理するが，配送業者への支払は後日になるので未払金で処理する。

（12）注文時に受取った内金は前受金を用いる。

（13）月末に受取るとあるが，商品代金なので売掛金を用いる。発送運賃は当店負担であるため，北九州商店への請求額（売上の金額）は商品代金のみと考えられる。当店は発送運賃￥14,000を支払っているので発送費で処理する。

（14）配送料を加えた金額を浜松商店に請求しているので売上は￥558,000となり，売上諸掛（配送料）は実質的に浜松商店の負担になる。当店は配送料￥18,000を支払っているので発送費で処理するが，配送業者への支払は後日になるので未払金で処理する。

2.

	借 方 科 目	金 額	貸 方 科 目	金 額
（1）	買　　　　　掛　　　　　金	380,000	電 子 記 録 債 務	380,000
（2）	電 子 記 録 債 権	1,460,000	売　　　　　掛　　　　　金	1,460,000
（3）	当　　座　　預　　金	520,000	電 子 記 録 債 権	520,000
（4）	電 子 記 録 債 務	410,000	当　　座　　預　　金	410,000
（5）	電 子 記 録 債 権	976,000	売　　　　　　　　　上	976,000
（6）	仕　　　　　　　　　入	318,000	電 子 記 録 債 務	318,000

【解説】

（1）債権者側からの請求において，債務者である当店がその承諾をした場合の仕訳となる。

（2）債務者からの請求の場合，通知が来た時点で売掛金を電子記録債権に振替える。

（3）約束手形の取立てと同じイメージで仕訳をすればよい。電子記録債権が資金として回収されたことになる。

（4）約束手形の支払いと同じイメージで仕訳をすればよい。電子記録債務を当座預金口座から支払ったことになる。

（5）いったん掛で売上げ，すぐに電子記録債権の発生記録を行ったと考えればよい。仕訳も次のように分けて考えるといい。

①　商品の販売
（借）売　掛　金 976,000　　（貸）売　　　　上 976,000

②　電子記録債権の発生記録
（借）電子記録債権 976,000　　（貸）売　掛　金 976,000

（6）いったん掛で仕入れ，すぐに電子記録債務の発生記録を行ったと考えればよい。仕訳も次のように分けて考えるとよい。

① 商品の仕入れ

(借) 仕　　　入　318,000　　(貸) 買　掛　金　318,000

② 電子記録債務の発生記録

(借) 買　掛　金　318,000　　(貸) 電子記録債務　318,000

3.

借　方　科　目	金　額	貸　方　科　目	金　額
現　　　　　　　　金	300,000	売　　　　　　　　上	1,200,000
受　　取　　手　　形	900,000		

【解説】

　実務の簿記では，必ず証拠となる証ひょう類を確認して仕訳を起こす。本問では小切手と約束手形が挙がっているが，それを見てどのような勘定科目を使うべきなのかをしっかりと確認してほしい。本問では八王子商事の立場で仕訳を起こす。すなわち，小切手を受取っているので現金の増加，約束手形の名宛人なので受取手形の増加となる。

Chapter 14　その他の債権と債務

基本問題

	借　方　科　目	金　額	貸　方　科　目	金　額
1.	役　員　貸　付　金	500,000	現　　　　　　　　金	500,000
2.	手　形　貸　付　金	250,000	現　　　　　　　　金	250,000
3.	手　形　借　入　金	1,000,000	普　　通　　預　　金	1,000,000
4.	現　　　　　　　　金	800,000	役　員　借　入　金	800,000
5.	仮　　　払　　　金	60,000	現　　　　　　　　金	60,000
6.	旅　費　交　通　費	57,000	仮　　　払　　　金	60,000
	現　　　　　　　　金	3,000		
7.	給　　　　　　　料	400,000	所　得　税　預　り　金	22,000
			住　民　税　預　り　金	30,000
			社　会　保　険　料　預　り　金	18,000
			現　　　　　　　　金	330,000
8.	社　会　保　険　料　預　り　金	38,000	現　　　　　　　　金	76,000
	法　定　福　利　費	38,000		
9.	差　入　保　証　金	12,000	現　　　　　　　　金	12,000

【解説】

　7・8.の給料から差引かれた源泉所得税は「所得税預り金」，住民税は「住民税預り金」，厚生年金保険料や健康保険料は「社会保険料預り金」勘定を使用する。しかし，問題によっては単に「預り金」勘定を使用することもある。

1.

	借方科目	金額	貸方科目	金額
（1）	借　入　金 支　払　利　息	400,000 8,000	当　座　預　金	408,000
（2）	現　　　　　金 支　払　利　息	195,000 5,000	手　形　借　入　金	200,000
（3）	当　座　預　金	300,000	受　取　手　形 手　形　貸　付　金	200,000 100,000
（4）	仮　　受　　金	30,000	前　　受　　金	30,000
（5）	旅　費　交　通　費	52,000	仮　　払　　金 現　　　　　金	50,000 2,000
（6）	旅　費　交　通　費 前　　払　　金 現　　　　　金	48,000 25,000 7,000	仮　　払　　金	80,000
（7）	給　　　　　料	820,000	所　得　税　預　り　金 社　会　保　険　料　預　り　金 従　業　員　預　り　金 従　業　員　立　替　金 現　　　　　金	60,000 50,000 40,000 15,000 655,000
（8）	社　会　保　険　料　預　り　金 法　定　福　利　費	72,000 72,000	普　通　預　金	144,000
（9）	所　得　税　預　り　金 住　民　税　預　り　金	110,000 180,000	普　通　預　金	290,000
（10）	差　入　保　証　金 支　払　手　数　料	500,000 400	普　通　預　金	500,400
（11）	差　入　保　証　金 支　払　手　数　料 支　払　家　賃	160,000 40,000 80,000	現　　　　　金	280,000

【解説】

（1）利息の計算は次の通り。￥400,000×3％×$\dfrac{8か月}{12か月}$＝￥8,000

（2）金銭の借入で振出した約束手形は，手形借入金で処理する。

（3）商品販売で取得した約束手形は受取手形，金銭貸付で取得した約束手形は手形貸付金で処理されている。

（5）ここでいう「現金で精算」は，仮払で不足した分を出張した従業員に支払うことを意味している。

（7）「立替えて支払っていた従業員個人の生命保険料」は，すでに借方に従業員立替金が記帳されていることが前提となっている。本問はその立替金を回収した取引になる。

（8）社会保険料の従業員負担分は社会保険料預り金，会社（事業主）負担分は法定福利費で処理する。

（10）（11）返済されることが前提となっている差入保証金（A）と，役務の対価である支払手数料（E）や支払家賃（E）とを区別する。

2.

	借方科目	金額	貸方科目	金額
（1）	支 払 利 息	600	現 金	600
（2）	旅 費 交 通 費	25,000	仮 払 金	30,000
	現 金	5,000		
（3）	差 入 保 証 金	50,000	当 座 預 金	75,000
	支 払 手 数 料	25,000		

【解説】
（1）領収書は支払った側が受取るものなので，利息は支払利息である。

（2）出張前に渡した現金¥30,000は仮払金として処理しているので，旅費交通費（新幹線とタクシー）¥25,000の精算にあたり，¥5,000の現金は社員から返金される。

（3）支払った敷金は差入保証金（A），仲介手数料は支払手数料（E）で処理する。

Chapter 15　貸倒れと貸倒引当金

基本問題

	借方科目	金額	貸方科目	金額
1.	貸 倒 損 失	280,000	売 掛 金	280,000
2.	現 金	40,000	償 却 債 権 取 立 益	40,000
3.	貸 倒 引 当 金 繰 入	54,000	貸 倒 引 当 金	54,000
4.	貸 倒 引 当 金	460,000	売 掛 金	600,000
	貸 倒 損 失	140,000		
5.	貸 倒 引 当 金 繰 入	73,000	貸 倒 引 当 金	73,000

【解説】

1．当期に生じたものが貸倒れているため，貸倒額は全額，貸倒損失勘定で処理する。

2．過年度に貸倒処理した債権を回収できた場合には，償却債権取立益勘定で処理する。

3．貸倒引当金は売掛金に限らず，受取手形などに対しても設定されることがある。本問の場合，貸倒れの見積額は，売掛金¥650,000と受取手形¥1,150,000の合計額¥1,800,000×3％＝¥54,000と計算できる。

4．過年度に生じた売掛金の貸倒処理では，貸倒引当金の残高が不足する場合，不足額を貸倒損失勘定で処理する。

5．差額補充法では，貸倒引当金として計上すべき金額¥90,000と貸倒引当金勘定の決算整理前残高¥17,000との差額¥73,000を，繰入れる。

練習問題

1.

	借方科目	金額	貸方科目	金額
（1）	貸　倒　損　失 貸　倒　引　当　金	2,100,000 700,000	売　　　掛　　　金	2,800,000
（2）	現　　　　　　　金 貸　倒　引　当　金 貸　倒　損　失	350,000 300,000 50,000	売　　　掛　　　金	700,000
（3）	当座預金渋谷銀行	180,000	償却債権取立益	180,000
（4）	前　　　受　　　金 貸　倒　損　失	100,000 480,000	売　　　掛　　　金	580,000
（5）	貸倒引当金繰入	115,000	貸　倒　引　当　金	115,000

2.
（問1）

	借方科目	金額	貸方科目	金額
①	当　座　預　金	174,000	売　　　掛　　　金	174,000
②	貸　倒　引　当　金	61,000	売　　　掛　　　金	61,000

（問2）

借方科目	金額	貸方科目	金額
貸倒引当金繰入	5,600	貸　倒　引　当　金	5,600

3.

ア	イ	ウ	エ	A
123,000	54,000	54,000	177,000	売掛金

【解説】

1.

（1）貸倒れた売掛金について，当期販売分と前期販売分を区別して処理する必要がある。前期販売分については，貸倒引当金残高¥1,000,000＞貸倒額¥700,000のため，全額，貸倒引当金勘定で処理する。

（2）回収できなかった残額¥350,000を貸倒れ処理することになるが，貸倒引当金残高¥300,000＜貸倒額¥350,000のため，不足額を貸倒損失勘定で処理する。

（3）口座別に当座預金勘定が設定されている点に注意。

（4）手付金は前受金勘定で処理されているため，これと売掛金を相殺して，残額を貸倒処理する。なお，貸倒引当金の残高の情報が与えられているが，貸倒れたのは「当期販売分」の売掛金であるから，貸倒損失勘定で処理する点に注意すること。

（5）貸倒れの見積額は，（売掛金¥2,360,000＋受取手形¥3,140,000）×3％＝¥165,000と計算できる。よって，繰入額は¥165,000－¥50,000＝¥115,000となる。

2.

（問1）決算に際しては，「期中に処理すべきであった取引が未処理のままになっている」ということがある。本問では2つの仕訳（および転記）が行われていなかったので，適切に処理する。これによって，売

掛金や貸倒引当金の勘定残高が正しい金額を表すようになる。

（問2）売掛金および貸倒引当金の決算整理前残高は正しい金額ではないため，（問1）の仕訳を反映した金額にもとづいて，貸倒れの見積額と繰入額を計算する必要がある。

売掛金：¥965,000−（¥174,000＋¥61,000）＝¥730,000

貸倒引当金：¥70,000−¥61,000＝¥9,000

貸倒れの見積：修正後売掛金¥730,000×2％＝¥14,600

繰入額：¥14,600−修正後貸倒引当金¥9,000＝¥5,600

3．解答に必要となる仕訳は次の通りであり，記号を付したものが解答と対応している。

| 5/24 | （借）貸　倒　損　失 | 95,000 | （貸）売　　掛　　金 | 95,000 |

当期発生売掛金の貸倒れである点に注意。

| 8/18 | （借）貸　倒　引　当　金　（ア）123,000 | | （貸）（A）売　　掛　　金 | 135,000 |
| | 貸　倒　損　失 | 12,000 | | |

貸倒引当金勘定の「前期繰越」高から，残高の不足に気づけるかがポイントである。この仕訳より，摘要の（A）には「売掛金」が記入される。

| 3/31 | （借）貸倒引当金繰入 | 54,000 | （貸）貸倒引当金（イ）（ウ）54,000 |

貸倒れの見積額は，売掛金の期末残高¥1,800,000×3％＝¥54,000と計算できる。差額補充法による旨の指示があるが，貸倒引当金勘定の決算整理前残高はゼロになっているため，見積額＝繰入額ということになる。その結果，貸倒引当金勘定の「次期繰越」高も，¥54,000となる。

Chapter 16　有形固定資産

基本問題

	借　方　科　目	金　額	貸　方　科　目	金　額
1.	土　　　　　　地	13,000,000	当　座　預　金	7,000,000
			未　　払　　金	5,000,000
			現　　　　　金	1,000,000
2.	備　　　　　　品	9,656,000	当　座　預　金	9,608,000
			現　　　　　金	48,000
3.	減　価　償　却　費	40,000	建物減価償却累計額	40,000
4.	車両運搬具減価償却累計額	2,500,000	車　両　運　搬　具	3,400,000
	未　収　入　金	1,100,000	固　定　資　産　売　却　益	200,000
5.	車　両　運　搬　具	750,000	現　　　　　金	890,000
	修　　繕　　費	140,000		

【解説】

1．用地の購入取引のため，土地勘定で処理し，後日払いの代金は未払金勘定で処理する。付随費用である登

記料や不動産仲介手数料はいずれも取得原価に含める。

2．証ひょう（領収書や請求書のこと）から，取引金額を読み取る問題である。パソコンは備品勘定で処理することと，付随費用は取得原価に含めるという基本事項がおさえられていれば解ける問題だが，「領収書」という証ひょうから，取引状況をイメージできるかが問われている。ちなみに「収入印紙2,000円」については，売り手側（日法電気機器株式会社）で処理する項目であるため，買い手側（那須塩原株式会社）では処理する必要はない。

3．減価償却費は，取得原価¥1,000,000÷耐用年数25年＝¥40,000と計算できる。

4．借方の車両運搬具減価償却累計額は，単に減価償却累計額でもよいが，問題によっては使用できる勘定科目が指定されることもあるため，問題文の指示をよく読むこと。売却した車両の帳簿価額は取得原価¥3,400,000－減価償却累計額¥2,500,000＝¥900,000であるから，売却価額¥1,100,000＞帳簿価額¥900,000より，固定資産売却益¥200,000が発生する。売却代金の未収入金処理も注意すること。

5．有形固定資産の価値を高める改良のための支出は，有形固定資産の帳簿価額に含める。他方，修繕に要した支出は，修繕費勘定で処理する。

練習問題

	借 方 科 目	金 額	貸 方 科 目	金 額
1.	備 品	3,080,000	未 払 金	3,087,560
	消 耗 品 費	7,560		
2.	車 両 運 搬 具	2,880,000	当 座 預 金	2,000,000
			未 払 金	640,000
			現 金	240,000
3.	土 地	37,000,000	未 払 金	32,000,000
			現 金	4,200,000
			当 座 預 金	800,000
4.	仕 入	608,000	買 掛 金	600,000
	備 品	152,000	未 払 金	150,000
			現 金	10,000
5.	減 価 償 却 費	67,500	備品減価償却累計額	67,500
6.	減 価 償 却 費	320,000	建物減価償却累計額	320,000
7.	減 価 償 却 費	200,000	車両運搬具減価償却累計額	200,000
8.	現 金	5,000,000	土 地	7,500,000
	未 収 入 金	3,000,000	固 定 資 産 売 却 益	500,000
9.	備品減価償却累計額	1,296,000	備 品	2,400,000
	減 価 償 却 費	120,000		
	未 収 入 金	840,000		
	固 定 資 産 売 却 損	144,000		
10.	修 繕 費	70,000	普 通 預 金	290,000
	備 品	220,000		

【解説】

1. 「プリンター用紙」は消耗品費勘定で処理する。基本問題と類似の形式の問題だからといって，付随費用のように処理してしまわないように注意すること。

2. 営業用自動車は，車両運搬具勘定で処理し，登録手数料は取得原価に含める。車両の本体価格と登録手数料が，1台あたりの単価情報で与えられている点に注意。

3. 土地の取得に際しては，多様な付随費用が生じるが，いずれも取得原価に含めればよい。土地そのものの取得価額は，¥40,000×800㎡＝¥32,000,000となる。本問のように，解答金額の大きい問題は，桁間違いにも注意すること。

4. 購入した机が，販売用のもの（＝商品）と使用目的のもの（＝有形固定資産）に区別できるかがポイントである。商品としての机の引取運賃は，仕入諸掛として商品の取得原価に含めるため，備品の付随費用と同様の取扱いになる。また，同じ物品の購入から生じる債務でも，商品仕入から生じるものは買掛金，備品の購入から生じるものは未払金として処理する点にも注意してほしい。

5. 減価償却費は，（取得原価¥600,000－残存価額¥600,000×10％）÷耐用年数8年＝¥67,500と計算できる。減価償却累計額勘定で仕訳するとき，減価償却「費」累計額としてしまわないように。

6. 減価償却費は，取得原価¥8,000,000÷耐用年数25年＝¥320,000と計算できる。なお減価償却累計額の情報は，「過去に何度か減価償却を行ってきている」ことを意味するのみで，解答上は不要なダミーデータである。

7. 年間の減価償却費は，取得原価¥4,800,000÷耐用年数10年＝¥480,000と計算できる。しかし，本問の車両の取得・使用開始時点は会計期間中（8月1日）であるため，決算日（12月31日）までの期間で月割計算を行う必要がある。したがって，当期の減価償却費は¥480,000×5か月÷12か月＝¥200,000となる。

8. 土地のすべてを売却しているわけではないため，土地の減少額を¥30,000,000としてしまわないように。他方，売却価額については1㎡あたりの単価として¥16,000が与えられているため，売却した面積500㎡を乗じて計算する必要がある。よって，売却価額¥8,000,000＞帳簿価額¥7,500,000より，固定資産売却益¥500,000が発生する。

9. 減価償却の対象資産を期中に売却した場合，帳簿価額の計算上，売却時点までの減価償却費を考慮する必要がある。月割計算の指示に従い，売却時点までの減価償却は，取得原価¥2,400,000÷耐用年数5年×3か月÷12か月＝¥120,000と計算できる。したがって，売却時点の帳簿価額は，取得原価¥2,400,000－期首減価償却累計額¥1,296,000－減価償却費¥120,000＝¥984,000となり，売却価額¥840,000＜帳簿価額¥984,000より，固定資産売却損¥144,000が発生する。

10. パソコン（備品）の故障の修理は，修繕にあたる。したがって，修理費用は修繕費勘定で処理を行う。一方，「部品の交換は改良にあたる」とあることから，交換代金は備品勘定に含めることとなる。

Chapter 17 株式会社の資本金と繰越利益剰余金

	借 方 科 目	金 額	貸 方 科 目	金 額
1.	現　　　　　金	3,000,000	資　　本　　金	3,000,000
2.	損　　　　　益	873,000	繰 越 利 益 剰 余 金	873,000
3.	繰 越 利 益 剰 余 金	314,000	損　　　　　益	314,000
4.	繰 越 利 益 剰 余 金	1,650,000	未 払 配 当 金	1,500,000
			利 益 準 備 金	150,000

練習問題

1.

	借 方 科 目	金 額	貸 方 科 目	金 額
（1）	普 通 預 金	15,000,000	資　　本　　金	15,000,000
（2）	繰 越 利 益 剰 余 金	2,200,000	未 払 配 当 金	2,000,000
			利 益 準 備 金	200,000
（3）	普 通 預 金	7,500,000	資　　本　　金	7,500,000
（4）	損　　　　　益	1,780,000	繰 越 利 益 剰 余 金	1,780,000
（5）	繰 越 利 益 剰 余 金	2,750,000	未 払 配 当 金	2,500,000
			利 益 準 備 金	250,000
（6）	繰 越 利 益 剰 余 金	3,500,000	未 払 配 当 金	3,500,000

【解説】
（1）払込まれた資本金の金額は，1株の発行価額￥5,000×発行株式数3,000株となる。
（3）払込まれた資本金の金額は，1株の発行価額￥1,500×発行株式数5,000株となる。
（4）収益総額￥36,430,000－費用総額￥34,650,000＝当期純利益￥1,780,000となる。
（6）配当金の額は，1株あたりの配当金￥350×発行済株式総数10,000株で計算する。

2.

	資　本　金	利益準備金	繰越利益剰余金	資 本 合 計
期首残高	40,000	2,000	10,000	52,000
変動額①	+10,000			
変動額②			−6,000	
変動額③		+600	−600	
変動額④			+7,000	
期末残高	50,000	2,600	10,400	63,000

【解説】
　　変動額がどの勘定科目にどのように影響するのかを表形式で確認した。資本金，利益準備金，繰越利益剰余

金が貸方残高であることを確認し，変動額①〜④で各勘定がどのように仕訳され，加算項目であるのか，減算項目であるのかを判断する。

Chapter 18 税金の処理及び訂正仕訳

基本問題

1.

	借方科目	金額	貸方科目	金額
（1）	租税公課	26,000	当座預金	26,000
（2）	租税公課	17,000	現　金	17,000
（3）	貯蔵品	5,000	租税公課	4,000
			通信費	1,000
（4）	租税公課	4,000	貯蔵品	5,000
	通信費	1,000		

2.

	借方科目	金額	貸方科目	金額
（1）	仮払法人税等	160,000	当座預金	160,000
（2）	法人税，住民税及び事業税	390,000	仮払法人税等	160,000
			未払法人税等	230,000
（3）	未払法人税等	230,000	当座預金	230,000

3.

	借方科目	金額	貸方科目	金額
（1）	仕入	300,000	買掛金	330,000
	仮払消費税	30,000		
（2）	現金	550,000	売上	500,000
			仮受消費税	50,000
（3）	仮受消費税	50,000	仮払消費税	30,000
			未払消費税	20,000
（4）	未払消費税	20,000	普通預金	20,000

4.

	借方科目	金額	貸方科目	金額
（1）	売掛金	10,000	現金	10,000
（2）	支払手形	80,000	当座預金	80,000
（3）	現金	40,000	売掛金	40,000

【解説】

1.

（1）固定資産税および（2）印紙税は，費用となる税金に該当し，租税公課として計上する。

（3）決算に際し，期末未使用分は，当期の費用としては認識されず，貯蔵品として資産計上される。

2．

（1）中間申告で納付した法人税等は仮払法人税等（A）で記帳する。なお，「等」の書き忘れに注意する。

（2）決算で確定した納付額は，法人税，住民税及び事業税（E）または法人税等（E）で記帳する。その際，中間申告をしている場合には仮払法人税等を貸方に振替え，残りの未納額を未払法人税等とする。

（3）確定申告では，法人税等の未納額を納付し，未払法人税等を借方に記帳する。

3．

（1）消費税の支払額（本体価格×10％）は仮払消費税勘定の借方に記入する。

（2）消費税の受取額（本体価格×10％）は仮受消費税勘定の貸方に記入する。

（3）決算に際し，仮受消費税と仮払消費税を相殺し，仮受消費税＞仮払消費税のときは，その差額を未払消費税勘定の貸方に記入する。

4．

（別解）

	借　方　科　目	金　額	貸　方　科　目	金　額
（1）	売　　掛　　金	60,000	現　　　　　金	60,000
	現　　　　　金	50,000	売　　掛　　金	50,000
（2）	支　払　手　形	80,000	仕　　　　　入	80,000
	仕　　　　　入	80,000	当　座　預　金	80,000
（3）	現　　　　　金	20,000	売　　掛　　金	20,000
	現　　　　　金	20,000	売　　掛　　金	20,000

【解説】

		借　方　科　目	金　額	貸　方　科　目	金　額
（1）	誤った仕訳の逆仕訳	売　　掛　　金	60,000	現　　　　　金	60,000
	正しい仕訳	現　　　　　金	50,000	売　　掛　　金	50,000
	訂正仕訳	売　　掛　　金	10,000	現　　　　　金	10,000
（2）	誤った仕訳の逆仕訳	支　払　手　形	80,000	仕　　　　　入	80,000
	正しい仕訳	仕　　　　　入	80,000	当　座　預　金	80,000
	訂正仕訳	支　払　手　形	80,000	当　座　預　金	80,000
（3）	誤った仕訳の逆仕訳	現　　　　　金	20,000	売　　掛　　金	20,000
	正しい仕訳	現　　　　　金	20,000	売　　掛　　金	20,000
	訂正仕訳	現　　　　　金	40,000	売　　掛　　金	40,000

練習問題

1.

	借　方　科　目	金　額	貸　方　科　目	金　額
（1）	仮　払　法　人　税　等	150,000	普　通　預　金	150,000
（2）	法人税，住民税及び事業税	380,000	仮　払　法　人　税　等	150,000
			未　払　法　人　税　等	230,000
（3）	未　払　法　人　税　等	230,000	普　通　預　金	230,000

2.

借 方 科 目	金 額	貸 方 科 目	金 額
仕　　　　　入	25,000	買　　掛　　金	27,500
仮　払　消　費　税	2,500		

3.

借 方 科 目	金 額	貸 方 科 目	金 額
未　払　消　費　税	170,000	普　通　預　金	170,000

【解説】

1.

（1）法人税の中間納付書をもとに仕訳する。

（2）法人税等の納付額が確定したときに，確定額を法人税，住民税及び事業税勘定の借方に記入するとともに，中間納付額を仮払法人税等勘定の貸方に，確定額と中間納付額の差額については，未払法人税等勘定の貸方に記入する。

（3）法人税の確定納付書をもとに仕訳する。

2．納品書をもとに仕訳をし，税抜方式によるため，品物の合計金額（本体価額）にて仕入勘定の借方に記入し，消費税の支払額は仮払消費税勘定の借方に記入する。

3．消費税および地方消費税の確定納付書をもとに仕訳する。

基本問題

1.

合 計 残 高 試 算 表

20×5年4月30日

借 方 残 高	借 方 合 計	勘 定 科 目	貸 方 合 計	貸 方 残 高
32,000	75,000	現　　　　　金	43,000	
207,000	327,000	当 座 預 金	120,000	
	40,000	受 取 手 形	40,000	
62,000	168,000	売 　　　掛　　　 金	106,000	
15,000	15,000	繰 越 商 品		
67,000	67,000	備　　　　　品		
	18,000	支 払 手 形	24,000	6,000
	82,000	買 　　　掛　　　 金	105,000	23,000
		所 得 税 預 り 金	1,000	1,000
		貸 倒 引 当 金	2,000	2,000
		備 品 減 価 償 却 累 計 額	9,000	9,000
		資 　　　本　　　 金	200,000	200,000
		繰 越 利 益 剰 余 金	5,000	5,000
		売　　　　　上	380,000	380,000
202,000	206,000	仕　　　　　入	4,000	
24,000	24,000	給　　　　　料		
8,000	8,000	支 払 家 賃		
4,000	4,000	水 道 光 熱 費		
5,000	5,000	通 信 費		
626,000	1,039,000		1,039,000	626,000

売掛金明細表				買掛金明細表		
	4月27日	4月30日			4月27日	4月30日
愛媛商店	￥32,000	￥30,000 ※1		香川商店	￥19,000	￥10,000 ※3
徳島商店	34,000	32,000 ※2		高知商店	21,000	13,000 ※4
	￥66,000	￥62,000			￥40,000	￥23,000

［売掛金の変動日　※1：28日・30日　　※2：28日・30日］　　　［買掛金の変動日　※3：28日・29日　　※4：29日・30日・30日］

【解説】

20×5年4月28日から30日までの取引の仕訳は以下の通り。

	借方科目	金　額	貸方科目	金　額			借方科目	金　額	貸方科目	金　額
28日	売　掛　金	46,000	売　　　　上	46,000	30日	買　掛　金	20,000	当 座 預 金	20,000
〃	買　掛　金	17,000	当 座 預 金	17,000	〃	当 座 預 金	50,000	売　掛　金	50,000
〃	通　信　費	5,000	現　　　　金	5,000	〃	買　掛　金	2,000	仕　　　入	2,000
29日	仕　　　入	22,000	買　掛　金	22,000	〃	当 座 預 金	15,000	受 取 手 形	15,000
〃	現　　　金	20,000	当 座 預 金	20,000					
〃	給　　　料	12,000	所得税預り金	1,000					
			現　　　　金	11,000					

4月27日の残高に対して，28日から30日までの仕訳の結果を加減して作成する。

2.

合 計 残 高 試 算 表

20×5年4月30日

借　　方		勘 定 科 目	貸　　方	
残　　高	合　　計		合　　計	残　　高
182,000	292,000	現　　　　　　　金	110,000	
416,000	896,000	当　座　預　金	480,000	
105,000	185,000	受　取　手　形	80,000	
403,000	751,000	売　　掛　　金	348,000	
80,000	80,000	繰　越　商　品		
	24,000	前　　払　　金	24,000	
300,000	400,000	備　　　　　品	100,000	
	60,000	支　払　手　形	110,000	50,000
	240,000	買　　掛　　金	497,000	257,000
		未　　払　　金	12,000	12,000
		所　得　税　預　り　金	10,000	10,000
	6,000	貸　倒　引　当　金	12,000	6,000
	40,000	備品減価償却累計額	160,000	120,000
		資　　本　　金	1,000,000	1,000,000
		繰　越　利　益　剰　余　金	100,000	100,000
	2,000	売　　　　　　上	421,000	419,000
353,000	353,000	仕　　　　　入		
120,000	120,000	給　　　　　　料		
12,000	12,000	広　　告　　料		
3,000	3,000	固 定 資 産（売却損）		
1,974,000	3,464,000		3,464,000	1,974,000

【解説】

20×5年4月中の取引の仕訳は以下の通り。

	借方科目	金 額	貸方科目	金 額		借方科目	金 額	貸方科目	金 額
1．現金に関する取引					3．仕入に関する取引				
①	現　　　金	147,000	売　掛　金	20,000	①※2	仕　　　入	353,000	~~当 座 預 金~~	~~110,000~~
②※1			~~当 座 預 金~~	~~70,000~~	②			支 払 手 形	35,000
③	備 品 減 価償却累計額	40,000	備　　　品	100,000	③			買　掛　金	184,000
	固 定 資 産売 却 損	3,000			④			前　払　金	24,000
④	給　　　料	120,000	現　　　金	110,000	4．売上に関する取引				
			所得税預り金	10,000	①	受 取 手 形	45,000	売　　　上	421,000
2．当座預金に関する取引					②	売　掛　金	376,000		
①	当 座 預 金	400,000	受 取 手 形	80,000	③	売　　　上	2,000	売　掛　金	2,000
②			売　掛　金	320,000	5．その他の取引				
③※2	~~仕　　　入~~	~~110,000~~	当 座 預 金	480,000	①	広　告　料	12,000	未　払　金	12,000
④	買　掛　金	240,000			②	貸倒引当金	6,000	売　掛　金	6,000
⑤	支 払 手 形	60,000							
⑥※1	~~現　　　金~~	~~70,000~~							

前期末の貸借対照表（＝期首4月1日の貸借対照表）に対して，4月中の記帳にもとづいた仕訳の結果を集計して作成する。なお，問題文にもあるように，※1（1．②と2．⑥）と※2（2．③と3．①）の取引は重複している。このような取引をそれぞれ記帳すると，同じ取引が2度記帳される二重記帳となるため，いずれか1つのみを使用して試算表を作成する。

3.

試 算 表

借　方			勘　定　科　目	貸　方		
12月31日 の合計	12月中 の取引高	11月30日 の合計		11月30日 の合計	12月中 の取引高	12月31日 の合計
733,000		733,000	現　　　　　　金	449,000	40,500	489,500
1,434,000	227,000	1,207,000	当 座 預 金 文 京 銀 行	721,000	379,500	1,100,500
855,000	200,000	655,000	当 座 預 金 春 日 銀 行	221,000	128,000	349,000
997,000	168,000	829,000	売　　掛　　金	427,000	277,000	704,000
610,000	60,000	550,000	電 子 記 録 債 権	400,000	30,000	430,000
2,000		2,000	貸 倒 引 当 金	10,000		10,000
182,000		182,000	繰 越 商 品			
500,000		500,000	備　　　　　品			
			備品減価償却累計額	114,000		114,000
483,000	189,000	294,000	買　　掛　　金	493,000	209,000	702,000
240,000	40,000	200,000	電 子 記 録 債 務	350,000	50,000	400,000
150,000	120,000	30,000	未　　払　　金	195,000		195,000
			所 得 税 預 り 金	5,000	3,000	8,000
			借　　入　　金	500,000		500,000
			資　　本　　金	1,000,000		1,000,000
			繰 越 利 益 剰 余 金	100,000		100,000
50,000	20,000	30,000	売　　　　　上	1,707,000	168,000	1,875,000
1,024,500	210,500	814,000	仕　　　　　入	15,000		15,000
420,000	40,000	380,000	給　　　　　料			
24,000	2,000	22,000	発　　送　　費			
48,000		48,000	旅 費 交 通 費			
180,000		180,000	支 払 家 賃			
11,500	500	11,000	支 払 手 数 料			
28,000	8,000	20,000	水 道 光 熱 費			
20,000		20,000	支 払 利 息			
7,992,000	1,285,000	6,707,000		6,707,000	1,285,000	7,992,000

【解説】
12月中の取引の仕訳は以下の通り。

	借方科目	金 額	貸方科目	金 額		借方科目	金 額	貸方科目	金 額
2日	売　　上	20,000	売　掛　金	20,000	20日	当座預金 文京銀行	197,000	売　掛　金	197,000
〃	当座預金 春日銀行	200,000	当座預金 文京銀行	200,500	〃	電子記録債権	60,000	売　掛　金	60,000
	支払手数料	500			〃	電子記録債務	40,000	当座預金 文京銀行	40,000
5日	買　掛　金	50,000	電子記録債務	50,000	23日	売　掛　金	80,000	売　　上	80,000
10日	当座預金 文京銀行	30,000	電子記録債権	30,000		発　送　費	2,000	現　　金	2,000
13日	仕　　入	146,500	買　掛　金	145,000	25日	買　掛　金	139,000	当座預金 文京銀行	139,000
			現　　金	1,500	〃	給　　料	40,000	所得税預り金	3,000
〃	売　掛　金	88,000	売　　上	88,000				現　　金	37,000
15日	未　払　金	120,000	当座預金 春日銀行	120,000	29日	仕　　入	64,000	買　掛　金	64,000
〃	水道光熱費	8,000	当座預金 春日銀行	8,000					

11月30日の合計に対して，12月中の仕訳の結果を加減して作成する。

204

Chapter 20 費用・収益の前払・前受・未払・未収

基本問題

1.

	借 方 科 目	金 額	貸 方 科 目	金 額
4/ 1	保　険　料	360,000	現　　　金	360,000
12/31	前 払 保 険 料	90,000	保　険　料	90,000
1/ 1	保　険　料	90,000	前 払 保 険 料	90,000

【解説】
12/31　前払保険料は¥360,000÷12×3＝90,000と計算する。

2.

	借 方 科 目	金 額	貸 方 科 目	金 額
9/ 1	現　　　金	150,000	受 取 地 代	150,000
12/31	受 取 地 代	50,000	前 受 地 代	50,000
1/ 1	前 受 地 代	50,000	受 取 地 代	50,000

【解説】
12/31　前受地代は¥25,000×2＝50,000と計算する。

3.

	借 方 科 目	金 額	貸 方 科 目	金 額
12/31	支 払 家 賃	74,000	未 払 家 賃	74,000
1/ 1	未 払 家 賃	74,000	支 払 家 賃	74,000
2/ 1	支 払 家 賃	111,000	現　　　金	111,000

【解説】
2/1時点での支払家賃勘定残高は¥111,000－¥74,000＝¥37,000となり，当期分1か月分になっている。

4.

	借 方 科 目	金 額	貸 方 科 目	金 額
12/31	未 収 利 息	18,000	受 取 利 息	18,000
1/1	受 取 利 息	18,000	未 収 利 息	18,000
3/1	現　　　金	54,000	受 取 利 息	54,000

【解説】
3/1時点での受取利息勘定残高は¥54,000－¥18,000＝¥36,000となり，当期分2か月分になっている。

1.

	借 方 科 目	金 額	貸 方 科 目	金 額
（1）	受 取 利 息	16,300	未 収 利 息	16,300
（2）	支 払 家 賃	120,000	前 払 家 賃	120,000
（3）	未 払 給 料	71,500	給　　　料	71,500
	前 受 地 代	29,000	受 取 地 代	29,000

【解説】

　　最近の日商簿記検定3級の出題を見ると，試算表作成問題で再振替仕訳が問われることが多い。その場合，圧倒的に前払家賃または前払保険料のケースが出題されている。再振替仕訳のポイントは，決算整理仕訳の貸借反対の仕訳になっていることである。

2.

	借 方 科 目	金 額	貸 方 科 目	金 額
（1）	前 払 保 険 料	6,000	保　　険　　料	6,000
（2）	未 収 地 代	94,000	受 取 地 代	94,000
（3）	給　　　　　料	87,000	未 払 給 料	87,000
（4）	受 取 地 代	92,000	前 受 地 代	92,000
（5）	前 払 家 賃	100,000	支 払 家 賃	100,000
（6）	支 払 利 息	4,800	未 払 利 息	4,800
（7）	受 取 利 息	15,000	前 受 利 息	15,000
（8）	支 払 利 息	7,200	未 払 利 息	7,200
（9）	未 収 利 息	12,800	受 取 利 息	12,800
（10）	前 払 保 険 料	68,800	保　　険　　料	68,800
（11）	受 取 家 賃	54,000	前 受 家 賃	54,000

【解説】

※日商簿記検定3級では，前払保険料，前払家賃，前受地代，未払給料，未払利息，未収利息の問題が近年多く出題されている。特に利息の月割計算は難しい論点であるが，頻繁に出題されているので要注意である。

（1）4月から12月の9か月分が当期の保険料となる。よって，3か月分を前払保険料に振替えればよい。
　　　¥24,000÷12か月×3か月＝¥6,000

（3）¥29,000×3名＝¥87,000が給料の未払分となる。これは来月に支払われるが，当期の給料となるので，給料の金額をその分増やし，未払給料に振替えておく。

（4）この場合，11月30日に12月分と1月分の地代を受取っていることになる。したがって，1月分が前受地代となる。¥184,000÷2か月＝¥92,000

（5）6か月分の家賃のうち，未経過分は翌年の2か月分であり，前払いとなる。よって，前払家賃に振替える。
　　　¥300,000÷6か月×2か月＝¥100,000

（6）3か月分の未払利息は次のように計算される。¥960,000×2％÷12か月×3か月＝¥4,800

（7）問題文を注意深く読むこと。9月1日に向こう1年分の受取利息を受取っているので，未経過分が生じる。9月から12月の4か月分が当期の受取利息となるので，残る8か月分が未経過となり，前受利息に振替える。¥750,000×3％÷12か月×8か月＝¥15,000

（8）支払利息は元金返済時に一括して支払う契約になっている。よって，4月から12月の9か月分の利息について，見越計上する必要がある。未払利息の金額は，￥480,000×2％÷12か月×9か月＝￥7,200と計算される。

（9）定期預金であるため，利息は満期時に一括して受取ることになる。よって，未収利息が生じるが，本問は日割計算である点が特徴的である。日割計算の場合，365日で割るのは最後にした方がよい。途中で割り算をすると間違いなく割り切れない。146日分の未収利息は次のように計算する。￥8,000,000×0.4％×146日÷365日＝￥12,800

（10）毎年同額の問題である。本問では，毎年1月から4月の4か月分を繰延べているので，保険料￥275,200は「繰延分4か月＋12か月」の16か月分に相当する。よって，前払保険料の金額は，￥275,200÷16か月×4か月＝￥68,800となる。

（11）半年ずつ毎回同額という珍しい形式の問題である。この場合，9月1日に向こう半年分受取った時に，繰延べが生じる。すなわち，1月と2月の2か月分が前受家賃となる。したがって，受取家賃￥378,000は「繰延分2か月＋12か月」の14か月分に相当する。よって，前受家賃の金額は，￥378,000÷14か月×2か月＝￥54,000となる。

3.

支 払 手 数 料

（4/26）	（普 通 預 金）	（ 300）	(12/31)	（前払手数料）	（ 170,000）
（11/ 1）	（現　　　金）	（510,000）			
（　　）	（　　　　　）	（　　　）			

前 払 手 数 料

(12/31)	（支払手数料）	（ 170,000）			

※使用しない欄がある場合は空欄のままにしておくこと。

【解説】

4/26	（借）	未 払 金	98,000	（貸）	普通預金	98,300
		支払手数料	300			
8/ 3	（借）	土　　　地	4,632,000	（貸）	当座預金	4,560,000
					現　　金	72,000

※不動産会社への仲介手数料は付随費用に当たるので，土地の取得原価に含めることに注意すること。

11/ 1	（借）	支払手数料	510,000	（貸）	現　　　金	510,000
12/31	（借）	前払手数料	170,000	（貸）	支払手数料	170,000

※向こう3か月分の調査手数料のうち，11月分と12月分が当期の支払手数料となる。よって，1月分のみ前払手数料とすればよい。1か月分は510,000÷3＝170,000と計算される。

Chapter 21 売上原価と売上総利益の計算

1.

借 方 科 目	金 額	貸 方 科 目	金 額
仕 入	300,000	繰 越 商 品	300,000
繰 越 商 品	500,000	仕 入	500,000

【解説】

　この仕訳により，仕入勘定残高は¥7,800,000（8,000,000＋300,000－500,000）となり，売上原価を表すことになる。参考までにこの2組の決算仕訳の覚え方の1つを紹介すると，「し・くり・くり・し」というのがある。

2.

借 方 科 目	金 額	貸 方 科 目	金 額
売 上 原 価	190,000	繰 越 商 品	190,000
売 上 原 価	6,480,000	仕 入	6,480,000
繰 越 商 品	270,000	売 上 原 価	270,000

【解説】

　この仕訳により，売上原価勘定残高は¥6,400,000（190,000＋6,480,000－270,000）となり，売上原価を表すことになる。参考までにこの3組の決算仕訳の覚え方の1つを紹介すると，「うく・うし・くう」（浮く牛食う）というのがある。

3.

月 次 純 売 上 高	¥9,200,000
月 次 売 上 原 価	¥5,967,000
月 次 売 上 総 利 益	¥3,233,000

【解説】

　月次純売上高；¥9,263,000－¥63,000＝¥9,200,000

　月次売上原価；¥341,000＋月次純仕入高（¥5,987,000－87,000）－¥274,000＝¥5,967,000

　月次売上総利益；¥9,200,000－¥5,967,000＝¥3,233,000

1.

①	210,000	②	80,000
③	430,000	④	90,000
⑤	630,000	⑥	△5,000

【解説】

①　売上原価の計算公式から逆算する。(290,000＋160,000)－240,000＝210,000

②　320,000－240,000＝80,000

③ 売上原価の計算公式から逆算する。660,000＋280,000－510,000＝430,000

④ 750,000－660,000＝90,000

⑤ 700,000＋340,000－410,000＝630,000

⑥ 625,000－630,000＝△5,000

2.

①	150,000	②	20,000
③	340,000	④	1,155,000
⑤	976,000	⑥	1,120,000
⑦	955,000	⑧	245,000

【解説】

※仕入勘定や売上勘定を描いて計算してもよい。

① 純仕入高；740,000－10,000＝730,000
120,000＋730,000－700,000＝150,000

② 純売上高；700,000＋230,000＝930,000
950,000－930,000＝20,000

③ 純仕入高；830,000－5,000＝825,000
815,000＋350,000－825,000＝340,000

④ 純売上高；815,000＋300,000＝1,115,000
1,115,000＋40,000＝1,155,000

⑤ 純仕入高；916,000＋310,000－270,000＝956,000
956,000＋20,000＝976,000

⑥ 純売上高；916,000＋200,000＝1,116,000
1,116,000＋4,000＝1,120,000

⑦ 純仕入高；1,091,000－6,000＝1,085,000
（500,000＋1,085,000）－630,000＝955,000

⑧ 1,200,000－955,000＝245,000

3.

	借 方 科 目	金 額	貸 方 科 目	金 額
10/ 7	仕　　　　　入	12,000	買　　掛　　金	12,000
10/12	現　　　　　金	55,000	売　　　　　上	55,000
10/19	仕　　　　　入	28,000	現　　　　　金	28,000
10/25	売　　掛　　金	44,800	売　　　　　上	44,800
10/31	仕　　　　　入	14,400	繰　越　商　品	14,400
	繰　越　商　品	5,600	仕　　　　　入	5,600

繰 越 商 品

10/ 1	前 月 繰 越	14,400	10/31	仕 入	14,400
10/31	仕 入	5,600			

仕 入

10/ 7	買 掛 金	12,000	10/31	繰 越 商 品	5,600
10/19	現 金	28,000			
10/31	繰 越 商 品	14,400			

売 上

			10/12	現 金	55,000
			10/25	売 掛 金	44,800

月 次 売 上 高	¥ 99,800
月 次 売 上 原 価	¥ 48,800
月 次 売 上 総 利 益	¥ 51,000

【解説】

　1か月間の商品売買取引と月次決算を仕訳・転記する問題である。10/1の繰越商品への記入分¥14,400が期首商品棚卸高を示す。本問では10/12に在庫商品をすべて販売してしまったので，10/19の仕入分200個のうち40個分が月末の売残りとなる。この商品の金額¥5,600（@¥140×40）が期末商品棚卸高となる。

　月次売上高；@¥250×220個＋@¥280×160個＝¥99,800

　月次売上原価；¥14,400＋月次仕入高（¥12,000＋¥28,000）－¥5,600＝¥48,800

　月次売上総利益；¥99,800－¥48,800＝¥51,000

4.
繰 越 商 品

1/ 1	前 期 繰 越	280,000	12/31	仕 入	280,000
12/31	仕 入	310,000			

仕 入

	当 期 仕 入 高	3,860,000		当 期 仕 入 戻 し	79,000
12/31	繰 越 商 品	280,000	12/31	繰 越 商 品	310,000

売 上

	当 期 売 上 戻 り	123,000		当 期 売 上 高	6,500,000

売 上 高	¥ 6,377,000
売 上 原 価	¥ 3,751,000
売 上 総 利 益	¥ 2,626,000

【解説】

　期首商品棚卸高は繰越商品勘定の前期繰越高であるので，金額は¥280,000となる。期末商品棚卸高は仕入勘定の貸方に記入されている¥310,000となる。

（借）　仕　　　入　280,000　　（貸）　繰越商品　280,000
（借）　繰越商品　310,000　　（貸）　仕　　　入　310,000
売上高；¥6,500,000－¥123,000＝¥6,377,000
売上原価；¥280,000＋純仕入高（¥3,860,000－¥79,000）－¥310,000＝¥3,751,000
売上総利益；¥6,377,000－¥3,751,000＝¥2,626,000

5.

繰　越　商　品

1/ 1	前 期 繰 越	200,000	12/31	売 上 原 価	200,000
12/31	売 上 原 価	330,000			

売　上　原　価

12/31	繰 越 商 品	200,000	12/31	繰 越 商 品	330,000
12/31	仕　　　　入	5,900,000			

当 期 売 上 原 価	¥ 5,770,000

【解説】
問題文に使用するデータの説明があるので，それに従って処理をすればよい。
（借）　売上原価　200,000　　（貸）　繰越商品　200,000
（借）　売上原価　5,900,000　（貸）　仕　　　入　5,900,000
（借）　繰越商品　330,000　　（貸）　売上原価　330,000
当期売上原価；¥200,000＋¥5,900,000－¥330,000＝¥5,770,000

Chapter 22　決算整理事項と決算整理仕訳

基本問題

	借 方 科 目	金 額	貸 方 科 目	金 額
（1）	仕　　　　　　　入	380,000	繰 越 商 品	380,000
	繰 越 商 品	420,000	仕　　　　　　　入	420,000
（2）	仮 受 金	200,000	売 掛 金	200,000
	貸 倒 引 当 金 繰 入	55,000	貸 倒 引 当 金	55,000
（3）	減 価 償 却 費	162,000	備品減価償却累計額	90,000
			建物減価償却累計額	72,000
（4）	雑 損	19,400	現 金 過 不 足	19,400
（5）	売 掛 金	37,000	前 受 金	37,000
（6）	前 払 家 賃	192,000	支 払 家 賃	192,000
（7）	給 料	253,000	未 払 給 料	253,000

【解説】

（2）貸倒引当金設定にあたり，売掛金が変動した分も考慮することに注意すること。この場合，設定対象となる売掛金は￥6,000,000－￥200,000＝￥5,800,000である。￥5,800,000×1.5％－貸倒引当金残高￥32,000＝￥55,000を繰入れる。

（3）備品の減価償却費；$\dfrac{￥720,000}{8\,年}=￥90,000$

建物の減価償却費；$\dfrac{￥1,600,000-￥1,600,000×10％}{20\,年}=￥72,000$

（5）最初に誤った仕訳を取り消す。

（借）　売　掛　金　37,000　　（貸）　現　　　金　37,000

次に正しい仕訳を起こす。

（借）　現　　　金　37,000　　（貸）　前　受　金　37,000

この2つの仕訳を合算して相殺すればよい。

（6）前払家賃；$￥288,000×\dfrac{4\,か月}{6\,か月}=￥192,000$

練習問題

1.

	借　方　科　目	金　額	貸　方　科　目	金　額
（1）	売　上　原　価	620,000	繰　越　商　品	620,000
	売　上　原　価	1,893,000	仕　　　　　入	1,893,000
	繰　越　商　品	750,000	売　上　原　価	750,000
（2）	仮　　受　　金	150,000	受　取　手　形	150,000
（3）	備　　　　　品	270,000	仮　　払　　金	270,000
（4）	現　金　過　不　足	21,000	受　取　手　数　料	14,000
			雑　　　　　益	7,000
（5）	当　座　預　金	183,000	当　座　借　越	183,000
（6）	買　　掛　　金	240,000	未　　払　　金	240,000
（7）	貸　倒　引　当　金　繰　入	3,000	貸　倒　引　当　金	3,000
（8）	減　価　償　却　費	102,500	備品減価償却累計額	102,500
（9）	貯　　蔵　　品	56,000	租　税　公　課	56,000
（10）	受　取　地　代	70,000	前　受　地　代	70,000
（11）	支　払　家　賃	92,000	未　払　家　賃	92,000
（12）	未　収　利　息	4,800	受　取　利　息	4,800
（13）	法　人　税　等	660,000	仮　払　法　人　税　等	290,000
			未　払　法　人　税　等	370,000

【解説】

（1）売上原価勘定を新たに設けて売上原価を把握する方法である。この場合，売上原価勘定残高は￥1,763,000となり，これが損益計算書に表示される。

（２）この取引の結果，受取手形勘定残高が減少するため，（７）の貸倒引当金設定に影響することに注意すること。

（３）この取引の結果，備品勘定残高が増加するため，（８）の減価償却費の計算に影響することに注意すること。

（４）¥21,000－¥14,000＝¥7,000が雑益となる。

（５）当座借越は決算時に当座預金がマイナスである場合に振替えるための勘定科目である。問題によっては借入金勘定に振替えることもある。

（６）最初に誤った仕訳を取り消す。

　　　（借）　買　掛　金　240,000　　　（貸）　土　　　地　240,000

　　　次に正しい仕訳を起こす。

　　　（借）　土　　　地　240,000　　　（貸）　未　払　金　240,000

　　　この２つの仕訳を合算して相殺すればよい。

（７）受取手形残高；¥420,000－¥150,000＝¥270,000

　　　貸倒引当金繰入；（受取手形残高¥270,000＋売掛金残高¥330,000）×２％－貸倒引当金残高¥9,000
　　　　　　　　　　　＝¥3,000

（８）新規購入備品に対する減価償却費は８月～12月の５か月分を計上する。

$$\frac{¥270,000}{9 \, 年} \times \frac{5 \, か月}{12 \, か月} = ¥12,500$$

旧備品に対する減価償却費は１年分を計上する。

$$\frac{¥810,000}{9 \, 年} = ¥90,000$$

（９）収入印紙といえども物品にあたるため，貯蔵品という資産として次期に繰越す必要がある。

（10）前受地代は１か月分を計上する。

$$\frac{¥210,000}{3 \, か月} = ¥70,000$$

（11）未払家賃；¥46,000×２か月＝¥92,000

（12）利息の計算日数は，10月20日～12月31日の73日間である。よって，未収利息は次のように計算される。なお，365で割るときは途中で割ると割り切れない場合が多い（約数が1，5，73，365しかない）ので，最後に割ること。

$$¥2,000,000 \times 1.2 \% \times \frac{73 \, 日}{365 \, 日} = ¥4,800$$

（13）未払法人税等；¥660,000－¥290,000＝¥370,000

2．設問1

決算整理後残高試算表

借　方　残　高	勘　　定　　科　　目	貸　方　残　高
767,700	現　　　　　　　　金	
1,387,000	普　　通　　預　　金	
1,395,000	受　　取　　手　　形	
2,865,000	売　　　掛　　　金	
2,076,000	繰　　越　　商　　品	
25,700	貯　　　蔵　　　品	
750,000	（　前　払　）保　険　料	
2,500,000	備　　　　　　　　品	
	買　　　掛　　　金	2,300,000
	（　未　払　）消　費　税	217,000
	（　未　払　）利　　息	46,000
	未　払　法　人　税　等	249,000
	貸　倒　引　当　金	85,200
	借　　　入　　　金	2,574,000
	備品減価償却累計額	937,500
	資　　　本　　　金	3,000,000
	繰　越　利　益　剰　余　金	1,800,000
	売　　　　　　　　上	25,780,000
13,167,000	仕　　　　　　　　入	
3,000,000	保　　　険　　　料	
234,300	通　　　信　　　費	
312,500	減　　価　　償　　却　　費	
57,200	貸　倒　引　当　金　繰　入	
46,000	支　　払　　利　　息	
	雑　　　　（　益　）	2,900
249,000	法　　人　　税　　等	
8,159,200	そ　の　他　の　費　用	
36,991,600		36,991,600

設問2

¥　　557,700

【解説】

設問1

1．（借）現　　金 2,900　　（貸）雑　　益 2,900

　　実際有高¥767,700－帳簿残高¥764,800＝¥2,900となり，現金超過の状態だとわかる。

2．（借）　貸倒引当金繰入　　57,200　　　　（貸）　貸　倒　引　当　金　　57,200
　　　（¥1,395,000＋¥2,865,000）×2％－¥28,000＝¥57,200と計算される。

3．（借）　仕　　　　　　　入　1,843,000　　（貸）　繰　越　商　品　1,843,000
　　　　　　繰　越　商　品　2,076,000　　　　　　　仕　　　　　　　入　2,076,000

4．（借）　減　価　償　却　費　　312,500　　（貸）　備品減価償却累計額　　312,500

　　　減価償却費は，$\dfrac{¥2,500,000}{8年}$＝¥312,500と計算される。

5．（借）　当　座　預　金　　274,000　　　（貸）　借　　入　　金　　274,000
　　　当座借越の状態であるので，指示通りに借入金に振替えればよい。

6．（借）　貯　　蔵　　品　　25,700　　　（貸）　通　　信　　費　　25,700
　　　官製はがき¥63×210枚＋切手（¥84×145枚＋¥2×90枚＋¥1×110枚）＝¥25,700と計算される。

7．（借）　仮　受　消　費　税　1,289,000　（貸）　仮　払　消　費　税　1,072,000
　　　　　　　　　　　　　　　　　　　　　　　　　未　払　消　費　税　　217,000
　　　仮受消費税と仮払消費税の差額を未払消費税として計上すればよい。

8．（借）　前　払　保　険　料　　750,000　（貸）　保　　険　　料　　750,000

　　　前払保険料は，$\dfrac{¥3,750,000}{15か月}$×3か月＝¥750,000と計算される。

9．（借）　支　払　利　息　　46,000　　　（貸）　未　払　利　息　　46,000
　　　8月から3月までの8か月分の支払利息を見越計上すればよい。

　　　¥2,300,000×3％×$\dfrac{8か月}{12か月}$＝¥46,000と計算される。

10．（借）　法　人　税　等　　249,000　　　（貸）　未　払　法　人　税　等　　249,000
　　　仮払法人税等勘定がないため，全額を未払法人税等とすればよい。

　　各勘定科目の残高は，（1）のデータに（2）の決算整理仕訳で出てきた分を加減すればよい。（2）に出てこなかった勘定科目については，金額はそのままとなる。（2）で初めて出てきた勘定科目については，残高試算表にそのまま追加される。なお，当座預金，仮払消費税，仮受消費税は残高ゼロとなる。

設問2
　　決算整理後残高試算表上で利益を計算するには，次のどちらかを行えばよい。
①　資産合計－負債・資本合計
②　収益合計－費用合計
　　①では，¥11,766,400－¥11,208,700＝¥557,700と計算される。一方，②では，¥25,782,900－¥25,225,200＝¥557,700と計算される。両者は必ず一致する関係にある。

基本問題

精　算　表

勘定科目	残高試算表 借方	残高試算表 貸方	修正記入 借方	修正記入 貸方	損益計算書 借方	損益計算書 貸方	貸借対照表 借方	貸借対照表 貸方
現　　　　金	6,240						6,240	
売　掛　金	16,000						16,000	
繰　越　商　品	1,840		2,000	1,840			2,000	
貸　付　金	4,000						4,000	
備　　　　品	6,000						6,000	
支　払　手　形		3,080						3,080
買　掛　金		2,360						2,360
貸　倒　引　当　金		120		200				320
備品減価償却累計額		1,520		1,120				2,640
資　本　金		20,000						20,000
繰　越　利　益　剰　余　金		1,920						1,920
売　　　　上		31,600				31,600		
受　取　利　息		80		40		120		
仕　　　　入	25,720		1,840	2,000	25,560			
保　険　料	880			160	720			
	60,680	60,680						
貸　倒　引　当　金　繰　入			200		200			
減　価　償　却　費			1,120		1,120			
未　収　利　息			40				40	
前　払　保　険　料			160				160	
当　期　純（利益）					4,120			4,120
			5,360	5,360	31,720	31,720	34,440	34,440

【解説】

　通常の精算表の問題では，決算整理仕訳そのものが問題文で与えられることはない。本問は精算表の仕組みを理解するための問題であるため，実際にはChapter22で学習した各種決算整理仕訳を，修正記入欄で行う（このタイプの問題は，Chapter24で出題する）。精算表は下に行くほど記入ミスが多くなりやすいため，自分が記入している欄があっているか，かならず確認しながら解答すること。ちなみに，当期純損失が生じた場合には，損益計算書の貸方と貸借対照表の借方に，当期純損失の金額が記入される。

練習問題

1.

ア	イ	ウ	エ	オ
280	4,400	35,000	300	41,000
カ	キ	ク	ケ	コ
840	140	15,800	20,500	20,500

【解説】

　精算表の修正記入の内容推定を中心に，当期純利益の記入を問う問題である。精算表の計算構造が理解できていれば，残高試算表，損益計算書および貸借対照表の内容（＝決算整理の前と後）から，決算整理仕訳（＝決算整理の中身）を推定することが可能である。さらに貸借それぞれで1つずつしか勘定科目を用いないタイプの仕訳であれば，どちらか一方の金額がわかれば，他方の金額も同額であると推定することができる（本問では減価償却や利息の未払分の処理がこれにあたる）。あとは，各金額のプラスマイナスに注意しながら，「どのように金額記入をすれば，残高試算表の内容から財務諸表の内容に置き換わるか」を考えて，パズルのように埋めていけばよい。

　また，精算表では各欄の貸借金額は必ず一致するようにできている。この特徴がわかっていれば，（ク）だけでなく，損益計算書および貸借対照表の合計金額についても，あえて合計金額を計算しなくても簡単に推定できる。なお，本問で必要となる決算整理仕訳は，次の通りである。

（借）	雑　　　　　損	280	（貸）	現 金 過 不 足	280
（借）	仕　　　　　入	5,200	（貸）	繰 越 商 品	5,200
（借）	繰 越 商 品	4,400	（貸）	仕　　　　　入	4,400
（借）	貸 倒 引 当 金 繰 入	480	（貸）	貸 倒 引 当 金	480
（借）	減 価 償 却 費	5,000	（貸）	建物減価償却累計額	5,000
（借）	受 取 地 代	300	（貸）	前 受 地 代	300
（借）	支 払 利 息	140	（貸）	未 払 利 息	140

2.

精 算 表

勘定科目	残高試算表		修正記入		損益計算書		貸借対照表	
	借 方	貸 方	借 方	貸 方	借 方	貸 方	借 方	貸 方
現　　　　　金	19,000						19,000	
現 金 過 不 足		900	900					
当 座 預 金	(43,000)		4,000				47,000	
売　　掛　　金	29,000			4,000			(25,000)	
繰 越 商 品	7,700		6,300	(7,700)			(6,300)	
車 両 運 搬 具	50,000						(50,000)	
買　　掛　　金		(9,000)						9,000
貸 倒 引 当 金		330		420				(750)
減価償却累計額		12,500		(6,250)				(18,750)
資　　本　　金		75,000						75,000
繰越利益剰余金		53,470						53,470
売　　　　　上		81,000				81,000		
受 取 手 数 料		2,500		(300)		2,800		
仕　　　　　入	(69,000)		7,700	6,300	70,400			
給　　　　　料	12,000				12,000			
支 払 家 賃	5,000		1,000		(6,000)			
	234,700	234,700						
雑　　（　益　）				(900)		(900)		
貸倒引当金繰入			(420)		(420)			
減 価 償 却 費			6,250		(6,250)			
未 収 （手数料）			(300)				300	
未 払 家 賃				(1,000)				(1,000)
当 期 純 （損失）					（　　）	(10,370)	(10,370)	（　　）
			(26,870)	(26,870)	(95,070)	(95,070)	(157,970)	(157,970)

【解説】

　修正記入だけでなく，残高試算表や各財務諸表に記入される金額についても推定が必要となる問題。精算表の計算構造に対する総合的な理解が求められる。特に残高試算表を推定するときは，決算整理の流れを逆進するような推定が必要になるため，金額のプラスマイナスに気を付ける必要がある。本問の解答上，特にポイントとなる箇所は次の通り。

① 雑（　　）勘定…修正記入の貸方に金額が記入されることから，雑益と判断できる。金額は，現金過不足勘定の修正記入の金額から推定できる。

② 貸倒引当金繰入勘定の金額…修正記入も損益計算書も空欄だが，貸倒引当金勘定の貸方に記入された420から，繰入額を推定できる。

③ 未収（　　）勘定…受取手数料勘定の修正記入の貸方に金額が記入されていることから，未収手数料であると推定できる。

④ 未払家賃勘定の金額…修正記入も貸借対照表も空欄だが，支払家賃勘定の修正記入の借方から，1,000と推定できる。

⑤ 当期純（　　）勘定…損益計算書の貸借差額から，当期純損失が生じていることがわかる。当期純利益の場合とは金額の記入箇所が貸借逆になるため，注意が必要。

⑥　各欄合計金額…本問では各欄の合計金額を自身で計算する必要がある。計算ミスに注意すること。

Chapter 24　八桁精算表の作成

基本問題

精　算　表

勘定科目	残高試算表		修正記入		損益計算書		貸借対照表	
	借　方	貸　方	借　方	貸　方	借　方	貸　方	借　方	貸　方
現　　　　　金	17,800						17,800	
普　通　預　金	73,800		2,600	7,600			68,800	
売　　掛　　金	50,000						50,000	
仮　　払　　金	6,000			6,000				
繰　越　商　品	45,200		37,800	45,200			37,800	
建　　　　　物	174,000						174,000	
備　　　　　品	72,000						72,000	
土　　　　　地	180,000						180,000	
買　　掛　　金		39,600	7,600					32,000
貸　倒　引　当　金		600		400				1,000
建物減価償却累計額		104,400		5,800				110,200
備品減価償却累計額		36,000		18,000				54,000
資　　本　　金		150,000						150,000
繰越利益剰余金		106,400						106,400
売　　　　　上		978,000				978,000		
受　取　家　賃		9,000	3,000			6,000		
仕　　　　　入	512,000		45,200	37,800	519,400			
給　　　　　料	260,000		7,400		267,400			
通　　信　　費	7,800				7,800			
旅　費　交　通　費	5,400		3,400		8,800			
保　　険　　料	20,000			8,000	12,000			
	1,424,000	1,424,000						
貸倒引当金繰入			400		400			
減　価　償　却　費			23,800		23,800			
（前払）保険料			8,000				8,000	
前　受　家　賃				3,000				3,000
未　払　給　料				7,400				7,400
法　人　税　等			64,400		64,400			
未　払　法　人　税　等				64,400				64,400
当期純（利益）					80,000			80,000
			203,600	203,600	984,000	984,000	608,400	608,400

【解説】

　第147回第5問の改題である。精算表の作成問題では，解答として記入すべき箇所が非常に多くなるため，記入箇所を間違えないように心掛けたい。たとえば，借方残高と貸方残高が入れ替わる場所（本問では土地の行から買掛金の行へ移る際）や，貸借対照表と損益計算書が変わる箇所（本問では繰越利益剰余金の行から売上の行へ移る際）には，記入誤りが非常に起こりやすいため注意してほしい。以下，本問で必要となる決算整理仕訳ごとに解説する。

（1）（借）買　　掛　　金　　7,600　　　（貸）普　通　預　金　　7,600

　　期中未処理事項を処理する。

（2）（借）旅　費　交　通　費　　3,400　　　（貸）仮　　払　　金　　6,000
　　　　　普　通　預　金　　2,600

　　残額の返金部分を普通預金で処理する点に注意すること。

（3）（借）貸倒引当金繰入　　400　　　（貸）貸　倒　引　当　金　　400

　　貸倒れの見積り額¥50,000×2％＝¥1,000と，貸倒引当金勘定の決算整理前残高¥600との差額¥400を繰り入れる。

（4）（借）仕　　　　　入　　45,200　　　（貸）繰　越　商　品　　45,200
　　（借）繰　越　商　品　　37,800　　　（貸）仕　　　　　入　　37,800

　　三分法による決算整理を行う。なお，問題文にある「『仕入』の行」というのは，精算表における「仕入」勘定の行のことを指している。問題によっては，「売上原価」の行を別途設定し，そこで売上原価を計算するというパターンもある。

（5）（借）減　価　償　却　費　　23,800　　　（貸）建物減価償却累計額　　5,800
　　　　　　　　　　　　　　　　　　　　　　　　備品減価償却累計額　18,000

　　建　物：¥174,000÷30年＝¥5,800

　　備　品：¥72,000÷4年＝¥18,000

　　減価償却費を計算するための取得原価の情報は，残高試算表における建物および備品勘定の残高から得られる。また本問では，減価償却費については1行にまとめて記入しなければ解答欄内におさまらないため，注意してほしい（問題によっては，減価償却費勘定として複数行が用意されていることもある）。

（6）（借）前　払　保　険　料　　8,000　　　（貸）保　　険　　料　　8,000

　　「前払分」は，支払った期間（＝「向こう1年分」）のうち，まだ時間が経過していない部分（×2年4月1日〜11月30日）であるから，¥12,000÷12か月×8か月＝¥8,000が前払保険料となる。なお，保険料¥20,000全額を前払処理してしまわないように注意。

（7）（借）受　取　家　賃　　3,000　　　（貸）前　受　家　賃　　3,000

　　「前受分」は，受取った期間（＝「3か月分」）のうち，未経過の部分（×2年4月1日〜4月30日）であるから，¥9,000÷3か月×1か月＝¥3,000が前受家賃となる。

（8）（借）給　　　　　料　　7,400　　　（貸）未　払　給　料　　7,400

　　未払分を計上する。

（9）（借）法　人　税　等　　64,400　　　（貸）未　払　法　人　税　等　　64,400

　　未払法人税等を計上する。借方科目は，「法人税，住民税及び事業税」が用いられる場合もあるが，精算表上で使用されている科目（または問題文の指示）に従うこと。

1.

精　算　表

勘定科目	残高試算表 借方	残高試算表 貸方	修正記入 借方	修正記入 貸方	損益計算書 借方	損益計算書 貸方	貸借対照表 借方	貸借対照表 貸方
現　　　　金	128,000						128,000	
現 金 過 不 足	6,000			6,000				
当 座 預 金		334,000	334,000					
普 通 預 金	198,000		15,000				213,000	
売 　掛 　金	95,000			15,000			80,000	
仮 払 消 費 税	22,000			22,000				
繰 越 商 品	62,000		66,000	62,000			66,000	
貸 　付 　金	80,000						80,000	
備 　　 　品	200,000						200,000	
土 　　 　地	85,000						85,000	
買 　掛 　金		82,000						82,000
仮 受 消 費 税		49,600	49,600					
貸 倒 引 当 金		900		700				1,600
備品減価償却累計額		150,000		25,000				175,000
資 　本 　金		250,000						250,000
繰 越 利 益 剰 余 金		56,000						56,000
売 　　 　上		620,000				620,000		
受 　取 　利 　息		2,500		600		3,100		
仕 　　 　入	550,000		62,000	66,000	546,000			
給 　　 　料	93,000		3,000		96,000			
保 　険 　料	5,000				5,000			
支 払 家 賃	15,000				15,000			
支 払 手 数 料	6,000				6,000			
	1,545,000	1,545,000						
当 座 借 越				334,000				334,000
雑 　（ 損 ）			6,000		6,000			
減 価 償 却 費			25,000		25,000			
貸 倒 引 当 金 繰 入			700		700			
（ 未 収 ） 利 息			600				600	
（ 未 払 ） 給 料				3,000				3,000
（ 未 払 ） 消 費 税				27,600				27,600
当 期 純 （ 損 失 ）						76,600	76,600	
			561,900	561,900	699,700	699,700	929,200	929,200

【解説】

　第145回第5問の改題である。損益計算書からも明らかなように，本問は当期純損失が生じるタイプの問題となっている。この場合，法人税は課税されないため，未払法人税等の処理も行われない。見方を変えれば，「法人税等に関する指示の無い問題」は「当期純損失が生じている問題かもしれない」といった具合に解答のヒン

トにすることもできる（ただ，法人税に関する指示があっても，当期純損失が生じているというケースもあるため，注意したい）。以下，本問で必要となる決算整理仕訳ごとに解説する。

（1）（借）当 座 預 金　334,000　　　　（貸）当 座 借 越　334,000

当座借越の状態にある場合には，当座預金の貸方残高として処理するのではなく，当座借越勘定で処理する。

（2）（借）普 通 預 金　 15,000　　　　（貸）売 掛 金　 15,000

期中未処理事項を処理する。この修正が貸倒引当金の計算に影響する点に注意。

（3）（借）雑 損　 6,000　　　　（貸）現 金 過 不 足　 6,000

現金過不足勘定の全額が原因不明のため，すべて雑損に振替える。

（4）（借）仕 入　 62,000　　　　（貸）繰 越 商 品　 62,000

　　（借）繰 越 商 品　 66,000　　　　（貸）仕 入　 66,000

三分法による決算整理を行う。

（5）（借）減 価 償 却 費　 25,000　　　　（貸）備品減価償却累計額　 25,000

備 品：¥200,000÷8 年＝¥25,000

（6）（借）貸 倒 引 当 金 繰 入　 700　　　　（貸）貸 倒 引 当 金　 700

（2）で行った修正によって，売掛金残高が減少していることに注意。すなわち，貸倒れの見積り額は，（¥95,000－¥15,000）×2 ％＝¥1,600 となり，貸倒引当金勘定の決算整理前残高¥900 との差額¥700 が，繰入額となる。

（7）（借）仮 受 消 費 税　 49,600　　　　（貸）仮 払 消 費 税　 22,000
　　　　　　　　　　　　　　　　　　　　　　　　未 払 消 費 税　 27,600

税抜方式による消費税の処理では，仮払消費税勘定と仮受消費税勘定の残高（いずれも残高試算表から判明）を相殺（＝両方とも減額）し，両者の差額を未払消費税勘定で処理する。

（8）（借）未 収 利 息　 600　　　　（貸）受 取 利 息　 600

利息の金額そのものは，元本¥80,000×利率3 ％＝¥2,400 である。「未収分」は，利息の計算期間（＝「12か月」）のうち，期末までに時間が経過した部分（10月1日〜12月31日）であるから，¥2,400÷12か月×3か月＝¥600 が未収利息となる。

（9）（借）給 料　 3,000　　　　（貸）未 払 給 料　 3,000

未払分を計上する。

2.

精 算 表

勘定科目	残高試算表 借 方	残高試算表 貸 方	修正記入 借 方	修正記入 貸 方	損益計算書 借 方	損益計算書 貸 方	貸借対照表 借 方	貸借対照表 貸 方
現　　　　　金	98,000						98,000	
現 金 過 不 足	5,500			5,500				
当 座 預 金	610,000						610,000	
売 　掛　 金	135,000						135,000	
仮　　払　　金	200,000			200,000				
仮 払 法 人 税 等	45,000			45,000				
繰 越 商 品	237,500		196,500	237,500			196,500	
建　　　　　物	3,150,000						3,150,000	
備　　　　　品	350,000		200,000				550,000	
土　　　　　地	2,380,000						2,380,000	
支 払 手 形		129,000						129,000
買　　掛　　金		233,000						233,000
貸 倒 引 当 金		3,500		1,900				5,400
建物減価償却累計額		945,000		94,500				1,039,500
備品減価償却累計額		210,000		80,000				290,000
資　　本　　金		3,500,000						3,500,000
繰越利益剰余金		1,502,000						1,502,000
売　　　　　上		2,251,000				2,251,000		
仕　　　　　入	1,138,000			1,138,000				
給　　　　　料	294,000				294,000			
通 　信　 費	21,000		3,500	1,800	22,700			
消 耗 品 費	10,500				10,500			
租 税 公 課	71,000			13,000	58,000			
保 　険　 料	28,000			7,000	21,000			
	8,773,500	8,773,500						
雑 　（ 損 ）			2,000		2,000			
売 上 原 価			1,138,000	196,500	1,179,000			
			237,500					
貸倒引当金繰入			1,900		1,900			
減 価 償 却 費			174,500		174,500			
貯 　蔵　 品			14,800				14,800	
（前払）保険料			7,000				7,000	
法 人 税 等			143,000		143,000			
未 払 法 人 税 等				98,000				98,000
当 期 純 （利益）					344,400			344,400
			2,118,700	2,118,700	2,251,000	2,251,000	7,141,300	7,141,300

【解説】
　第143回第5問の改題である。以下，本問で必要となる決算整理仕訳ごとに解説する。
〔決算日に判明した事項〕
（1）（借）　通　　信　　費　　　3,500　　　　　（貸）　現　金　過　不　足　　　5,500
　　　　　　雑　　　　　　損　　　2,000
　　現金過不足については，原因が判明した部分は適切な勘定科目で処理する。
（2）（借）　備　　　　　　品　 200,000　　　　　（貸）　仮　　払　　金　　 200,000
　　備品の使用開始日に関する情報は，減価償却の際に必要になる。

〔決算整理事項〕
（1）（借）　売　　上　　原　　価　1,138,000　　　　（貸）　仕　　　　　　入　1,138,000
　　　（借）　売　　上　　原　　価　　237,500　　　　（貸）　繰　　越　　商　　品　　237,500
　　　（借）　繰　　越　　商　　品　　196,500　　　　（貸）　売　　上　　原　　価　　196,500
　　「売上原価は『売上原価』の行で計算する」という指示がある場合，仕入勘定の決算整理前残高を売上原価
の借方に振替えた上で，売上原価勘定を用いて三分法の決算整理を行う。仕訳が複数行におよぶため，解答欄
では売上原価が2行とられているが，損益計算書には残高のみを記入するため，1行しか使用しない。
（2）（借）　貸 倒 引 当 金 繰 入　　1,900　　　　（貸）　貸　倒　引　当　金　　　1,900
　　貸倒れの見積り額￥135,000×4％＝￥5,400と，貸倒引当金勘定の決算整理前残高￥3,500との差額￥1,900を
繰入れる。
（3）（借）　減　価　償　却　費　　174,500　　　　（貸）　建物減価償却累計額　　94,500
　　　　　　　　　　　　　　　　　　　　　　　　　　　　　備品減価償却累計額　　80,000
　　　建　　物：（￥3,150,000－￥3,150,000×10％）÷30年＝￥94,500
　　　備　　品（期首保有分）：￥350,000÷5年＝￥70,000
　　　　　　　（期中取得分）：￥200,000÷5年÷12か月×3か月＝￥10,000
　　　　　　　　合　計　　：￥70,000＋￥10,000＝￥80,000
　　10月1日に使用を開始した備品については，決算日までの3か月分のみ減価償却費を計上する。解答欄から，
減価償却費については1行にまとめる。
（4）（借）　貯　　蔵　　品　　14,800　　　　（貸）　通　　信　　費　　　1,800
　　　　　　　　　　　　　　　　　　　　　　　　　　　　租　　税　　公　　課　　13,000
　　切手・はがきの未使用高は通信費勘定から，収入印紙の未使用高は租税公課勘定から，それぞれ貯蔵品勘定
に振替える。
（5）（借）　前　払　保　険　料　　7,000　　　　（貸）　保　　険　　料　　　7,000
　　「前払分」は，支払った期間（＝「1年分」）のうち，未経過の部分（翌年1月1日～4月30日）であるから，
￥21,000÷12か月×4か月＝￥7,000が前払保険料となる。
（6）（借）　法　　人　　税　　等　143,000　　　　（貸）　仮　払　法　人　税　等　　45,000
　　　　　　　　　　　　　　　　　　　　　　　　　　　　未　払　法　人　税　等　　98,000
　　仮払法人税等は，法人税等の中間納付分を意味するため，法人税等の総額からこれを除いた残額が，不足す
る納税額（＝未払法人税等）になる。

Chapter 25 財務諸表の作成

基本問題

1.

貸借対照表

20××年3月31日

(単位：円)

資　産		金　額	負債及び資本	金　額
現　　　　　金		550,000	買　　掛　　金	420,000
当　座　預　金		700,000	未　　払　　金	350,000
売　　掛　　金	800,000		未　払　費　用	2,500
貸　倒　引　当　金	△ 16,000	784,000	借　　入　　金	500,000
商　　　　　品		30,000	未　払　法　人　税　等	10,000
前　払　費　用		200,000	資　　本　　金	1,000,000
未　収　収　益		8,000	繰　越　利　益　剰　余　金	519,500
備　　　　　品	300,000			
減　価　償　却　累　計　額	△ 120,000	180,000		
土　　　　　地		350,000		
		2,802,000		2,802,000

損益計算書

20××年4月1日から20××年3月31日まで

(単位：円)

	費　用	金　額	収　益	金　額
	売　上　原　価	3,270,000	売　　上　　高	5,000,000
	給　　　　　料	1,000,000	受　取　手　数　料	68,000
※	貸　倒　引　当　金　繰　入	6,000		
※	減　価　償　却　費	60,000		
	支　払　家　賃	400,000		
	水　道　光　熱　費	200,000		
	通　　信　　費	39,000		
※	雑　　　　　損	1,000		
	支　払　利　息	12,500		
	法　人　税　等	60,000		
	当　期　純　利　益	19,500		
		5,068,000		5,068,000

※は順不同。

【解説】

（1）（借）　通　信　費　　9,000　　　　（貸）　現　　　　　金　　10,000
　　　　　　　雑　　　　損　　1,000

　　帳簿残高を実際有高にあわせて減少させ，原因判明分は適切な勘定に振替える。また，不明分は雑損に振替える。

（2）（借）　仮　受　金　　100,000　　　（貸）　売　掛　金　　100,000
　　仮受金を消去し売掛金が減少した処理を行う。

（3）（借）　買　掛　金　　350,000　　　（貸）　未　払　金　　350,000
　　土地購入時の代金未払額は，買掛金ではなく未払金となる。

（4）（借）　貸倒引当金繰入　6,000　　　（貸）　貸倒引当金　　　6,000
　　上記（2）の売掛金の回収額（¥100,000）を控除してから計算する。差額補充法のため，貸倒引当金としてすでに計上されている額（¥10,000）を超える額（¥6,000）のみ計上する。
　　（900,000−100,000）×2％−10,000＝6,000

（5）（借）　仕　　　　入　　300,000　　　（貸）　繰　越　商　品　　300,000
　　　　　　　繰　越　商　品　　30,000　　　　　　仕　　　　入　　30,000

　　売上原価は，期首商品棚卸高＋当期商品仕入高−期末商品棚卸高の式により算定される。この計算を仕入勘定において行う場合，上記の仕訳が必要となる。
　　また，この時の仕入勘定を簡単に図示すると以下のようになる。

仕　入

期首商品棚卸高 300,000	期末商品棚卸高 30,000
当期仕入高 3,000,000	売上原価 （3,270,000）

（6）（借）　減　価　償　却　費　60,000　　　（貸）　減価償却累計額　　60,000
　　当期の減価償却費（定額法）は（300,000−0）÷5＝60,000となる。
　　B/Sの備品からは当期末までの減価償却累計額を控除して表示し，P/Lには当期の減価償却費を計上する。

（7）（借）　前　払　費　用　200,000　　　（貸）　支　払　家　賃　200,000
　　前払費用は資産となる。支払家賃の前払額（ここで支払った6か月分のうち2か月分）は，600,000÷6×2＝200,000となる。

（8）（借）　支　払　利　息　　2,500　　　（貸）　未　払　費　用　　2,500
　　未払費用は負債となる。未払となっている借入金の利息（3か月分）は，500,000×2％×3÷12＝2,500となる。

（9）（借）　未　収　収　益　　8,000　　　（貸）　受　取　手　数　料　8,000
　　未収収益は資産となる。

（10）（借）　法　人　税　等　60,000　　　（貸）　仮払法人税等　　50,000
　　　　　　　　　　　　　　　　　　　　　　　未払法人税等　　10,000

　　仮払法人税等よりも法人税等の額が多くなった場合，差額は未払法人税等となる。
　※貸借対照表の繰越利益剰余金¥519,500は，決算整理前残高試算表の繰越利益剰余金¥500,000に当期純利益¥19,500を加算して求められる。

2.

ア	イ	ウ	エ
1,000,000	3,370,000	8,000,000	5,000,000

損　益

3/31	仕　入	1,000,000	3/31	売　上	5,000,000
〃	給　料	2,400,000	〃	受取手数料	1,200,000
〃	貸倒引当金繰入	10,000	〃	受取利息	800,000
〃	減価償却費	200,000			
〃	通信費	15,000			
〃	旅費交通費	5,000			
〃	繰越利益剰余金	3,370,000			
		7,000,000			7,000,000

繰越利益剰余金

3/31	次期繰越	8,000,000	4/1	前期繰越	4,630,000
			3/31	損　益	3,370,000
		8,000,000			8,000,000

資本金

3/31	次期繰越	5,000,000	4/1	前期繰越	5,000,000

【解説】

ア…ここでは決算整理後の数値が示されるため，仕入の金額は売上原価を示すことになる。売上原価は仕入勘定残高（決算整理前）¥1,200,000（借方）＋期首商品棚卸高¥300,000－期末商品棚卸高¥500,000＝¥1,000,000と求められる。

イ…損益勘定の残高（貸方）は当期純利益を意味する。ここで，損益勘定の残高¥3,370,000（貸方）は繰越利益剰余金の貸方に振替えられる。

ウ…前期繰越¥4,630,000に，損益勘定から振替えられてきた¥3,370,000（当期純利益）を加算した額が次期に繰越される。

エ…資本金勘定は特に変化はなく，前期から繰越されてきた額がそのまま次期に繰越されてゆく。

1.

貸借対照表

20××年3月31日

(単位：円

資　　産		金　　額	負債及び資本	金　　額
現　　　　　　金		115,000	支　払　手　形	350,000
当　座　預　金		810,000	買　　掛　　金	300,000
受　取　手　形	500,000		前　受　収　益	1,000
売　　掛　　金	350,000		未　払　法　人　税　等	90,000
貸　倒　引　当　金	△ 17,000	833,000	資　　本　　金	1,500,000
※　商　　　　　品		50,000	繰　越　利　益　剰　余　金	319,000
※　貯　　蔵　　品		10,000		
貸　　付　　金		300,000		
前　払　費　用		100,000		
未　収　収　益		2,000		
備　　　　　品	510,000			
減　価　償　却　累　計　額	△ 170,000	340,000		
		2,560,000		2,560,000

※は順不同。

損益計算書

20××年4月1日から20××年3月31日まで

(単位：円)

費　　用	金　　額	収　　益	金　　額
売　上　原　価	3,200,000	売　　上　　高	4,000,000
給　　　　　料	300,000	受　取　手　数　料	69,000
※　貸　倒　引　当　金　繰　入	12,000	受　取　利　息	2,000
※　減　価　償　却　費	85,000		
支　払　家　賃	300,000		
租　税　公　課	30,000		
水　道　光　熱　費	20,000		
※　雑　　　　　損	5,000		
法　人　税　等	100,000		
当　期　純　利　益	19,000		
	4,071,000		4,071,000

※は順不同。

【解説】

（1）（借）雑　　　　損　　　5,000　　　（貸）現　　　　金　　　5,000

　　　帳簿残高を実際有高にあわせて減少させ，原因不明分は雑損に振替える。

（2）（借）仮　受　金　　50,000　　　（貸）売　掛　金　　50,000

　　　問題文の指示に従い，仮受金勘定の残高を売掛金勘定に振替える。

（3）（借）貸倒引当金繰入　　12,000　　　（貸）貸倒引当金　　12,000

　　　上記（2）の売掛金の回収額（¥50,000）を控除してから計算する。差額補充法のため，貸倒引当金としてすでに計上されている額（¥5,000）を超える額（¥12,000）のみ計上する。

　　　　（500,000＋400,000－50,000）× 2 ％－5,000＝12,000

（4）（借）仕　　　　入　　250,000　　　（貸）繰　越　商　品　　250,000
　　　　　　繰　越　商　品　　50,000　　　　　　仕　　　　入　　50,000

　　　売上原価は，期首商品棚卸高＋当期商品仕入高－期末商品棚卸高の式により算定される。この計算を仕入勘定において行う場合，上記の仕訳が必要となる。

　　　また，この時の仕入勘定を簡単に図示すると以下のようになる。

仕　入

期首商品棚卸高 250,000	期末商品棚卸高 50,000
当期仕入高 3,000,000	売上原価 (3,200,000)

（5）（借）貯　蔵　品　　10,000　　　（貸）租　税　公　課　　10,000

　　　収入印紙の未使用高は租税公課勘定から貯蔵品勘定に振替える。

（6）（借）減価償却費　　85,000　　　（貸）減価償却累計額　　85,000

　　　当期の減価償却費（定額法）は（510,000－0）÷ 6 ＝85,000となる。

　　　B/Sの備品からは当期末までの減価償却累計額を控除して表示し，P/Lには当期の減価償却費を計上する。

（7）（借）前　払　費　用　　100,000　　　（貸）支　払　家　賃　　100,000

　　　前払費用は資産となる。

（8）（借）未　収　収　益　　2,000　　　（貸）受　取　利　息　　2,000

　　　未収収益は資産となる。元利一括返済（元本と利子を一緒に返してもらう）のため，決算日時点で未収となっている貸付金の利息（4 か月分）は，300,000×2％× 4 ÷12＝2,000となる。

（9）（借）受　取　手　数　料　　1,000　　　（貸）前　受　収　益　　1,000

　　　前受収益は負債となる。

（10）（借）法　人　税　等　　100,000　　　（貸）仮払法人税等　　10,000
　　　　　　　　　　　　　　　　　　　　　　　　未払法人税等　　90,000

　　　仮払法人税等よりも法人税等の額が多くなった場合，差額は未払法人税等となる。

　※貸借対照表の繰越利益剰余金¥319,000は，決算整理前残高試算表の繰越利益剰余金¥300,000に当期純利益¥19,000を加算して求められる。

2.

ア	イ	ウ	エ
1,200,000	繰越利益剰余金	783,000	4,350,000
オ	カ	キ	ク
2,000,000	損　益	783,000	3,500,000

損　益

3/31	仕　入	1,200,000	3/31	売　上	4,350,000
〃	給　料	3,600,000	〃	受取手数料	1,550,000
〃	貸倒引当金繰入	80,000	〃	受取利息	100,000
〃	減価償却費	200,000			
〃	通信費	22,000			
〃	旅費交通費	115,000			
〃	繰越利益剰余金	783,000			
		6,000,000			6,000,000

繰越利益剰余金

3/31	次期繰越	2,000,000	4 /1	前期繰越	1,217,000
			3/31	損　益	783,000
		2,000,000			2,000,000

資本金

3/31	次期繰越	3,500,000	4 /1	前期繰越	3,500,000

【解説】

ア…ここでは決算整理後の数値が示されるため，仕入の金額は売上原価を示すことになる。売上原価は仕入勘定残高（決算整理前）¥1,300,000（借方）＋期首商品棚卸高¥700,000－期末商品棚卸高¥800,000＝¥1,200,000と求められる。

イ・ウ…損益勘定の残高（貸方）は当期純利益であり，この損益勘定の残高¥783,000（貸方）は繰越利益剰余金の貸方に振替えられる。

エ…返品額などが控除された純売上高¥4,350,000を用いる。

オ・カ…前期繰越¥1,217,000に，損益勘定から振替えられてきた¥783,000（当期純利益）を加算した額が次期に繰越される。

ク…資本金勘定は特に変化はなく，前期から繰越されてきた額がそのまま次期に繰越されてゆく。

3.

貸借対照表

20××年3月31日　　　　　　　　　（単位：円）

資　　産	金　　額		負債及び資本	金　　額
現　　　　　　金		260,000	買　　掛　　金	300,000
普　通　預　金		600,000	社会保険料預り金	10,000
売　　掛　　金	470,000		当　座　借　越	200,000
貸　倒　引　当　金	△ 9,400	460,600	未　払　費　用	10,000
商　　　　　　品		100,000	未 払 法 人 税 等	60,000
前　払　費　用		14,000	資　　本　　金	1,000,000
未　収　収　益		8,000	繰越利益剰余金	786,600
建　　　　　　物	990,000			
減 価 償 却 累 計 額	△ 66,000	924,000		
		2,366,600		2,366,600

損益計算書

20××年4月1日から20××年3月31日まで　　　　　（単位：円）

費　　用	金　　額	収　　益	金　　額
売　上　原　価	2,040,000	売　　上　　高	3,100,000
給　　　　　料	360,000	受 取 手 数 料	60,000
広　告　宣　伝　費	31,000		
保　　険　　料	10,000		
水　道　光　熱　費	46,000		
法　定　福　利　費	30,000		
※ 貸 倒 引 当 金 繰 入	4,400		
※ 減　価　償　却　費	33,000		
※ 雑　　　　　損	9,000		
法　人　税　等	110,000		
当　期　純　利　益	486,600		
	3,160,000		3,160,000

※は順不同。

【解説】

（1）（借）　普　通　預　金　　　30,000　　　（貸）　売　　掛　　金　　　30,000

問題文の指示通りに未記帳分の処理を行う。

（2）（借）　水 道 光 熱 費　　　 1,000　　　（貸）　現　　　　　金　　　10,000
　　　　　　雑　　　　損　　　 9,000

帳簿残高を実際有高にあわせて減少させ，原因判明分は適切な勘定科目に振替え，原因不明分についてこ
こでは雑損に振替える。

（3）（借）　当　座　預　金　　 200,000　　　（貸）　当　座　借　越　　 200,000

問題文の指示通りに当座預金のマイナス分を当座借越として処理する。

（4）（借）　貸倒引当金繰入　　　 4,400　　　（貸）　貸 倒 引 当 金　　　 4,400

上記（1）の売掛金の回収額（¥30,000）を控除してから計算する。差額補充法のため，貸倒引当金とし
てすでに計上されている額（¥5,000）を超える額（¥4,400）のみ計上する。

　　　（500,000－30,000）×2％－5,000＝4,400

（5）（借）　仕　　　　　入　　 140,000　　　（貸）　繰　越　商　品　　 140,000
　　　　　　繰　越　商　品　　 100,000　　　　　　　仕　　　　　入　　 100,000

売上原価は，期首商品棚卸高＋当期商品仕入高－期末商品棚卸高の式により算定される。この計算を仕入
勘定において行う場合，上記の仕訳が必要となる。

また，この時の仕入勘定を簡単に図示すると以下のようになる。

仕　入

期首商品棚卸高 140,000	期末商品棚卸高 100,000
当期仕入高 2,000,000	売上原価 （2,040,000）

（6）（借）　減 価 償 却 費　　　33,000　　　（貸）　減価償却累計額　　　33,000

当期の減価償却費（定額法）は（990,000－0）÷30＝33,000となる。

B/Sの建物からは当期末までの減価償却累計額を控除して表示し，P/Lには当期の減価償却費を計上する。

（7）（借）　前　払　費　用　　　14,000　　　（貸）　保　　険　　料　　　14,000

前払費用は資産になる。保険料の前払額（7か月分）は，24,000×7÷12＝14,000となる。

（8）（借）　未　収　収　益　　　 8,000　　　（貸）　受 取 手 数 料　　　 8,000

未収収益は資産になる。

（9）（借）　法 定 福 利 費　　　10,000　　　（貸）　未　払　費　用　　　10,000

問題の指示通り未払となっている法定福利費を計上する。

（10）（借）　法　人　税　等　　 110,000　　　（貸）　仮払法人税等　　　 50,000
　　　　　　　　　　　　　　　　　　　　　　　　　未払法人税等　　　 60,000

仮払法人税等よりも法人税等の額が多くなった場合，差額は未払法人税等となる。

※貸借対照表の繰越利益剰余金¥786,600は，決算整理前残高試算表の繰越利益剰余金¥300,000に当期純利
益¥486,600を加算して求められる。

Chapter 26 伝票会計

基本問題

1.

（1）

日付	借方科目	金額	貸方科目	金額
10/ 1	仕　　　　　入	7,000	現　　　　　金	7,000
10/ 1	現　　　　　金	12,000	売　　　　　上	12,000
10/ 1	水　道　光　熱　費	8,000	当　座　預　金	8,000

（2）

出　金　伝　票	
科　目	金　額
仕　入	7,000

入　金　伝　票	
科　目	金　額
売　上	12,000

振　替　伝　票			
借　方　科　目	金　額	貸　方　科　目	金　額
水道光熱費	8,000	当座預金	8,000

【解説】

（1）は取引を仕訳し，（2）は仕訳の貸方科目が現金のときは出金伝票に，借方科目が現金のときは入金伝票にそれぞれ起票する。現金以外の取引のときは，振替伝票に起票する。

2.

日付	借方科目	金額	貸方科目	金額
8/ 5	備　　　　　品	170,000	現　　　　　金	170,000
8/ 6	現　　　　　金	5,000	売　　掛　　金	5,000
8/ 8	通　　信　　費	4,000	当　座　預　金	4,000

【解説】

出金伝票は，伝票自体が貸方（現金）を示しているので，記入されている勘定科目は借方科目を意味する。入金伝票も同様に，伝票自体が借方（現金）を示しているので，記入されている勘定科目は貸方科目を意味する。なお，振替伝票は仕訳そのものを示している。

3.（1）単純分割法

出　金　伝　票	
科　目	金　額
仕　入	50,000

振　替　伝　票			
借　方　科　目	金　額	貸　方　科　目	金　額
仕　入	150,000	買掛金	150,000

（2）掛取引擬制法

出 金 伝 票		振 替 伝 票			
科 目	金 額	借方科目	金 額	貸方科目	金 額
買掛金	50,000	仕　入	200,000	買掛金	200,000

【解説】

（1）と（2）は同じ取引で，一部現金取引と呼ばれ，次の通りの仕訳となる。

借 方 科 目	金 額	貸 方 科 目	金 額
仕　　　　　入	200,000	現　　　　　金	50,000
		買　　　掛　　　金	150,000

この一部現金取引には，伝票の起票方法として次の2通りの方法がある。

（1）単純分割法

取引を現金取引と掛取引に区別して，それぞれ伝票に起票する。

伝 票 の 種 類	借 方 科 目	金 額	貸 方 科 目	金 額
出 金 伝 票	仕　　　入	50,000	現　　　金	50,000
振 替 伝 票	仕　　　入	150,000	買　　掛　　金	150,000

（2）掛取引擬制法

取引をいったん，全部を掛で仕入れて，ただちに掛の一部を現金で支払ったと仮定して，取引を区別して，それぞれ伝票に起票する。

伝 票 の 種 類	借 方 科 目	金 額	貸 方 科 目	金 額
振 替 伝 票	仕　　　入	200,000	買　　掛　　金	200,000
出 金 伝 票	買　　掛　　金	50,000	現　　　金	50,000

4.

①	200,000	②	受取手形	③	売　　上
④	記入なし	⑤	仮払金		

【解説】

（1）他店振出小切手を受けた場合には現金勘定となる。

借 方 科 目	金 額	貸 方 科 目	金 額
現　　　　　金	200,000	売　　　　　上	360,000
受　　取　　手　　形	160,000		

なお，現金売上を入金伝票に起票し，手形売上は振替伝票に起票する。

（2）ICカードに現金入金の際，「仮払金5,000／現金5,000」として処理している。

借 方 科 目	金 額	貸 方 科 目	金 額
旅　費　交　通　費	2,000	仮　　払　　金	2,000

この取引は入出金がないので，すべて振替伝票に起票するため，出金伝票への記入はない。

5.
（1）

仕 訳 日 計 表

20××年8月1日   7

借　方	元丁	勘 定 科 目	元丁	貸　方
35,000	1	現　　　　金	1	28,000
80,000		売　　掛　　金		54,000
40,000		受　取　手　形		10,000
33,000		買　　掛　　金		30,000
7,000		支　払　手　形		20,000
9,000	20	売　　　　上	20	100,000
45,000		仕　　　　入		7,000
249,000				249,000

（2）

総 勘 定 元 帳

現　金
                                                    1

日付		摘　要	仕丁	借　方	貸　方	借/貸	残　高
8	1	前月繰越	✓	300,000		借	300,000
	〃	仕訳日計表	7	35,000		〃	335,000
	〃	〃	〃		28,000	〃	307,000

売　上
                                                    20

日付		摘　要	仕丁	借　方	貸　方	借/貸	残　高
8	1	仕訳日計表	7		100,000	貸	100,000
	〃	〃	〃	9,000		〃	91,000

（3）

得 意 先 元 帳

神 戸 商 店

20××年		摘　要	仕丁	借　方	貸　方	借/貸	残　高
8	1	前月繰越	✓	90,000		借	90,000
	〃	振替伝票	301	80,000		〃	170,000
	〃	振替伝票	303		40,000	〃	130,000
	〃	振替伝票	305		9,000	〃	121,000

【解説】
（1）伝票から仕訳をし，次頁の仕訳を集計して勘定科目ごとの合計額を仕訳日計表に記入する。
（2）総勘定元帳（現金勘定と売上勘定）へ仕訳日計表から合計転記する。
（3）得意先元帳（神戸商店）へ直接，伝票から個別転記する。このとき，得意先元帳の摘要欄には伝票名を記入し，仕丁欄には伝票番号を記入する。

伝票の種類 / No.	借 方 科 目	金 額	貸 方 科 目	金 額
入金伝票	現　　金	××××	○○	××××
No.101	現　　金	5,000	売　掛　金	5,000
No.102	現　　金	10,000	受　取　手　形	10,000
No.103	現　　金	20,000	売　　上	20,000
出金伝票	○○	××××	現　　金	××××
No.201	買　掛　金	6,000	現　　金	6,000
No.202	支　払　手　形	7,000	現　　金	7,000
No.203	仕　　入	15,000	現　　金	15,000
振替伝票	○○	××××	○○	××××
No.301	売　掛　金	80,000	売　　上	80,000
No.302	仕　　入	30,000	買　掛　金	30,000
No.303	受　取　手　形	40,000	売　掛　金	40,000
No.304	買　掛　金	20,000	支　払　手　形	20,000
No.305	売　　上	9,000	売　掛　金	9,000
No.306	買　掛　金	7,000	仕　　入	7,000

練習問題

仕 訳 日 計 表

20××年8月1日

7

借　方	元　丁	勘 定 科 目	元　丁	貸　方
35,000	1	現　　金	1	28,000
80,000		売　掛　金		54,000
40,000		受　取　手　形		10,000
33,000		買　掛　金		30,000
7,000		支　払　手　形		20,000
9,000	20	売　　上	20	100,000
45,000		仕　　入		7,000
249,000				249,000

【解説】

　本問は基本問題5を推定問題としたものであり，伝票（仕訳）の内容等は同じものになる。

　伝票の記入（取引の仕訳）を推定し，集計する。総勘定元帳へは仕訳日計表から合計転記するのに対して，得意先元帳へはそれぞれの伝票から個別転記する。

▶得意先元帳から推定

・神戸商店勘定より振替伝票No.301の¥80,000およびNo.303の¥40,000

▶総勘定元帳から推定
・総勘定元帳の売上勘定の貸方￥100,000から振替伝票No.301の￥80,000を差引き，入金伝票No.103の
　￥20,000
・総勘定元帳の売上勘定の借方より振替伝票No.305の￥9,000

Chapter 27　補 助 簿

基本問題

1．現金出納帳

日 付	借 方 科 目	金 額	貸 方 科 目	金 額
6/ 3	現　　　　　金	300,000	借　　入　　金	300,000
5	仕　　　　　入	200,000	現　　　　　金	200,000
10	現　　　　　金	800,000	売　　　　　上	800,000
20	支　払　家　賃	96,000	現　　　　　金	96,000
28	現　　　　　金	500,000	売　　掛　　金	500,000

現 金 出 納 帳

20××年		摘　　　要	収　入	支　出	残　高
6	1	前月繰越	450,000		450,000
	3	埼玉銀行から借入れ	300,000		750,000
	5	東京商店から仕入　送金小切手		200,000	550,000
	10	神戸商店へ売上　小切手受領	800,000		1,350,000
	20	今月分の家賃支払い		96,000	1,254,000
	28	大阪商店から売掛金の回収	500,000		1,754,000
	30	次月繰越		1,754,000	
			2,050,000	2,050,000	
7	1	前月繰越	1,754,000		1,754,000

【解説】
（1）他人振出小切手，送金小切手および郵便為替証書は，現金として処理。
（2）現金出納帳には，現金勘定で処理される通貨および通貨代用証券の収支のみを記入。

2．当座預金出納帳

日 付	借 方 科 目	金 額	貸 方 科 目	金 額
7/ 1	当 座 預 金	500,000	現 　　　　金	500,000
7	仕 　　　　入	700,000	当 座 預 金	400,000
			買 　　掛 　　金	300,000
15	広 告 宣 伝 費	200,000	当 座 預 金	100,000
			当 座 借 越	100,000
23	当 座 借 越	100,000	売 　　　　　上	650,000
	当 座 預 金	550,000		
31	支 払 利 息	1,000	当 座 預 金	1,000

当 座 預 金 出 納 帳

20××年		摘　　要	小切手番号	預 入	引 出	借/貸	残 高
7	1	当座預金口座を開設		500,000		借	500,000
	7	横浜商店より仕入	010		400,000	〃	100,000
	15	広告料の支払	011		200,000	貸	100,000
	23	京都商店への売上		650,000		借	550,000
	31	借越利息の引落			1,000	〃	549,000
	〃	次月繰越			549,000		
				1,150,000	1,150,000		
8	1	前月繰越		549,000		借	549,000

【解説】
（1）当座預金残高を超えた引出分は当座借越勘定に計上され，銀行からの一時的な借入れを意味する。
（2）小切手の振出によって当座借越が生じるときは，当座預金の残高を当座預金勘定の貸方に，借越額を当座借越勘定の貸方に記入。
（3）その後，当座預金に預入れをしたときは，借越額がなくなるまで当座借越勘定の借方に，借越額を超える額を当座預金勘定の借方に記入。
（4）当座預金出納帳の記入において，「借/貸」欄には，当座預金残高となる場合には「借」と，当座借越となる場合には「貸」と記入。

3．小口現金出納帳

① 即日補給の場合

小 口 現 金 出 納 帳

受　入	20××年		摘　　　要	支　払	内　　　　訳			
					旅費交通費	消耗品費	通信費	雑　費
30,000	8	3	前週繰越					
		3	バス回数券	3,000	3,000			
		4	接待用菓子代	2,800				2,800
		5	コピー用紙代	4,200		4,200		
		6	郵便切手代	1,700			1,700	
		7	タクシー代	5,600	5,600			
			合　計	17,300	8,600	4,200	1,700	2,800
17,300	8	7	本日補給					
		〃	次週繰越	30,000				
47,300				47,300				
30,000	8	10	前週繰越					

【解説】
（1）8／7（金）には，内訳欄の合計と支払額の合計が¥17,300で一致。
（2）資金の補給が支払報告後即日の8／7（金）に行われているため，8/7付で本日補給と記入した行の受入欄に¥17,300（使った金額）を記入。
（3）即日補給であるため，次週繰越額が定額（¥30,000）となる。
（4）受入欄の合計と支払欄の合計が一致することを確認すること。

② 翌営業日補給の場合

小 口 現 金 出 納 帳

受　入	20××年		摘　　　要	支　払	内　　　　訳			
					旅費交通費	消耗品費	通信費	雑　費
20,000	8	3	前週繰越					
10,000		〃	本日補給					
		3	バス回数券	3,000	3,000			
		4	接待用菓子代	2,800				2,800
		5	コピー用紙代	4,200		4,200		
		6	郵便切手代	1,700			1,700	
		7	タクシー代	5,600	5,600			
			合　計	17,300	8,600	4,200	1,700	2,800
		7	次週繰越	12,700				
30,000				30,000				
12,700	8	10	前週繰越					
17,300		〃	本日補給					

【解説】
（1）定額前渡金額は¥20,000（8/3前週繰越）＋¥10,000（8/3本日補給）＝ ¥30,000
（2）①同様，8/7（金）には，内訳欄の合計と支払額の合計が¥17,300で一致。
（3）8/7（金）の次週繰越額は，¥30,000から¥17,300（使った金額）を差引いた金額¥12,700を記入。
（4）8/10（月）には，前週に使用した金額（¥17,300）が補給。
（5）①同様，受入欄の合計と支払欄の合計が一致することを確認すること。

４．仕入帳

仕　入　帳

20××年		摘　　　要			内　訳	金　額
9	1	横浜商店		小切手		
		C商品	120 個 ＠ 400 円		48,000	
		D商品	250 個 ＠ 270 円		67,500	
		引取費用	1,300 円現金払		1,300	116,800
	13	東京商店		掛		
		C商品	300 個 ＠ 380 円			114,000
	25	東京商店		掛返品		
		C商品	30 個 ＠ 380 円			11,400
	30		総仕入高			230,800
	〃		返品高			11,400
			純仕入高			219,400

【解説】
（1）仕入帳の内訳欄には，品目ごとの合計額と仕入諸掛の金額を記入。
（2）商品の種類が1種類のみで，かつ仕入諸掛もない場合には，内訳欄には金額は記入しない。
（3）総仕入高は返品高を差引く前の金額。
（4）総仕入高から返品高を差引いて純仕入高を算出し，帳簿を締切る。

５．買掛金元帳

買　掛　金　元　帳
東　京　商　店

20××年		摘　　　要	借　方	貸　方	借/貸	残　高
10	1	前月繰越		250,000	貸	250,000
	7	掛仕入		180,000	〃	430,000
	18	返品	73,000		〃	357,000
	29	買掛金の支払い	140,000		〃	217,000
	31	次月繰越	217,000			
			430,000	430,000		
11	1	前月繰越		217,000	貸	217,000

【解説】

（1）締切るときは，次月繰越の金額を借方欄に記入し，借方および貸方の合計が一致することを確認してから締切る。

（2）翌月1日の日付で，前月から繰越された金額を貸方欄および残高欄に記入。

（3）買掛金元帳では貸方に残高が生じるので，借/貸欄には「貸」と記入。

6．商品有高帳

①　移動平均法

商　品　有　高　帳

20××年		摘　要	受　入			払　出			残　高		
			数　量	単　価	金　額	数　量	単　価	金　額	数　量	単　価	金　額
5	1	前月繰越	100	600	60,000				100	600	60,000
	6	仕　入	150	600	90,000				250	600	150,000
	13	売　上				200	600	120,000	50	600	30,000
	18	仕　入	200	550	110,000				250	560	140,000
	25	売　上				100	560	56,000	150	560	84,000
	31	次月繰越				150	560	84,000			
			450		260,000	450		260,000			
6	1	前月繰越	150	560	84,000				150	560	84,000

売上原価の計算

月初商品棚卸高	60,000	円
当月商品仕入高	200,000	
合　計	260,000	円
月末商品棚卸高	84,000	
売　上　原　価	176,000	円

売上総利益の計算

売　上　高	250,000	円
売　上　原　価	176,000	
売　上　総　利　益	74,000	円

【解説】

（1）商品有高帳に売価を記入することはない。売上時には払出高欄へ記入を行うが，売価ではなく原価で記入することに注意。

（2）5/18付仕入後の残高欄の平均単価を計算

$$\frac{¥30,000 \ + \ ¥110,000}{50個 \ + \ 200個} \ = \ ¥560 / 個$$

（3）商品有高帳の払出高欄の合計額が売上原価となる。

（4）売上高は，売上帳の合計額

¥160,000（5/13）＋ ¥90,000（5/25）＝¥250,000

② 先入先出法

商 品 有 高 帳

20××年		摘 要	受　　入			払　　出			残　　高		
			数　量	単　価	金　額	数　量	単　価	金　額	数　量	単　価	金　額
5	1	前月繰越	100	600	60,000				100	600	60,000
	6	仕　入	150	600	90,000				250	600	150,000
	13	売　上				200	600	120,000	50	600	30,000
	18	仕　入	200	550	110,000				50	600	30,000
									200	550	110,000
	25	売　上				50	600	30,000			
						50	550	27,500	150	550	82,500
	31	次月繰越				150	550	82,500			
			450		260,000	450		260,000			
6	1	前月繰越	150	550	82,500				150	550	82,500

売上原価の計算

月初商品棚卸高	60,000	円
当月商品仕入高	200,000	
合　計	260,000	円
月末商品棚卸高	82,500	
売　上　原　価	177,500	円

売上総利益の計算

売　　上　　高	250,000	円
売　上　原　価	177,500	
売　上　総　利　益	72,500	円

【解説】
（1）先入先出法の注意点
　　　▶仕入単価が同じときは，まとめて記入。
　　　▶仕入単価が異なるときは，残高欄および払出高欄に区別して記入。
（2）5/18付仕入後の残高250個の内訳は，5/6付仕入＠¥600の商品50個と5/18付仕入＠¥550の商品200個となる。
（3）5/25付売上100個の内訳は，5/6付仕入＠¥600の商品50個と5/18付仕入＠¥550の商品50個となる。
（4）①同様，商品有高帳の払出高欄の合計額が売上原価となる。

7．手形記入帳
　　帳簿の名称（　受取手形記入帳　）

取引日	借　方　科　目	金　額	貸　方　科　目	金　額
5/ 3	受　取　手　形	30,000	売　　　　　　上	30,000
7/ 8	受　取　手　形	50,000	売　　掛　　金	50,000
8/ 3	当　座　預　金	30,000	受　取　手　形	30,000

【解説】
（1）摘要欄に売掛金，売上とあることから，この帳簿は受取手形記入帳となる。
（2）5/3に大阪商店に商品¥30,000を売上げ，代金は同店振出の約束手形で受取った。

（3）7/8に神戸商店への売掛金のうち，¥50,000を同店振出の約束手形で受取った。

（4）8/3にかねて5/3に受取っていた約束手形が満期日となったので取立てを行い，当座預金とした。

8．固定資産台帳

①	②	③	④	A
2,960,000	720,000	1,240,000	518,000	減価償却費

【解説】

（1）①は備品の前期繰越額であるため，固定資産台帳のAおよびBの期首取得原価の合計（¥2,000,000＋¥960,000）となる。

（2）②は当期取得のCである7/1付の期中取得原価（¥720,000）となる。

（3）③は備品減価償却累計額の前期繰越額であるため，固定資産台帳のAおよびBの期首減価償却累計額の合計（¥1,000,000＋¥240,000）となる。

（4）④は，当期の減価償却費（A）であるため，当期減価償却費の合計（¥250,000＋¥160,000＋¥108,000）となる。

練習問題

帳簿 日付	当座預金 出納帳	商品 有高帳	売掛金 元帳	買掛金 元帳	受取手形 記入帳	支払手形 記入帳	仕入帳	売上帳	固定資産 台帳
5		◯	◯					◯	
13		◯		◯		◯	◯		
20					◯				
26	◯								◯
31	◯			◯					

【解説】

どの帳簿に記入するか判断する場合，まず取引の仕訳を行い，その仕訳の勘定科目から考えること。

取引日	借　方　科　目	金　額	貸　方　科　目	金　額
10/ 5	売　　　　　上	80,000	売　　掛　　金	80,000
10/13	仕　　　　　入	250,000	支　　払　　手　　形	100,000
			買　　掛　　金	150,000
10/20	普　通　預　金	160,000	受　　取　　手　　形	160,000
10/26	備　　　　　品	300,000	当　　座　　預　　金	300,000
10/31	買　　掛　　金	240,000	当　　座　　預　　金	240,000

《編著者紹介》

大野智弘（おおの・ともひろ）担当：Chapter 1 ～10
　　創価女子短期大学国際ビジネス学科教授

《著者紹介》

船越洋之（ふなこし・ひろゆき）担当：Chapter 11～13，20～22
　　武蔵野大学経営学部教授

大塚浩記（おおつか・ひろのり）担当：Chapter 14，17，19
　　埼玉学園大学経済経営学部教授

小阪敬志（こさか・たかし）担当：Chapter 15，16，23，24
　　日本大学法学部准教授

渡邉　智（わたなべ・さとし）担当：Chapter 25
　　明治大学商学部兼任講師

土江智佳子（どえ・ちかこ）担当：Chapter 18，26，27
　　創価大学経済学部兼任講師

（検印省略）

2019年 5 月20日　初版発行
2020年 5 月20日　改訂版発行
2022年 5 月20日　第 3 版発行
2024年 5 月20日　第 4 版発行

略称－ニューステップ

ニューステップアップ簿記［第 4 版］

編著者　大　野　智　弘
発行者　塚　田　尚　寛

発行所　東京都文京区　　　　株式会社　創　成　社
　　　　春日 2 －13－ 1

電　話 03（3868）3867　　Ｆ Ａ Ｘ 03（5802）6802
出版部 03（3868）3857　　Ｆ Ａ Ｘ 03（5802）6801
http://www.books-sosei.com　振　替 00150-9-191261

定価はカバーに表示してあります。

©2019, 2024 Tomohiro Ono　　　　組版：ワードトップ　印刷：エーヴィスシステムズ
ISBN978-4-7944-1592-9 C3034　　製本：エーヴィスシステムズ
Printed in Japan　　　　　　　　落丁・乱丁本はお取り替えいたします。

ニューステップアップ簿記 [第4版]
解答用紙

Chapter 1 簿記一巡の手続き

基本問題

（1）

ア	イ	ウ	エ

オ	カ	キ

（2）

ア	イ	ウ	エ

オ	カ

練習問題

ア	イ	ウ	エ
オ	カ	キ	ク
ケ	コ	サ	シ
ス	セ	ソ	タ
チ	ツ	テ	ト
ナ	ニ	ヌ	ネ
ノ	ハ	ヒ	フ

Chapter 2 勘定科目と分類

基本問題

A	1	2	3
4	5	6	7
8	9	L	10
11	12	K	13
14	※1	※2	E
15	16	17	18
19	20	21	22
23	24	25	26
27	28	R	29
30	31	32	33

1.

1	2	3
（　　）	（　　）	（　　）
4	5	6
（　　）	（　　）	（　　）
7	8	9
（　　）	（　　）	（　　）
10	11	12
（　　）	（　　）	（　　）
13	14	15
（　　）	（　　）	（　　）
16	17	18
（　　）	（　　）	（　　）
19	20	21
（　　）	（　　）	（　　）
22	23	24
（　　）	（　　）	（　　）
25	26	27
（　　）	（　　）	（　　）
28	29	30
（　　）	（　　）	（　　）
31	32	33
（　　）	（　　）	（　　）

2.

	取引に含まれる勘定科目（分類記号）※記入順序は問わない
（1）	
（2）	
（3）	
（4）	
（5）	
（6）	
（7）	
（8）	
（9）	
（10）	

Chapter 3 取引と仕訳

基本問題

1.

（1）	（2）	（3）	（4）

2.

日 付	借 方 科 目	金 額	貸 方 科 目	金 額
7/ 1				
2				
5				
7				
10				
11				
15				
16				
21				
25				
28				
30				
31				

－4－

日 付	借 方 科 目	金 額	貸 方 科 目	金 額
（1）				
（2）				
（3）				
（4）				
（5）				
（6）				
（7）				
（8）				
（9）				
（10）				
（11）				
（12）				
（13）				

Chapter 4 　転　　記

基本問題

現　金	売掛金

仕　入	買掛金

売　上	資本金

練習問題

1.

現　金		買掛金	
		資本金	

建　物		仕　入	

備　品		給　料	

売掛金		支払地代	

	売　上	

2.

ア	イ	ウ	エ
オ	カ	キ	ク

Chapter 5 試算表の原理

基本問題

合計残高試算表

借 方		勘 定 科 目	貸 方	
残 高	合 計		合 計	残 高

練習問題

1.

合計残高試算表

借 方		勘 定 科 目	貸 方	
残 高	合 計		合 計	残 高
		現　　　　金		
		借　　入　　金		
		繰 越 利 益 剰 余 金		
		仕　　　　入		

2.

残高試算表

借　方	勘 定 科 目	貸　方
	現　　　　　金	
	建　　　　　物	
	資　　本　　金	
	支　払　手　数　料	
	保　　険　　料	

3.

合計試算表

借　方	勘 定 科 目	貸　方
	普　通　預　金	
	給　　　　　料	

Chapter 6 精算表の仕組み

基本問題

1.

精 算 表

勘 定 科 目	残高試算表		損益計算書		貸借対照表	
	借 方	貸 方	借 方	貸 方	借 方	貸 方
現　　　　　金	423,750					
普 通 預 金	120,100					
借 入 金		102,300				
資 本 金						
繰越利益剰余金		190,000				
売　　　　上		789,700				
受 取 家 賃		9,600				
仕　　　　入	562,400					
給　　　　料	95,350					

2.

精 算 表

勘 定 科 目	残高試算表		損益計算書		貸借対照表	
	借 方	貸 方	借 方	貸 方	借 方	貸 方
現　　　　　金						
資 本 金						
仕　　　　入						

1.

精　算　表

勘　定　科　目	残高試算表		損益計算書		貸借対照表	
	借　方	貸　方	借　方	貸　方	借　方	貸　方
売　　掛　　金						
繰越利益剰余金						
売　　　　　上						
仕　　　　　入						
支　払　家　賃						

2.

精　算　表

勘　定　科　目	残高試算表		損益計算書		貸借対照表	
	借　方	貸　方	借　方	貸　方	借　方	貸　方
現　　　　　金						
借　　入　　金						
資　　本　　金						
仕　　　　　入						

Chapter 7 損益計算書と貸借対照表の様式

基本問題

損益計算書

創明商事　　　　20××年1月1日から20××年12月31日まで　　　（単位：円）

費　　用	金　額	収　　益	金　額

貸借対照表

創明商事　　　　　　　　20××年12月31日　　　　　　　　（単位：円）

資　　　産	金　額	負債及び資本	金　額

練習問題

1.

損益計算書

創明商事　　　　20××年1月1日から20××年12月31日まで　　　（単位：円）

費　　用	金　額	収　　益	金　額

貸借対照表

創明商事		20××年12月31日		(単位:円)
資　産	金　額	負債及び資本	金　額
--------		--------	
--------		--------	
--------		--------	
--------		--------	
--------		--------	
--------		--------	

2.

ア	イ	ウ	エ
オ	カ	キ	ク

3.

ア	イ	ウ	エ
オ	カ	キ	ク
ケ	コ		

Chapter 8 元帳の締切り

基本問題

給　料（　）

3 /15 現　金　10,000	

損　益

受取手数料　（　）

	3 /10 現　金　6,000
	20　〃　8,000

繰越利益剰余金　（　）

現　金（　）

3 / 1 資　本　金　50,000	3 /15 給　　料　10,000
2 借　入　金　30,000	25 借　入　金　2,000
10 受取手数料　6,000	
20　〃　8,000	

借　入　金（　）

3 /25 現　金　2,000	3 / 2 現　金　30,000

資　本　金（　）

	3 / 1 現　金　50,000

決算振替仕訳	日 付	借 方 科 目	金 額	貸 方 科 目	金 額
収益の決算振替仕訳					
費用の決算振替仕訳					
損益の決算振替仕訳					

練習問題

1.

ア	イ	ウ	エ	オ
カ	キ	ク	ケ	コ

日 付	借 方 科 目	金 額	貸 方 科 目	金 額

2.

売 上 （ ）		
	3/7 諸 口 600,000	
	23 売 掛 金 300,000	

仕 入 （ ）		
3/3 諸 口 400,000		
14 〃 200,000		

受取手数料 （ ）		
	3/28 現 金 55,000	

給 料 （ ）		
3/20 現 金 195,000		

損　　益

繰越利益剰余金 （ ）

売 掛 金 （ ）		
3/7 売 上 400,000	3/25 現 金 350,000	
23 〃 300,000		

現 金 （ ）		
3/1 資本金 300,000	3/3 仕 入 200,000	
7 売 上 200,000	14 〃 100,000	
25 売掛金 350,000	20 給 料 195,000	
28 受取手数料 55,000	25 買掛金 90,000	

買 掛 金 （ ）		
3/25 現 金 90,000	3/3 仕 入 200,000	
	14 〃 100,000	

資 本 金 （ ）		
	3/1 現 金 300,000	

決算振替仕訳	日 付	借 方 科 目	金 額	貸 方 科 目	金 額
収益の決算振替仕訳					
費用の決算振替仕訳					
損益の決算振替仕訳					

Chapter 9 現金預金

	借 方 科 目	金 額	貸 方 科 目	金 額
1				
2				
3				
4				
5				
6				
7				
8				
9				

練習問題

1.

	借 方 科 目	金 額	貸 方 科 目	金 額
12/ 1				
10				
20				
25				
31				
1/ 1				

当座預金 当座借越

2.

	借 方 科 目	金 額	貸 方 科 目	金 額
(1)				
(2)				
(3)				
(4)				
(5)				
(6)				
(7)				
(8)				
(9) 4/20				
23				
25				
27				

▌Chapter 10 現金過不足と小口現金

基本問題

1.

	借 方 科 目	金 額	貸 方 科 目	金 額
(1)				
(2)				
(3)				

2.

	借 方 科 目	金 額	貸 方 科 目	金 額
(1)				
(2)				
(3)				

3.

	借 方 科 目	金 額	貸 方 科 目	金 額
(1)				
(2)				

4.

	借 方 科 目	金 額	貸 方 科 目	金 額
(1)				
(2)				
(3)				
(4)				

練習問題

	借 方 科 目	金 額	貸 方 科 目	金 額
1				
2				
3				
4				
5				
6				
7				
8				

Chapter 11 商品売買 1

基本問題

1.

	借 方 科 目	金 額	貸 方 科 目	金 額
(1)				
(2)				
(3)				
(4)				

2.

	借 方 科 目	金 額	貸 方 科 目	金 額
(1)				
(2)				
(3)				
(4)				
(5)				

練習問題

1.

	借 方 科 目	金 額	貸 方 科 目	金 額
7/ 1				
7/ 2				
7/16				
7/17				
7/23				
7/25				

仕　　入	売　　上

項　目	金　額	計算過程
総　仕　入　高	¥	
仕　入　戻　し　高	¥	
純　仕　入　高	¥	
総　売　上　高	¥	
売　上　戻　り　高	¥	
純　売　上　高	¥	

2.

	借　方　科　目	金　額	貸　方　科　目	金　額
（1）				
（2）				
（3）				
（4）				
（5）				
（6）				
（7）				
（8）				
（9）				
（10）				
（11）				

3.

	借　方　科　目	金　額	貸　方　科　目	金　額
（1）				
（2）				
（3）				

4.

	借 方 科 目	金　額	貸 方 科 目	金　額
①				
②				
③				
④				

Chapter 12　商品売買 2

基本問題

1.

	借 方 科 目	金　額	貸 方 科 目	金　額
(1)				
(2)				
(3)				
(4)				
(5)				
(6)				
(7)				
(8)				

2.

	借 方 科 目	金　額	貸 方 科 目	金　額
(1)				
(2)				
(3)				
(4)				

1.

	借 方 科 目	金 額	貸 方 科 目	金 額
(1)				
(2)				
(3)				
(4)				
(5)				
(6)				
(7)				
(8)				
(9)				
(10)				

2.

	借 方 科 目	金 額	貸 方 科 目	金 額
(1)				
(2)				
(3)				
(4)				
(5)				
(6)				
(7)				
(8)				
(9)				
(10)				
(11)				

3.

	借 方 科 目	金 額	貸 方 科 目	金 額
10/18				

Chapter 13　約束手形と電子記録債権（債務）

1.

	借　方　科　目	金　額	貸　方　科　目	金　額
（1）				
（2）				
（3）				
（4）				

2.

	借　方　科　目	金　額	貸　方　科　目	金　額
（1）				
（2）				
（3）				
（4）				
（5）				
（6）				
（7）				
（8）				

練習問題

1.

	借 方 科 目	金 額	貸 方 科 目	金 額
(1)				
(2)				
(3)				
(4)				
(5)				
(6)				
(7)				
(8)				
(9)				
(10)				
(11)				
(12)				
(13)				
(14)				

2.

	借 方 科 目	金 額	貸 方 科 目	金 額
(1)				
(2)				
(3)				
(4)				
(5)				
(6)				

3.

借 方 科 目	金 額	貸 方 科 目	金 額

Chapter 14　その他の債権と債務

基本問題

	借 方 科 目	金 額	貸 方 科 目	金 額
1.				
2.				
3.				
4.				
5.				
6.				
7.				
8.				
9.				

1.

	借 方 科 目	金 額	貸 方 科 目	金 額
（1）				
（2）				
（3）				
（4）				
（5）				
（6）				
（7）				
（8）				
（9）				
（10）				
（11）				

2.

	借 方 科 目	金 額	貸 方 科 目	金 額
（1）				
（2）				
（3）				

Chapter 15 貸倒れと貸倒引当金

基本問題

	借 方 科 目	金 額	貸 方 科 目	金 額
1.				
2.				
3.				
4.				
5.				

練習問題

1.

	借 方 科 目	金 額	貸 方 科 目	金 額
(1)				
(2)				
(3)				
(4)				
(5)				

2.

(問1)

	借 方 科 目	金 額	貸 方 科 目	金 額
①				
②				

(問2)

借 方 科 目	金 額	貸 方 科 目	金 額

3.

ア	イ	ウ	エ
A			

Chapter 16 有形固定資産

[基本問題]

	借 方 科 目	金 額	貸 方 科 目	金 額
1.				
2.				
3.				
4.				
5.				

	借　方　科　目	金　額	貸　方　科　目	金　額
1.				
2.				
3.				
4.				
5.				
6.				
7.				
8.				
9.				
10.				

Chapter 17 株式会社の資本金と繰越利益剰余金

基本問題

	借 方 科 目	金 額	貸 方 科 目	金 額
1.				
2.				
3.				
4.				

練習問題

1.

	借 方 科 目	金 額	貸 方 科 目	金 額
(1)				
(2)				
(3)				
(4)				
(5)				
(6)				

2.

	資 本 金	利 益 準 備 金	繰越利益剰余金	資 本 合 計
期首残高	40,000	2,000	10,000	52,000
変 動 額①				
変 動 額②				
変 動 額③				
変 動 額④				
期末残高				

Chapter 18 税金の処理及び訂正仕訳

1.

	借 方 科 目	金 額	貸 方 科 目	金 額
(1)				
(2)				
(3)				
(4)				

2.

	借 方 科 目	金 額	貸 方 科 目	金 額
(1)				
(2)				
(3)				

3.

	借 方 科 目	金 額	貸 方 科 目	金 額
(1)				
(2)				
(3)				
(4)				

4.

	借 方 科 目	金 額	貸 方 科 目	金 額
(1)				
(2)				
(3)				

1.

	借 方 科 目	金 額	貸 方 科 目	金 額
（1）				
（2）				
（3）				

2.

借 方 科 目	金 額	貸 方 科 目	金 額

3.

借 方 科 目	金 額	貸 方 科 目	金 額

Chapter 19 試算表と掛明細表

基本問題

1.

合 計 残 高 試 算 表
20×5年 4 月30日

借　方		勘 定 科 目	貸　方	
残　高	合　計		合　計	残　高
		現　　　　　　金		
		当　座　預　金		
		受　取　手　形		
		売　　掛　　金		
		繰　越　商　品		
		備　　　　　　品		
		支　払　手　形		
		買　　掛　　金		
		所 得 税 預 り 金		
		貸　倒　引　当　金		
		備 品 減 価 償 却 累 計 額		
		資　　本　　金		
		繰 越 利 益 剰 余 金		
		売　　　　　　上		
		仕　　　　　　入		
		給　　　　　　料		
		支　払　家　賃		
		水　道　光　熱　費		
		通　　信　　費		

売掛金明細表			買掛金明細表		
	4 月27日	4 月30日		4 月27日	4 月30日
愛媛商店	¥32,000	¥	香川商店	¥19,000	¥
徳島商店	34,000		高知商店	21,000	
	¥66,000	¥		¥40,000	¥

2.

合 計 残 高 試 算 表
20×5年 4 月30日

借　方		勘　定　科　目	貸　方	
残　高	合　計		合　計	残　高
		現　　　　　金		
		当　座　預　金		
		受　取　手　形		
		売　　掛　　金		
		繰　越　商　品		
		前　　払　　金		
		備　　　　　品		
		支　払　手　形		
		買　　掛　　金		
		未　　払　　金		
		所　得　税　預　り　金		
		貸　倒　引　当　金		
		備品減価償却累計額		
		資　　本　　金		
		繰　越　利　益　剰　余　金		
		売　　　　　上		
		仕　　　　　入		
		給　　　　　料		
		広　　告　　料		
		固定資産（　　　　）		

3.

試 算 表

借　方			勘 定 科 目	貸　方		
12月31日 の合計	12月中 の取引高	11月30日 の合計		11月30日 の合計	12月中 の取引高	12月31日 の合計
		733,000	現　　　　　金	449,000		
		1,207,000	当 座 預 金 文 京 銀 行	721,000		
		655,000	当 座 預 金 春 日 銀 行	221,000		
		829,000	売　　掛　　金	427,000		
		550,000	電 子 記 録 債 権	400,000		
		2,000	貸 倒 引 当 金	10,000		
		182,000	繰 越 商 品			
		500,000	備　　　　　品			
			備 品 減 価 償 却 累 計 額	114,000		
		294,000	買　　掛　　金	493,000		
		200,000	電 子 記 録 債 務	350,000		
		30,000	未　　払　　金	195,000		
			所 得 税 預 り 金	5,000		
			借　　入　　金	500,000		
			資　　本　　金	1,000,000		
			繰 越 利 益 剰 余 金	100,000		
		30,000	売　　　　　上	1,707,000		
		814,000	仕　　　　　入	15,000		
		380,000	給　　　　　料			
		22,000	発　　送　　費			
		48,000	旅 費 交 通 費			
		180,000	支 払 家 賃			
		11,000	支 払 手 数 料			
		20,000	水 道 光 熱 費			
		20,000	支 払 利 息			
		6,707,000		6,707,000		

Chapter 20　費用・収益の前払・前受・未払・未収

1.

	借 方 科 目	金 額	貸 方 科 目	金 額
4/ 1				
12/31				
1/ 1				

2.

	借 方 科 目	金 額	貸 方 科 目	金 額
9/ 1				
12/31				
1/ 1				

3.

	借 方 科 目	金 額	貸 方 科 目	金 額
12/31				
1/ 1				
2/ 1				

4.

	借 方 科 目	金 額	貸 方 科 目	金 額
12/31				
1/ 1				
3/ 1				

練習問題

1.

	借 方 科 目	金 額	貸 方 科 目	金 額
（1）				
（2）				
（3）				

2.

	借 方 科 目	金 額	貸 方 科 目	金 額
（1）				
（2）				
（3）				
（4）				
（5）				
（6）				
（7）				
（8）				
（9）				
（10）				
（11）				

3.

支 払 手 数 料

（　　　）（　　　　　　）（　　　　　）｜（　　　）（　　　　　　）（　　　　　）
（　　　）（　　　　　　）（　　　　　）｜
（　　　）（　　　　　　）（　　　　　）｜

前 払 手 数 料

（　　　）（　　　　　　）（　　　　　）｜

※使用しない欄がある場合は空欄のままにしておくこと。

Chapter 21 売上原価と売上総利益の計算

基本問題

1.

借 方 科 目	金 額	貸 方 科 目	金 額

2.

借 方 科 目	金 額	貸 方 科 目	金 額

3.

月 次 純 売 上 高	¥
月 次 売 上 原 価	¥
月 次 売 上 総 利 益	¥

練習問題

1.

①		②	
③		④	
⑤		⑥	

2.

①		②	
③		④	
⑤		⑥	
⑦		⑧	

3.

	借 方 科 目	金 額	貸 方 科 目	金 額
10/ 7				
10/12				
10/19				
10/25				
10/31				

繰 越 商 品

10/ 1	前 月 繰 越	(	)	(	)	(	)	(	)
(	)	(	)	(	)			

仕　　　入

(	)	(	)	(	)	(	)	(	)	(	)
(	)	(	)	(	)			
(	)	(	)	(	)			

売　　　上

		(	)	(	)	(	)
		(	)	(	)	(	)

月 次 売 上 高	¥
月 次 売 上 原 価	¥
月 次 売 上 総 利 益	¥

4.

繰 越 商 品

1/ 1	前 期 繰 越	280,000	12/31	(	)	(	)
12/31	(	)	(	)			

仕　　　入

当 期 仕 入 高	3,860,000	当 期 仕 入 戻 し	79,000
12/31	(	)	(	)	12/31	(	)	310,000

売　　　上

当 期 売 上 戻 り	123,000	当 期 売 上 高	6,500,000

売 　 上 　 高	¥
売 　 上 　 原 価	¥
売 上 総 利 益	¥

5.

繰 越 商 品

1/ 1	前 期 繰 越	200,000	12/31	(	)	(	)
12/31	(	)	(	)			

売 上 原 価

12/31	(	)	(	)	12/31	(	)	(	)
12/31	(	)	(	)			

当 期 売 上 原 価	¥

Chapter 22 決算整理事項と決算整理仕訳

基本問題

	借 方 科 目	金 額	貸 方 科 目	金 額
(1)				
(2)				
(3)				
(4)				
(5)				
(6)				
(7)				

練習問題

1.

	借 方 科 目	金 額	貸 方 科 目	金 額
(1)				
(2)				
(3)				
(4)				
(5)				
(6)				
(7)				
(8)				
(9)				
(10)				
(11)				
(12)				
(13)				

2. 設問 1

決算整理後残高試算表

借 方 残 高	勘 定 科 目	貸 方 残 高
	現　　　　　金	
1,387,000	普 通 預 金	
1,395,000	受 取 手 形	
2,865,000	売 掛 金	
	繰 越 商 品	
	貯 蔵 品	
	（　　　）保 険 料	
2,500,000	備 品	
	買 掛 金	2,300,000
	（　　　）消 費 税	
	（　　　）利 息	
	未 払 法 人 税 等	
	貸 倒 引 当 金	
	借 入 金	
	備 品 減 価 償 却 累 計 額	
	資 本 金	3,000,000
	繰 越 利 益 剰 余 金	
	売 上	25,780,000
	仕 入	
	保 険 料	
	通 信 費	
	減 価 償 却 費	
	貸 倒 引 当 金 繰 入	
	支 払 利 息	
	雑 （　　　　　）	
	法 人 税 等	
8,159,200	そ の 他 の 費 用	

設問 2

¥

Chapter 23 決算整理事項と八桁精算表

基本問題

精 算 表

勘定科目	残高試算表		修正記入		損益計算書		貸借対照表	
	借 方	貸 方	借 方	貸 方	借 方	貸 方	借 方	貸 方
現　　　　　金	6,240							
売　掛　　金	16,000							
繰　越　商　品	1,840							
貸　付　　金	4,000							
備　　　　品	6,000							
支　払　手　形		3,080						
買　掛　　金		2,360						
貸　倒　引　当　金		120						
備品減価償却累計額		1,520						
資　本　　金		20,000						
繰　越　利　益　剰　余　金		1,920						
売　　　　上		31,600						
受　取　利　息		80						
仕　　　　入	25,720							
保　険　　料	880							
	60,680	60,680						
貸倒引当金繰入								
減　価　償　却　費								
未　収　利　息								
前　払　保　険　料								
当　期　純　（　　）								

※括弧内にあてはまる語句は，各自で推定すること。

練習問題

1.

ア	イ	ウ	エ

オ	カ	キ	ク

ケ	コ

2.

精　算　表

勘定科目	残高試算表 借方	残高試算表 貸方	修正記入 借方	修正記入 貸方	損益計算書 借方	損益計算書 貸方	貸借対照表 借方	貸借対照表 貸方
現　　　　金	19,000						19,000	
現 金 過 不 足		900	900					
当 座 預 金	( )		4,000				47,000	
売 　掛 　金	29,000			4,000			( )	
繰 越 商 品	7,700		6,300	( )			( )	
車 両 運 搬 具	50,000							
買 　掛 　金		( )						9,000
貸 倒 引 当 金		330		420				( )
減価償却累計額		12,500		( )				( )
資 　本 　金		75,000						75,000
繰越利益剰余金		53,470						53,470
売 　　　上		81,000				81,000		
受 取 手 数 料		2,500		( )		2,800		
仕 　　　入	( )		7,700	6,300	70,400			
給 　　　料	12,000				12,000			
支 払 家 賃	5,000		1,000		( )			
	234,700	234,700						
雑 　（　　）				( )		( )		
貸倒引当金繰入			( )		( )			
減 価 償 却 費			6,250		( )			
未収（　　）			( )				300	
未 払 家 賃				( )				( )
当 期 純（　）					( )	( )	( )	( )
			( )	( )	( )	( )	( )	( )

※空欄のうち，記入すべき金額がない箇所については，空欄のままでよい。

基本問題

精　算　表

勘定科目	残高試算表		修正記入		損益計算書		貸借対照表	
	借　方	貸　方	借　方	貸　方	借　方	貸　方	借　方	貸　方
現　　　　　金	17,800							
普　通　預　金	73,800							
売　　掛　　金	50,000							
仮　　払　　金	6,000							
繰　越　商　品	45,200							
建　　　　　物	174,000							
備　　　　　品	72,000							
土　　　　　地	180,000							
買　　掛　　金		39,600						
貸　倒　引　当　金		600						
建物減価償却累計額		104,400						
備品減価償却累計額		36,000						
資　　本　　金		150,000						
繰越利益剰余金		106,400						
売　　　　　上		978,000						
受　取　家　賃		9,000						
仕　　　　　入	512,000							
給　　　　　料	260,000							
通　　信　　費	7,800							
旅　費　交　通　費	5,400							
保　　険　　料	20,000							
	1,424,000	1,424,000						
貸倒引当金繰入								
減　価　償　却　費								
（　　　）保険料								
前　受　家　賃								
未　払　給　料								
法　人　税　等								
未　払　法　人　税　等								
当　期　純（　　　）								

1.
精 算 表

勘定科目	残高試算表 借方	残高試算表 貸方	修正記入 借方	修正記入 貸方	損益計算書 借方	損益計算書 貸方	貸借対照表 借方	貸借対照表 貸方
現　　　　　金	128,000							
現 金 過 不 足	6,000							
当 座 預 金		334,000						
普 通 預 金	198,000							
売 　掛 　金	95,000							
仮 払 消 費 税	22,000							
繰 越 商 品	62,000							
貸 　付 　金	80,000							
備 　　　　品	200,000							
土 　　　　地	85,000							
買 　掛 　金		82,000						
仮 受 消 費 税		49,600						
貸 倒 引 当 金		900						
備品減価償却累計額		150,000						
資 　本 　金		250,000						
繰 越 利 益 剰 余 金		56,000						
売 　　　　上		620,000						
受 取 利 息		2,500						
仕 　　　　入	550,000							
給 　　　　料	93,000							
保 　険 　料	5,000							
支 払 家 賃	15,000							
支 払 手 数 料	6,000							
	1,545,000	1,545,000						
当 座 借 越								
雑 　（　　　　）								
減 価 償 却 費								
貸 倒 引 当 金 繰 入								
（　　　　） 利 息								
（　　　　） 給 料								
（　　　　） 消 費 税								
当 期 純 （　　　　）								

2.

精 算 表

勘定科目	残高試算表		修正記入		損益計算書		貸借対照表	
	借 方	貸 方	借 方	貸 方	借 方	貸 方	借 方	貸 方
現 金	98,000							
現 金 過 不 足	5,500							
当 座 預 金	610,000							
売 掛 金	135,000							
仮 払 金	200,000							
仮 払 法 人 税 等	45,000							
繰 越 商 品	237,500							
建 物	3,150,000							
備 品	350,000							
土 地	2,380,000							
支 払 手 形		129,000						
買 掛 金		233,000						
貸 倒 引 当 金		3,500						
建物減価償却累計額		945,000						
備品減価償却累計額		210,000						
資 本 金		3,500,000						
繰 越 利 益 剰 余 金		1,502,000						
売 上		2,251,000						
仕 入	1,138,000							
給 料	294,000							
通 信 費	21,000							
消 耗 品 費	10,500							
租 税 公 課	71,000							
保 険 料	28,000							
	8,773,500	8,773,500						
雑 ( )								
売 上 原 価								
貸 倒 引 当 金 繰 入								
減 価 償 却 費								
貯 蔵 品								
( ) 保 険 料								
法 人 税 等								
未 払 法 人 税 等								
当 期 純 ( )								

Chapter 25 財務諸表の作成

基本問題

1.

貸借対照表
20××年3月31日
(単位：円)

資　産	金　額	負債及び資本	金　額
現　　　　　金		買　　掛　　金	
当　座　預　金			
売　　掛　　金		（　　　）費　用	
△		借　　入　　金	
		（　　　）法人税等	
（　　　）費　用			
（　　　）収　益			
△			

損益計算書
20××年4月1日から20××年3月31日まで
(単位：円)

費　用	金　額	収　益	金　額
給　　　　　料			
支　払　家　賃			
水　道　光　熱　費			
通　　信　　費			
支　払　利　息			
法　人　税　等			

2.

ア	イ	ウ	エ

練習問題

1.

貸借対照表
20××年3月31日
（単位：円）

資　　産	金　　額	負債及び資本	金　　額
現　　　　　　金		支　払　手　形	
当　座　預　金		買　　掛　　金	
受　取　手　形		（　　　）収　益	
	△		
貸　　付　　金			
（　　　）費　用			
（　　　）収　益			
	△		

損益計算書
20××年4月1日から20××年3月31日まで
（単位：円）

費　　用	金　　額	収　　益	金　　額
給　　　　　料		受　取　手　数　料	
支　払　家　賃			
租　税　公　課			
水　道　光　熱　費			
法　人　税　等			

2.

ア	イ	ウ	エ
オ	カ	キ	ク

3.

貸借対照表

20××年3月31日　　　　　　　　　　　　　（単位：円）

資　　産	金　　額	負債及び資本	金　　額
現　　　　　　　金		買　　掛　　金	
普　通　預　金		社会保険料預り金	
	△	（　　　　）費用	
		（　　　　）法人税等	
（　　　　）費用			
（　　　　）収益			
建　　　　　物			
	△		

損益計算書

20××年4月1日から20××年3月31日まで　　　　　　（単位：円）

費　　用	金　　額	収　　益	金　　額
給　　　　　　料			
広　告　宣　伝　費			
保　　険　　料			
水　道　光　熱　費			
法　定　福　利　費			
法　人　税　等			

Chapter 26 伝票会計

基本問題

1.

(1)

日 付	借 方 科 目	金 額	貸 方 科 目	金 額

(2)

出 金 伝 票	
科 目	金 額

入 金 伝 票	
科 目	金 額

振 替 伝 票			
借 方 科 目	金 額	貸 方 科 目	金 額

2.

日 付	借 方 科 目	金 額	貸 方 科 目	金 額

3.（1）単純分割法

出 金 伝 票	
科 目	金 額

振 替 伝 票			
借 方 科 目	金 額	貸 方 科 目	金 額

（2）掛取引擬制法

出 金 伝 票	
科 目	金 額

振 替 伝 票			
借 方 科 目	金 額	貸 方 科 目	金 額

4.

①		②		③	
④		⑤			

5.
（1）

<u>仕 訳 日 計 表</u>

20××年8月1日　　　　　　　　　7

借　方	元丁	勘 定 科 目	元丁	貸　方
		現　　　　金		
		売　　掛　　金		
		受　取　手　形		
		買　　掛　　金		
		支　払　手　形		
		売　　　　上		
		仕　　　　入		

（2）

<u>総 勘 定 元 帳</u>

現　　金　　　　　　　1

日 付		摘　　要	仕丁	借　方	貸　方	借/貸	残　高
8	1	前月繰越	✓	300,000		借	300,000

売　　上　　　　　　20

日 付		摘　　要	仕丁	借　方	貸　方	借/貸	残　高

（3）

<u>得 意 先 元 帳</u>

神 戸 商 店

20××年		摘　　要	仕丁	借　方	貸　方	借/貸	残　高
8	1	前月繰越	✓	90,000		借	90,000

仕 訳 日 計 表

20××年8月1日

7

借　　方	元　丁	勘　定　科　目	元　丁	貸　　方
		現　　　　　金		
		売　　掛　　金		
		受　取　手　形		
		買　　掛　　金		
		支　払　手　形		
		売　　　　　上		
		仕　　　　　入		

Chapter 27 補 助 簿

基本問題

1. 現金出納帳

日　付	借　方　科　目	金　　額	貸　方　科　目	金　　額

現 金 出 納 帳

20××年	摘　　　　　要	収　入	支　出	残　高

2．当座預金出納帳

日 付	借 方 科 目	金 額	貸 方 科 目	金 額

当 座 預 金 出 納 帳

20××年	摘 要	小切手番号	預 入	引 出	借/貸	残 高

3．小口現金出納帳
　① 即日補給の場合

小 口 現 金 出 納 帳

受　入	20××年		摘　　要	支　払	内　　訳			
					旅費交通費	消耗品費	通信費	雑　費
30,000	8	3	前週繰越					
			合　計					
			本日補給					
			次週繰越					
	8	10	前週繰越					

　② 翌営業日補給の場合

小 口 現 金 出 納 帳

受　入	20××年		摘　　要	支　払	内　　訳			
					旅費交通費	消耗品費	通信費	雑　費
20,000	8	3	前週繰越					
10,000		〃	本日補給					
			合　計					
			次週繰越					
	8	10	前週繰越					
		〃	本日補給					

4．仕入帳

仕　入　帳

20××年	摘　　要	内　訳	金　額

5．買掛金元帳

買　掛　金　元　帳
東　京　商　店

20××年		摘　　要	借　　方	貸　　方	借/貸	残　　高
10	1	前月繰越				
		次月繰越				
11	1	前月繰越				

6．商品有高帳

① 移動平均法

商 品 有 高 帳

20××年		摘　要	受　入			払　出			残　高		
			数　量	単　価	金　額	数　量	単　価	金　額	数　量	単　価	金　額
5	1	前月繰越	100	600	60,000				100	600	60,000

売上原価の計算

月初商品棚卸高	円
当月商品仕入高	
合　計	円
月末商品棚卸高	
売 上 原 価	円

売上総利益の計算

売 　上 　高	円
売 上 原 価	
売 上 総 利 益	円

② 先入先出法

商 品 有 高 帳

20××年		摘　要	受　入			払　出			残　高		
			数　量	単　価	金　額	数　量	単　価	金　額	数　量	単　価	金　額
5	1	前月繰越	100	600	60,000				100	600	60,000

<table>
<tr><td colspan="2" align="center">売上原価の計算</td><td colspan="2" align="center">売上総利益の計算</td></tr>
<tr><td>月初商品棚卸高</td><td>円</td><td>売　上　高</td><td>円</td></tr>
<tr><td>当月商品仕入高</td><td></td><td>売　上　原　価</td><td></td></tr>
<tr><td align="center">合　　計</td><td>円</td><td>売　上　総　利　益</td><td>円</td></tr>
<tr><td>月末商品棚卸高</td><td></td><td></td><td></td></tr>
<tr><td>売　上　原　価</td><td>円</td><td></td><td></td></tr>
</table>

7．手形記入帳

帳簿の名称（　　　　　　　　）

取引日	借　方　科　目	金　額	貸　方　科　目	金　額

8．固定資産台帳

①	②	③	④
A			

練習問題

帳簿＼日付	当座預金出納帳	商品有高帳	売掛金元帳	買掛金元帳	受取手形記入帳	支払手形記入帳	仕入帳	売上帳	固定資産台帳